JN299053

鋼構造物の疲労設計指針・同解説
— 付・設計例 —

2012年改定版

社団法人 **日本鋼構造協会** 編

FATIGUE DESIGN RECOMMENDATIONS FOR STEEL STRUCTURES

技報堂出版

書籍のコピー，スキャン，デジタル化等による複製は，
著作権法上での例外を除き禁じられています。

はじめに

　21世紀に入り，立て続けに疲労が原因と考えられる損傷事故が報告されている．わが国でも，ジェットコースター車軸の疲労破壊による事故，鋼製橋脚隅角部の疲労損傷，I断面橋梁のウェブに生じた1mにも及ぶき裂，標識柱の落下事故など，人命に関わる，あるいはヒヤッとする事故などが生じた．そして最近では，鋼床版のデッキプレート・トラフリブ溶接のルートから発生してデッキプレートを貫通する疲労き裂が問題となっている．このような疲労による事故を未然に防ぐには，維持管理の果たす役割も大きいが，適切な方法で疲労設計を行うことが不可欠である．

　日本鋼構造協会では，一般的な鋼構造物を対象とした疲労設計指針，すなわち鋼構造物の疲労設計のためのモデルコードとして，1974年に「日本鋼構造協会疲労設計指針（案）」を公表した．さらに，この指針の改定を目指して，1986年に「疲労設計指針改定小委員会」（委員長 三木千壽 東京工業大学教授）が組織され，広範な調査と活発な議論を重ねた後，1989年に「鋼構造物の疲労設計指針（案）」をJSSCレポートとして公表した．

　その後，上記指針（案）について意見を聴取し，さらに「設計例」および同指針改定のために調査・整理した事項をとりまとめた「資料編」を加え，1993年に『鋼構造物の疲労設計指針・同解説』を出版した．同書の「設計例」は充実したものであり，また「資料編」は教科書的な役割を果たし，鋼構造の疲労に関する技術の発展に寄与してきた．さらに指針の内容は，その後作成された道路橋や鉄道橋，クレーン，そして建築構造物の疲労設計基準類にも利用されている．

　それから十余年が過ぎた2006年に，1993年版指針を改定するための小委員会が設けられた．改定の趣旨と理由は以下のとおりである．

　疲労設計の基礎となる各継手の疲労強度は，疲労試験結果に基づいて設定されている．その際に利用された疲労試験データの多くは，名古屋大学の山田健太郎教授の研究室（当時）で収集されたものであるが，当時までの溶接の主流は低水素系の溶接棒を用いるものであった．しかし，1993年版指針出版の頃から，鋼構造物の溶接の主流はCO_2法へと移行している．溶接継手の疲労強度は継手形式だけでなく溶接形状にも影響されるため，CO_2溶接で製作された継手に対し，1993年版指針で定めている疲労強度等級をそのまま適用できるか否か検討する必要が生じた．またその間に，数多くの疲労に関する有用な知見が得られており，さらに合理的な疲労設計を行うためには，それらを有効利用すべきであると判断された．

　そこで新改定小委員会では，1993年版指針の見直しや国内外の各種鋼構造物の疲労設計法の調査などから活動を開始したが，特に時間を要したのが疲労試験データの収集と整理であった．1993年版指針を作成する際に用いた疲労試験データに，最近20年間の疲労試験データを加えて新たなデータベースを作成し，各溶接継手の疲労強度等級の検討等に役立てた．また，最新の知見を取り入れ，ホットスポット応力を用いた照査と疲労き裂進展解析を用いた疲労照査について充実を図った．

　このような検討に基づき，2010年12月に「鋼構造物の疲労設計指針・同解説（改定案）」を日本鋼構造協会規格として発行した．その後，同改定案に対する意見を聴取し，指針の内容を詳細に

はじめに

見直すとともに，指針の使用性を高める目的で，さまざまな鋼構造物を対象とした疲労設計例および疲労照査例の作成に取り組み，この度の出版に至った．

以上の経緯から，2010年の改定案とは内容の異なる部分もあることに注意いただきたい．

最後に，頼りない身勝手な舵取りにも関わらず，指針および設計例の検討・執筆・編集に尽力された委員の方々にこの場を借りて厚く御礼申し上げる．また，本企画を推進いただいた日本鋼構造協会事務局の委員会担当者，そして出版を進めていただいた技報堂出版の編集担当者に感謝申し上げたい．

2012年4月

社団法人日本鋼構造協会 疲労設計指針改定小委員会

委員長　森　　猛

執筆者一覧　社団法人日本鋼構造協会 疲労設計指針改定小委員会

委 員 長	……	森　　　猛	法政大学
副委員長	……	大沢　直樹	大阪大学大学院
副委員長	……	舘石　和雄	名古屋大学大学院
幹　　事	……	貝沼　重信	九州大学大学院

執 筆 者

[指針・同解説]

- 森　　　猛　前出
- 貝沼　重信　前出
- 大沢　直樹　前出
- 舘石　和雄　前出
- 南　　邦明　鉄道建設・運輸施設整備支援機構

[設計例]

- A　内田　大介　三井造船株式会社
- 　　南　　邦明　前出
- B　杉本　一朗　鉄道総合技術研究所
- C　蔦森　正憲　IHI運搬機械株式会社
- D　山本　規雄　日本海事協会
- E　福岡　哲二　三井造船株式会社
- F　佐々木哲也　労働安全衛生総合研究所
- G　織田　安朝　株式会社テス
- H　舘石　和雄　前出
- 　　内田　大介　前出

目　次

【鋼構造物の疲労設計指針・同解説】

第1章　総則 …………………………………………………………………… 3

 1.1　適用範囲　*3*
 1.2　用語および記号　*4*
  1.2.1　用語　*4*
  1.2.2　記号　*5*
 1.3　材料，接合法および要求品質　*7*
  1.3.1　材料一般　*7*
  1.3.2　鋼材　*7*
  1.3.3　接合用材料　*7*
  1.3.4　接合法および要求品質　*7*
 1.4　本指針における疲労照査法　*14*

第2章　疲労設計荷重 …………………………………………………………… 15

 2.1　疲労設計荷重　*15*
 2.2　荷重単位　*15*
 2.3　代表荷重単位　*17*
 2.4　最大荷重単位　*18*
 2.5　動的効果　*18*
 2.6　設計寿命　*19*
 2.7　単位期間　*19*

第3章　公称応力を用いた疲労照査 ……………………………… 21

- 3.1　公称応力の計算方法　*21*
  - 3.1.1　公称応力　*21*
  - 3.1.2　応力範囲頻度分布　*23*
  - 3.1.3　設計繰返し数　*24*
  - 3.1.4　等価応力範囲　*24*
  - 3.1.5　累積疲労損傷比　*26*
- 3.2　疲労強度　*27*
  - 3.2.1　疲労強度の支配因子　*27*
  - 3.2.2　疲労設計曲線　*27*
  - 3.2.3　継手の疲労強度等級　*31*
  - 3.2.4　平均応力（応力比）の影響　*51*
  - 3.2.5　板厚の影響　*52*
  - 3.2.6　疲労強度の改善処理　*54*
- 3.3　疲労照査　*57*
  - 3.3.1　安全係数　*57*
  - 3.3.2　簡便な疲労照査　*58*
  - 3.3.3　等価応力範囲を用いた疲労照査　*59*
  - 3.3.4　累積疲労損傷比を用いた疲労照査　*60*

第4章　ホットスポット応力を用いた疲労照査 ……………………… 65

- 4.1　ホットスポット応力　*65*
  - 4.1.1　ホットスポット応力の定義　*65*
  - 4.1.2　適用範囲　*65*
  - 4.1.3　ホットスポット応力の評価　*65*
- 4.2　ホットスポット応力をひずみ計測により求める方法　*66*
  - 4.2.1　ひずみ計測　*66*
  - 4.2.2　ホットスポット応力の算出　*66*
- 4.3　ホットスポット応力を有限要素解析により求める方法　*68*
  - 4.3.1　解析に用いる要素とモデル　*68*
  - 4.3.2　ホットスポット応力の算出　*68*
- 4.4　ホットスポット応力に対する疲労設計曲線　*71*
- 4.5　疲労照査　*72*

第5章　疲労き裂進展解析を用いた疲労照査 ……… 73

5.1　適用範囲　*73*
5.2　計算方法　*73*
5.3　き裂のモデル化　*74*
　　5.3.1　初期き裂　*74*
　　5.3.2　限界き裂　*80*
5.4　疲労き裂進展速度表示式　*80*
5.5　応力拡大係数範囲　*84*
　　5.5.1　き裂の形状・寸法　*84*
　　5.5.2　応力分布　*84*
　　5.5.3　応力拡大係数範囲　*84*
5.6　疲労き裂進展の解析方法　*86*
　　5.6.1　進展解析の対象となるき裂面　*86*
　　5.6.2　き裂進展式の積分　*86*
　　5.6.3　変動荷重下でのき裂進展量の計算　*86*
5.7　疲労照査　*87*

第6章　既設鋼構造物の疲労照査と点検・診断・対策 ……… 89

6.1　疲労照査　*89*
6.2　点検　*91*
　　6.2.1　点検計画　*91*
　　6.2.2　点検周期　*91*
　　6.2.3　点検方法　*91*
6.3　診断　*92*
6.4　対策　*93*
　　6.4.1　疲労き裂発生前の対策　*93*
　　6.4.2　疲労き裂発生後の対策　*93*

付録Ⅰ　応力範囲計数法のプログラム　*95*
付録Ⅱ　代表的なき裂に対する応力拡大係数の表示式　*99*

目　次

【設計例】

設計例 A　道路橋 ………………………………………………………… *107*
    設計例 A-1　3 径間連続非合成 I 桁橋（多主桁形式）　*109*
    設計例 A-2　3 径間連続合成 2 主 I 桁橋（少数主桁形式）　*118*
    設計例 A-3　3 径間連続非合成 2 主箱桁橋　*126*

設計例 B　鉄道橋（下路トラス橋） …………………………………… *133*

設計例 C　クレーン構造物 ……………………………………………… *141*
    設計例 C-1　アンローダ・バックステイ　*141*
    設計例 C-2　天井クレーン走行桁　*148*
    設計例 C-3　クラブトロリー式天井クレーンガーダー　*157*

設計例 D　船舶（ばら積み貨物船） …………………………………… *165*

設計例 E　海洋構造物（大型浮体空港） ……………………………… *175*

設計例 F　圧力容器（疲労き裂進展評価） …………………………… *185*

設計例 G　鉄道車両の台車枠 …………………………………………… *191*

設計例 H　補修・補強（道路橋） ……………………………………… *197*

鋼構造物の疲労設計指針・同解説

[2012年改定版]

第1章　総　　則

1.1　適用範囲

（1）　本指針では，鋼構造物およびそれを構成する部材の疲労限界状態に対する安全性を照査する方法を示す．疲労限界状態とは，疲労損傷により，構造物，構造部材，継手の強度あるいは機能が損なわれる状態をいう．

（2）　構造物は主として常温の大気中で使用されるものとし，腐食が懸念される構造物については適切に防食することを原則とする．

（3）　本指針は既設構造物の疲労照査にも適用できる．

（4）　設計寿命中に予想される公称応力の絶対値が降伏応力を超える場合には，本指針を適用することはできない．

（5）　疲労設計に関して本指針で規定していない事項については，当該機関の責任において判断するものとする．

（6）　本指針では，疲労以外の限界状態に対する安全性の照査については規定しない．それらについては，関連する基準類に従って行うものとする．

【解説】

（1）　本指針では，疲労限界状態を，疲労き裂が成長して構造物の強度あるいは機能が損なわれる状態と定義している．3.2節で示す継手の疲労強度は，疲労き裂が板厚を貫通する程度までの繰返し数に相当する強度である．

（2）　本指針では，腐食環境における疲労，いわゆる腐食と疲労の影響を同時に受ける構造物は適用範囲外とする．また，高温下にある構造物も適用範囲外とする．

（3）　本指針を用いることにより，既設の構造物あるいは構造部材がこれまでに受けた疲労損傷を評価することで，余寿命評価や疲労照査も可能である．ただし，これまでの構造物の使用状況や今後予想される使用状況を考慮して，疲労照査に用いる荷重を設定する必要がある．

（4）　本指針では高サイクルの疲労を対象としており，各継手の基本疲労強度は高サイクル領域の疲労試験データに基づき設定している．そのため，公称応力の絶対値が材料の降伏応力を超えるような場合には，本指針は適用できない．

（5）　疲労設計は本指針の内容を十分に理解した上で行う必要がある．ただし，本指針で規定していない事項については，当該機関の判断によるものとする．

（6）　限界状態設計法では，一般に終局限界状態，使用限界状態，疲労限界状態のそれぞれに対して安全性が照査されるが，本指針では疲労限界状態の照査法について示す．

1.2 用語および記号

本指針で使用する用語および記号の定義は，以下に示すとおりである．

1.2.1 用　語

疲労損傷：荷重の繰返し作用が原因で，構造物，構造部材，継手に疲労き裂が発生・進展することによる損傷．

公称応力：梁理論や骨組解析等によって求められる断面力に基づく応力．

純断面応力：材片総幅からボルト孔などの孔の幅を控除した純幅に板厚を乗じたものを純断面積と呼び，それをもとに計算される応力．

総断面応力：孔による控除を行わず，材片総幅に板厚を乗じたものを総断面積と呼び，それをもとに計算される応力．

応力範囲：応力の最大値と最小値の代数差．

等価応力範囲：変動振幅応力と同じ繰返し数で等価な疲労損傷度を与える一定振幅の応力範囲．

ホットスポット応力：疲労損傷が生じる位置での局部応力であり，溶接ビード形状による応力集中は含まない．

継手の種類：形式および疲労強度に応じた継手の分類であり，それぞれに対して強度等級が与えられている．

強度等級：A～I，K1～K5，Sの記号で示される．それぞれに対して疲労設計曲線が設定されている．

疲労設計曲線：それぞれの強度等級に対して与えられた応力範囲（直応力範囲，せん断応力範囲）と疲労寿命の関係を示す曲線．

基本疲労強度：疲労設計曲線に基づいて求められる所定の応力繰返し数に対する応力範囲．

2×10^6回基本疲労強度：疲労設計曲線に基づいて求められる2×10^6回の応力繰返し数に対する応力範囲．

疲労強度：基本疲労強度を平均応力や板厚などの影響を考慮して補正した疲労強度．

一定振幅応力に対する応力範囲の打切り限界：一定振幅応力の疲労限に対応するものであり，作用する変動振幅応力のすべての応力範囲成分がこの値以下であれば，疲労照査を行う必要のない応力範囲の限界値．

変動振幅応力に対する応力範囲の打切り限界：この値以下の応力範囲成分は，疲労損傷に寄与しないと考えてよい応力範囲の限界値．

設計寿命：設計上期待する構造物の使用期間．

単位期間：設計寿命を算出するために用いられる単位となる期間．構造物の性質に応じて，時間，日，週，月，年など，任意に選んでよい．

疲労設計荷重：疲労設計に用いる荷重．1つの荷重単位または複数の荷重単位の組合せ，あるいは代表荷重単位で与えられる．

荷重単位：単位期間内の活荷重の性状を十分に表すような荷重で，その大きさと頻度および載荷位置により与えられる．

第1章 総　則

代表荷重単位：荷重単位を代表する荷重単位．
最大荷重単位：設計寿命中に構造部材に生じる最大の応力範囲を生じさせる荷重単位．
設計繰返し数：設計寿命中に予想される応力の総繰返し数．あるいは，その総繰返し数のうち，変動振幅応力に対する応力範囲の打切り限界を超える応力範囲の総繰返し数．
応力範囲頻度分布：応力範囲の頻度分布．
レインフロー法：変動振幅応力から応力範囲の頻度分布を求めるための一手法．
設計計算応力補正係数：実際に構造部材に生じる応力の値と設計計算により求められる応力の値が異なることを考慮した補正係数．
設計応力範囲：疲労設計荷重と設計計算および設計計算応力補正係数に基づいて計算される等価応力範囲．
安全係数：疲労照査において安全性のレベルを考慮するための係数であり，冗長度係数，重要度係数，検査係数からなる．
疲労損傷比：ある応力範囲に対して疲労設計曲線から求められる疲労寿命（応力繰返し数）に対するその応力範囲の繰返し数の比．
累積疲労損傷比：疲労損傷比の累積．
疲労損傷度：応力範囲頻度分布を構成する応力範囲レベル $\Delta\sigma_i$ とその繰返し数 n_i を用いて，次式から求められる疲労損傷の進行度を表すパラメータ．

$$\Sigma(\Delta\sigma_i^m \cdot n_i) \qquad m：疲労設計曲線の傾き$$

1.2.2 記　号

a：き裂寸法
a_i：初期き裂寸法
a_c：限界き裂寸法
C, n：疲労き裂進展速度と応力拡大係数範囲の関係を表すための定数
C_0, D_0：疲労設計曲線を表すための定数
C_R：平均応力の影響を考慮して，疲労強度を求めるための係数
C_t：板厚の影響を考慮して，疲労強度を求めるための係数
D_i：疲労損傷比
D：累積疲労損傷比
da/dN：疲労き裂進展速度（mm/cycle）
F：応力拡大係数の補正係数
L：設計寿命
L_p：疲労き裂進展寿命に対応する疲労耐用期間
l：ガセットあるいはカバープレートの取付け長さ
m：疲労設計曲線の傾きを表すための定数
N：疲労寿命（疲労限界状態に至るまでの応力の繰返し数）
N_i：$\Delta\sigma_i$ に対応する疲労寿命

N_c：疲労き裂発生寿命

N_p：疲労き裂進展寿命

n_b：応力方向のボルトの本数（片側）

n_i：応力範囲頻度分布における $\Delta\sigma_i$ の頻度

n_t：設計繰返し数

R：応力比

r：フィレット部の曲率半径

$S,\ S_b,\ S_h$：すみ肉溶接の脚長

T：設計寿命中の単位期間の数

t：継手の板厚

U_T：単位期間（時間，日，週，月，年など）

w：継手の幅

α：設計計算応力補正係数

θ：溶接線直角方向に対する主応力の角度

ΔK：応力拡大係数範囲（N/mm$^{3/2}$）

ΔK_e：等価応力拡大係数範囲（N/mm$^{3/2}$）

ΔK_{th}：下限界応力拡大係数範囲（N/mm$^{3/2}$）

$\Delta\sigma$：直応力範囲（N/mm^2）

$\Delta\tau$：せん断応力範囲（N/mm^2）

$\Delta\sigma_b$：面外方向の曲げ応力範囲（N/mm^2）

$\Delta\sigma_p$：主応力範囲（N/mm^2）

$\Delta\sigma_d\ (\Delta\tau_d)$：設計応力範囲（N/mm^2）

$\Delta\sigma_{ce}\ (\Delta\tau_{ce})$：一定振幅応力に対する応力範囲の打切り限界（N/mm^2）

$\Delta\sigma_e\ (\Delta\tau_e)$：等価応力範囲（N/mm^2）

$\Delta\sigma_f\ (\Delta\tau_f)$：$2\times10^6$ 回基本疲労強度（N/mm^2）

$\Delta\sigma_i\ (\Delta\tau_i)$：応力範囲頻度分布の一応力範囲成分（N/mm^2）

$\Delta\sigma_m$：膜応力範囲（N/mm^2）

$\Delta\sigma_R\ (\Delta\tau_R)$：設計繰返し数に対応する基本疲労強度（N/mm^2）

$\Delta\sigma_{ve}\ (\Delta\tau_{ve})$：変動振幅応力に対する応力範囲の打切り限界（N/mm^2）

γ_b：冗長度係数（部分安全係数）

γ_i：検査係数（部分安全係数）

γ_w：重要度係数（部分安全係数）

【解説】

　本指針で用いる用語と記号について定めた．本指針の単位系は，N と mm を基本としている．本指針で用いる単位は旧指針と一部異なるため，注意が必要である．**表解 1.1** に，力，応力および応力拡大係数の単位換算表を示す．応力の符号は，引張を正，圧縮を負とする．

　本指針では，旧指針で用いた「許容応力範囲」を「基本疲労強度」と変更している．また，「疲

表解 1.1 力，応力および応力拡大係数の単位換算表

	N-mm（本指針）		MPa-m		kgf-mm	
力 F	1	N	–		0.102	kgf
	9.81				1	
応力 σ	1	N/mm^2	1	MPa	0.102	kgf/mm^2
	9.81		9.81		1	
応力拡大係数 K	31.6	$N/mm^{3/2}$	1	$MPa\sqrt{m}$	3.22	$kgf/mm^{3/2}$
	1		0.0316		0.102	
	9.81		0.310		1	

労損傷比」，「累積疲労損傷比」，「疲労損傷度」を用語として追加している．

1.3 材料，接合法および要求品質

1.3.1 材料一般
本指針に基づき設計する鋼構造物の部材あるいはその継手に使用する材料は，1.3.2 項および 1.3.3 項に規定する範囲内にあるものとする．

1.3.2 鋼　材
本指針で対象とする材料は，引張強さが 330～1 000 N/mm² 程度の炭素鋼および低合金鋼とする．ただし，ケーブルに用いる線材の引張強さは 1 600 N/mm² 程度以下とする．また，高力ボルトの引張強さは 1 200 N/mm² 程度以下とする．

1.3.3 接合用材料
（1）溶接用材料
溶接用材料は，使用する鋼材の溶接に適したものでなければならない．
（2）高力ボルト接合用材料
高力ボルト接合に用いる材料は，施工に際し，所定の締付け力を確保しうるものでなければならない．

【解説】
　鋼材，ケーブルおよび高力ボルトは，JIS 規格に適合するか，あるいはそれと同等以上の性能を有するものとする．また，溶接材料および高力ボルト接合に用いる材料についても，JIS 規格に適合するか，あるいはそれと同等以上のものとする．

1.3.4 接合法および要求品質
（1）溶接接合
本指針は，溶接が健全になされている継手および構造部材を対象とする．溶接方法はアーク溶接またはそれと同等以上の方法とする．溶接方法およびその施工順序は，溶接による割れや

その他の溶接欠陥が生じないように，また溶接によるひずみや拘束応力が大きくならないように選定する．さらに，溶接継手に過度な角変形や目違いが生じないように製作精度を確保する．

(2) 高力ボルト接合

高力ボルト接合の施工は，十分に管理された方法によって，各ボルトの締付け力の大きさが所定の範囲内にあるように行う．摩擦接合される鋼材の表面状態，そりの程度およびボルトの締付け順序は，ボルトの締付け力が接合面の摩擦抵抗力を一様かつ十分に確保できるものでなければならない．

【解説】

(1) 後出の表3.4に示す各継手の強度等級は，溶接部が健全な状態にある継手を対象としているため，必要に応じて，JISあるいはそれと同等以上の方法に基づき溶接部の非破壊検査を行うことが望ましい．

溶接割れや溶込み不良などの平面欠陥の先端は非常に鋭いため，高い応力集中が生じる．この応力集中により，平面欠陥が生じた継手の疲労強度は健全な継手に比べて低くなるため，表3.4で示す基本疲労強度を用いてはならない．

平面欠陥は，JIS Z 3104[1]（鋼溶接継手の放射線透過試験方法）の第3種のきず（割れおよびこれに類する欠陥）に分類される．この平面きずに対して，第1種のきずに分類されるブローホールやスラグ巻込みなどの立体的な内部欠陥は丸みを帯びているため，継手の疲労強度に及ぼす影響は小さいと考えられる．これらの内部きずをむやみに溶接補修すると新たなきずや欠陥が生じることで，疲労強度が補修前よりも低下することも考えられる．

第1種のブローホールやこれに類するきずについては，JIS Z 3104に従って非破壊検査されることが多い．余盛りを削除した横突合せ溶接継手の疲労強度は，内部きずの内在程度と相関が高いといわれている[2],[3]．

JIS Z 3104では，横突合せ溶接継手の第1種のきずに対して，溶接施工の品質管理基準の利用を主目的として，きずの内在程度をきずの点数と考え，表解1.2に示すように1～4類に分類している．表中の数字は，きず点数の許容限度を示している．なお，きずの長径が表解1.2(a)に示す値以下のものは，きず点数として算定しないとされている．きずの点数が4類以上となる場合には，品質保証基準を満たさないこともあるため，別途，必要に応じて疲労に及ぼす影響を検討する必要がある．

JIS Z 3104では，1～3類について，対応する構造を以下のように示している．

1類：繰返し荷重を受けて疲れ強さを特に考慮しなければならないもの，又は破壊によって重大な災害が起こるもので，余盛を削除するようなもの．

2類：余盛は削除しないが，繰返し荷重を受けるか，又は強さが重要と考えられるもの．

3類：疲れ強さを考慮しなくてよいようなもの．

溶接継手に引張応力が作用する場合については，1類の要求品質を確保することが望ましいとされている．また，圧縮が作用する場合については，2類の要求品質を確保することが望ましいとされている．これらのきずの分類と疲労強度の関係については，明らかになっていないのが現状である．今後，この関係が明らかとなった場合には，それに従って要求品質を設定することが望ましい．

表解 1.2　第1種のきずの分類[1]

(a) 算定しないきずの寸法　　　(mm)

母材の厚さ	きずの寸法
20 以下	0.5
20 を超え 50 以下	0.7
50 を超えるもの	母材の厚さの1.4%

(b) 第1種のきずの分類　　　(mm)

分類	試験視野				
	10×10		10×20		10×30
	母材の厚さ				
	10 以下	10 を超え 25 以下	25 を超え 50 以下	50 を超え 100 以下	100 を超えるもの
1 類	1	2	4	5	6
2 類	3	6	12	15	18
3 類	6	12	24	30	36
4 類	きず点数が3類より多いもの				

　横突合せ溶接継手については，内部きずが疲労強度に及ぼす影響が疲労試験により検討されている[3]．その結果，多層盛り溶接突合せ継手の基準となる疲労強度D等級に対する許容きず寸法として，$t/6$（t：板厚(mm)）が**表解 1.3**に示すように提案されている．また，同継手のF等級に対しては，$t/3$が提案されている．

表解 1.3　疲労強度等級と許容きず寸法[3]　　　(mm)

板厚 　　破壊形式 欠陥種別	$t=25$ mm		$t=50$ mm		$t=75$ mm	
	欠陥破壊	欠陥または止端破壊	欠陥破壊	欠陥または止端破壊	欠陥破壊	欠陥または止端破壊
割れ　　　　（CR）	6.7(t/3.7)	5.5(t/4.6)	17.0(t/2.9)	8.3(t/6.0)	17.6(t/4.3)	15.1(t/5.0)
融合不良　　（LF）	5.1(t/4.9)	5.1(t/4.9)	11.3(t/4.4)	7.8(t/6.4)	—	—
不完全溶込み（IP）	8.5(t/2.9)	8.5(t/2.9)	16.8(t/3.0)	≤10.0(t/5.0)	—	—
スラグ巻込み（SI）	40.0(t/0.6)	8.2(t/3.0)	8.8(t/5.7)	8.8(t/5.7)	—	—
群集ブローホール（BH）	31.2(t/0.8)	7.8(t/3.2)	24.0(t/2.1)	26.3(t/1.9)	—	26.1(t/2.9)

　部分溶込み縦方向溶接継手および縦方向すみ肉溶接継手の疲労強度は，ルート部に生じる欠陥の寸法に大きな影響を受けることが確かめられている（**図解 1.1**）[4]．これは，これらの継手が横突合せ継手などとは異なり，未接合部を有するためと考えられる．そのため，これらの継手に対しては，きずが疲労強度に及ぼす影響を考慮し，きずの大きさによって基本疲労強度を変えている．

　アンダーカットについては，その深さで許容値を規定した規準が多い．アンダーカットが疲労強度に及ぼす影響については，多くの研究が行われている．例えば，十字すみ肉溶接継手については，アンダーカットの存在により疲労強度が多少低下するものの，2.0 mm程度以下では，アンダーカットの深さが疲労強度に及ぼす影響がほとんどないことを示す実験結果が報告されている．その例を

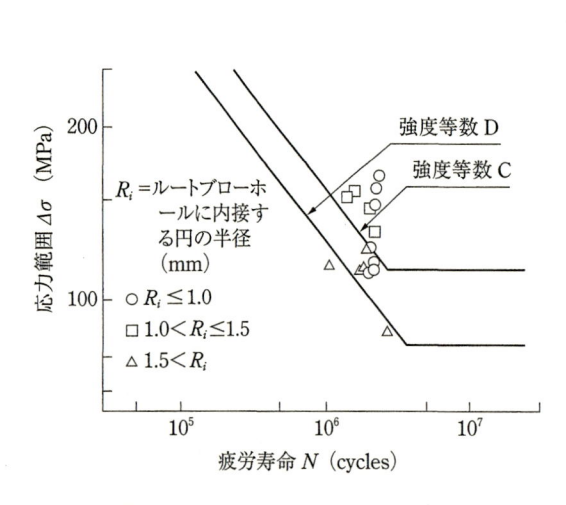

図解 1.1 ルートブローホールが疲労強度に及ぼす影響[4]

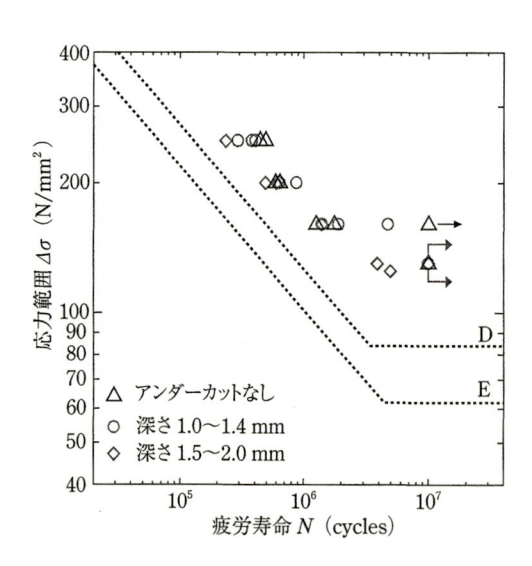

図解 1.2 アンダーカット深さが疲労強度に及ぼす影響[5]

図解 1.2[5] に示す．ここでは，以上のような結果を参考に，アンダーカットの深さの許容値を従来と同様に 0.5 mm とした．

　部材組立ての際の溶接変形や製作精度の問題などにより，部材の継手部に角変形や目違いによる偏心が生じる場合がある．これらの不整が継手に生じると，軸方向力のみが作用する場合でも，溶接止端部などの応力集中部に膜応力に加えて板曲げ応力が生じるため，疲労強度が著しく低下する場合がある．そのため，極力目違いの大きさを小さくする必要がある．また，部材間に過大な肌隙（ルートギャップ）が生じると，外観上ののど厚に対して実際ののど厚が小さくなることで，疲労強度が低下するため，構造物の製作精度を適切に管理する必要がある．

　偏心を生じさせる目違い量については，一般に溶接品質を確保することを目的として，数 mm 以下と規定されることが多い．橋梁の規準である道路橋示方書[6]では，開先溶接に対して，板厚方向の材片の偏心を以下のように規定している．すなわち，板厚（接合される鋼板の板厚が異なる場合には，薄い方の板厚）が 50 mm 以下の場合には板厚の 10% 以下，50 mm を超える場合には 5 mm 以下とされている．

　一般に，溶接継手に目違いが生じると，前述のように疲労強度が低下するため，設計時に継手に作用する応力を補正することが望まれる．IIW（国際溶接学会）の疲労設計指針[7]では，各継手の目違いの許容値を以下のように推奨している．

- 目違いを許容しない継手──横突合せ溶接継手（余盛りをグラインダーにより削除）
- 目違いを 5% 以下とする継手──横突合せ溶接継手（止端角≤30°）
- 目違いを 10% 以下とする継手──横突合せ溶接継手（止端角≤50°），裏当て金付き，片面溶接，板幅あるいは板厚の遷移を有する継手，遷移部なしの異なる板厚，など
- 目違いを板厚の 15% 以下とする継手──荷重伝達型十字溶接継手

　これらの許容値を超える場合には，**表解 1.4** に示すように，目違い量に応じた応力の割増し率 k_m で軸方向応力を補正することとしている．

第1章 総　則

表解 1.4　IIW 指針の目違いによる応力割増し係数 k_m [7]

形状不整のタイプ		
1.（平板）目違い	(図)	$k_m = 1 + \lambda \cdot \dfrac{e \cdot l_1}{t(l_1 + l_2)}$
	λ は拘束度に依存し，拘束のない継手に対しては $\lambda = 6$ 荷重点が十分に離れている場合は $l_1 = l_2$	
2.（厚さの異なる平板）目違い	(図) $t_2 \geq t_1$	$k_m = 1 + \dfrac{6e}{t_1} \cdot \dfrac{t_1^n}{t_1^n + t_2^n}$
	拘束のない継手で，荷重点が十分に離れている場合． $n = 1.5$ が適切であるという実験結果あり．	
3.（板厚が変化）円筒シェルの目違い	(図) $t_2 \geq t_1$	$k_m = 1 + \dfrac{6e}{t_1(1-\nu^2)} \cdot \dfrac{t_1^n}{t_1^n + t_2^n}$
	円筒の周方向継手および球体の継手では，$n = 1.5$ 円筒の軸方向継手では，$n = 0.6$	
4.（平板）角度不整	(図) $2l$	端部を固定とすれば： $\beta = \dfrac{2l}{t}\sqrt{\dfrac{3\sigma_m}{E}}$ で $k_m = 1 + \dfrac{3y}{t} \cdot \dfrac{\tanh(\beta/2)}{\beta/2}$ あるいは　$k_m = 1 + \dfrac{3}{2} \cdot \dfrac{a \cdot l}{t} \cdot \dfrac{\tanh(\beta/2)}{\beta/2}$ 端部をピンとすれば： $k_m = 1 + \dfrac{6y}{t} \cdot \dfrac{\tanh\beta}{\beta}$ あるいは　$k_m = 1 + \dfrac{3a \cdot l}{t} \cdot \dfrac{\tanh\beta}{\beta}$
	tanh 補正は，角度不整が引張荷重により小さくなることを考慮したものである． この値は1以下であり，この補正係数を無視すれば安全側の評価となる．	

表解 1.4（つづき）

	形状不整のタイプ	
5. 円筒シェルの軸方向継手の角度不整	(図: $2l$, t, y, d)	端部を固定とすれば： $\beta = \dfrac{2l}{t}\sqrt{\dfrac{3(1-\nu^2)\cdot\sigma}{E}}$ で $k_m = 1 + \dfrac{3d}{t(1-\nu^2)}\cdot\dfrac{\tanh(\beta/2)}{\beta/2}$ 端部をピンとすれば： $k_m = 1 + \dfrac{6d}{t(1-\nu^2)}\cdot\dfrac{\tanh\beta}{\beta}$
	d は理想的な形状からのずれを表している．	
6. 圧力を受ける円筒形断面の楕円形化のパイプとシェル	(図: 溶接, ϕ, t, D_{min}, D_{max})	$k_m = 1 + \dfrac{1.5(D_{max}-D_{min})\cdot\cos(2\phi)}{t\left\{1 + \dfrac{0.5P_{max}(1-\nu^2)}{E}\cdot\left(\dfrac{\overline{D}}{t}\right)^3\right\}}$
7. 荷重伝達型十字継手の目違い（止端き裂）	(図: t, e, l_1, l_2, $l_1 \leq l_2$)	$k_m = 1 + \lambda\cdot\dfrac{e\cdot l_1}{t(l_1+l_2)}$ λ は拘束度に依存する
	λ は $\lambda=3$（完全拘束；固定）から $\lambda=6$（非拘束；自由）までの値をとる．拘束のない，荷重点が十分に離れた継手に対しては，$l_1=l_2$ かつ $\lambda=6$ とする．	
8. 荷重伝達型十字継手の角度不整（止端き裂）	(図: t, a, l_1, l_2)	$k_m = 1 + \lambda\cdot a\cdot\dfrac{l_1\cdot l_2}{t(l_1+l_2)}$ λ は拘束度に依存する
	垂直方向の板の変形が拘束されている場合は，$\lambda=0.02\sim0.04$ である．この拘束がない場合 $\lambda=3\sim6$ である．	
9. 荷重伝達型十字すみ肉溶接継手の目違い（ルートき裂）	(図: t, e, h)	$k_m = 1 + \dfrac{e}{t+h}$
	k_m は溶接部ののど断面応力範囲に関係している．	

船舶の工作精度標準である日本造船学会日本鋼船工作法制度標準（JSQS）[8]では，目違いが溶接継手の疲労強度に及ぼす影響を考慮し，すみ肉溶接継手および突合せ溶接継手に対して，目違いの許容値を**図解1.3**に示すように規定している[8]．これらの許容値の目違いが生じた場合，すみ肉溶接継手および突合せ溶接継手の疲労強度の低下は，それぞれ約8%および約10%となる．すみ肉溶接継手については，目違いが許容値を超え，かつ板厚の半分以下の場合は，10%程度の増し脚長による補修が要求されている．また，板厚の半分以上の場合には，再溶接することになる．突合せ溶接継手において，目違い量が許容値を超える場合には，再溶接しなければならない．

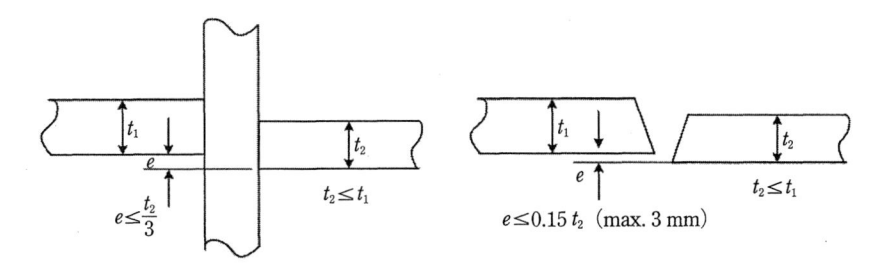

図解1.3 すみ肉溶接継手および突合せ溶接継手における目違い量eの許容範囲

道路橋示方書[6]では，すみ肉溶接のルートギャップを1.0 mm以下とするように規定されている．ただし，部材が他材のスリットを貫通する場合など，ルートギャップを1.0 mm以下とすることが施工上困難な場合には，以下の対処法が示されている．

  $1 < \delta \leq 3$のとき 脚長をδだけ増す
  $3 < \delta$のとき   開先をとり溶接
   δ：材片間のすき間（ルートギャップ）（mm）

日本造船学会日本鋼船工作法制度標準（JSQS）[8]では，開先溶接のルートギャップの標準を3.5 mm，許容値を5 mmと規定している．

以上のように，目違いやルートギャップなどの初期不整が継手に生じた場合には，継手に作用する応力が増加することで疲労強度が低下するため，これらの初期不整は生じさせないことが望ましい．

（2）　高力ボルト摩擦接合継手は，ボルト軸力による接合面の摩擦抵抗力により，部材間を接合する継手であるため，継手部には設計で想定される十分なすべり耐力を確保する必要がある．

高力ボルト摩擦接合継手の設計では，継手のすべり耐力を計算するため，設計時に用いたすべり係数を確保することが重要になる．すべり係数を確保するためには，接合面の平滑度を低下させるボルト孔加工時の円孔周縁のまくれや接合面の表面処理を適切に行う必要がある．

鋼板のボルト孔加工は，ドリルやリーマ通しを用いて行うことを基本とする．なお，これらの加工によって，ボルト孔壁に疲労上問題となるきずが生じることもあるため，注意が必要である．接合面の表面処理については，所定のすべり耐力が得られるよう適切に行う必要がある[9]．

1.4 本指針における疲労照査法

対象とする鋼材および継手の疲労照査は，以下に示す3つの方法で行うことができる．
（1） 公称応力を用いた疲労照査
第3章「公称応力を用いた疲労照査」に従う．
（2） ホットスポット応力を用いた疲労照査
第4章「ホットスポット応力を用いた疲労照査」に従う．
（3） 疲労き裂進展解析を用いた疲労照査
第5章「疲労き裂進展解析を用いた疲労照査」に従う．

【解説】

（1） 照査対象とする継手に生じる公称応力が計算でき，その継手が表3.4に示す継手にモデル化できる場合には，公称応力を用いた疲労照査を行う．

（2） 公称応力の定義や計算が困難な場合，あるいは表3.4に示されていない継手については，ホットスポット応力を用いた疲労照査を第4章に従って行う．ホットスポット応力は溶接による局部的な応力集中を含まず，構造的な応力集中のみを考慮した溶接止端における応力として定義される．疲労照査する場合の疲労設計曲線には，対象とする溶接継手の板組みによって，荷重非伝達型あるいは荷重伝達型の十字すみ肉溶接継手の強度等級を用いる．これは，ホットスポット応力が接合部の構造による応力の増減の影響のみを考慮し，溶接ビード形状による応力集中は考慮しないことによる．

（3） 公称応力やホットスポット応力を用いた疲労照査が困難な場合には，疲労き裂進展解析を用いた疲労照査を第5章に従って行うことができる．例えば，き裂を有する継手の疲労寿命評価やき裂の存在を仮定して，検査周期を定める場合に有効である．

参考文献

1) 日本規格協会：JISハンドブック，43，非破壊検査，JIS Z 3104，2008.
2) Ishii, Y. and Iida, K.：Low and Intermediate Cycle Fatigue Strength of Butt Welds Containing Weld Defects，非破壊検査，Vol.18，No.10，pp.443–476，1969.
3) 三木千壽，西川和廣，高橋実，町田文孝，穴見健吾：横突合せ溶接継手の疲労性能への内部欠陥の影響と要求品質レベルの設定，土木学会論文集，No.752/I-66，pp.133–146，2004.
4) Tajima, J., Takenaka, K., Miki, C. and Ito, F.：Fatigue Strength of Truss Made of High Strength Steel, Proc. of JSCE, No.341, pp.1–11, 1984.
5) 西川祥央，森猛，山田浩二：アンダーカットを有する十字すみ肉溶接継手の疲労強度，土木学会第64回年次学術講演会，I–164，2009.
6) 日本道路協会：道路橋示方書・同解説（I共通編，II鋼橋編），丸善，p.442，2002.
7) International Institute of Welding：Fatigue Design of Welded Joints and Components, XIII-1539-96/XV-845-96, 1996.
8) 日本船舶海洋工学会：日本鋼船工作法制度標準（JSQS），2004.
9) 土木学会：高力ボルト摩擦接合継手の設計・施工・維持管理指針(案)，鋼構造シリーズ15，p.13，2006.

第2章　疲労設計荷重

2.1　疲労設計荷重

疲労設計荷重は，設計寿命中に構造物に作用する荷重の特性を十分に表すことのできるものとし，1つの荷重単位または複数の荷重単位の組合せ，あるいは代表荷重単位を用いて設定する．

2.2　荷重単位

荷重単位は，構造物の使用目的および予想される使用状況に応じて設定する．荷重単位は，単位期間内に作用する荷重の特性を十分に表すことのできるような荷重の大きさと頻度，および位置と移動により与えられる．複数の荷重単位を用いることが適当な場合には，その種別ごとに荷重単位を設定する．

荷重単位の荷重の大きさを確定値ではなく，変動するとした方が適切な場合には，そのように設定する．

【解説】

構造物にさまざまな繰返し荷重が作用する場合には，荷重の大きさや頻度，その組合せなどの荷重の特性を考慮した上で，疲労設計荷重を設定する必要がある．荷重単位は，単位期間内に作用する荷重の性状を十分に表すことのできるような荷重の大きさと頻度および位置と移動により与えられる．複数の荷重単位を用いることが適当な場合には，その種別ごとに荷重単位を設定する．通常，1つの荷重単位で構造物の疲労荷重を設定できることはまれであるため，複数の荷重単位で疲労荷重を与えることになる．以下では，クレーン走行桁，道路橋，鉄道橋，船舶を例として，その荷重単位について解説する．

クレーン走行桁では，クレーンと吊り上げる荷の重さとクレーンの一連の動き，およびその頻度が1つの荷重単位となる．**図解2.1**にレードルクレーン走行桁の荷重単位の例を示す．この例では2つの荷重単位を考えている．2つの荷重単位の載荷位置の動きは，ともに，クレーンが休止位置⓪より出発し，①で空レードルを吊り上げ，②の注鋼口で一旦，空レードルを下げ，これに溶鋼が満たされるのを待って再び吊り上げ，③へ移動し，ここから順次インゴットケースへ溶鋼を注ぎ，④，⑤を経て⑥でレードルが空になり，①へ移動しレードルを外し，そして⓪の休止位置で待機する，である．ただし，荷重単位A（定常荷重）ではイッゴットケースがレードル

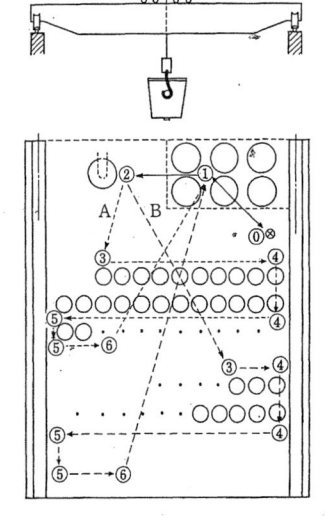

図解2.1　レードルクレーン走行桁の荷重単位の例

側からみてクレーン走行桁中央より手前にあり，荷重単位B（一時的な荷重）では走行桁中央より奥にある．荷重単位の荷重の大きさは，それぞれの位置で，（空レードル重量），（空レードル重量＋定格溶鋼重量），（空レードル重量＋定格溶鋼重量－インゴットケースへの注入溶鋼重量），（空レードル重量）と変化する．荷重単位の頻度は，レードルクレーンの計画使用頻度をもとに定める．例えば，単位期間を週とし，荷重単位Aの頻度121，荷重単位Bの頻度98などと設定する．

　道路橋については，車両の軸重，車軸数，車軸間隔と橋梁上の通過位置および頻度が1つの荷重単位となる．このような荷重単位をいくつかの代表的な形式の車両に対して設定し，それらを組み合せることで疲労設計荷重を設定する．例えば，**図解2.2**に示すように，乗用車，トラック（2軸，3軸），トレーラートラック（4軸，5軸）などに車両を分類し，それぞれを荷重単位とすることが考えられる．また，これらの車両（荷重単位）の重量分布が交通車両の走行実態調査などにより既

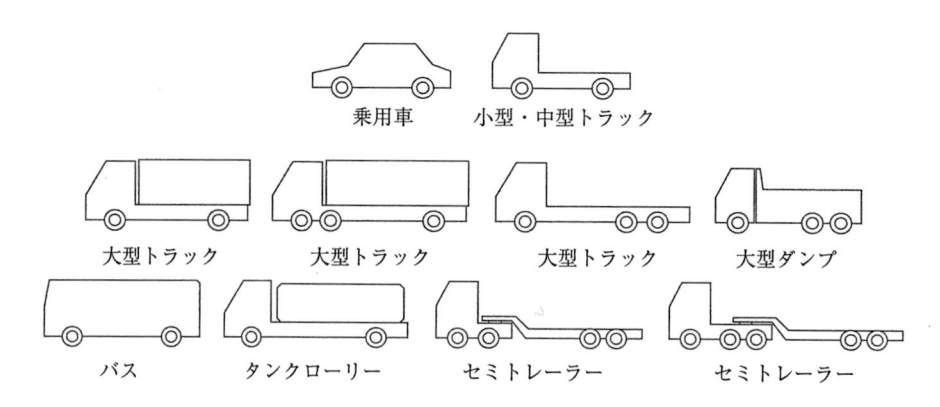

図解2.2　自動車荷重の車種別分類の例

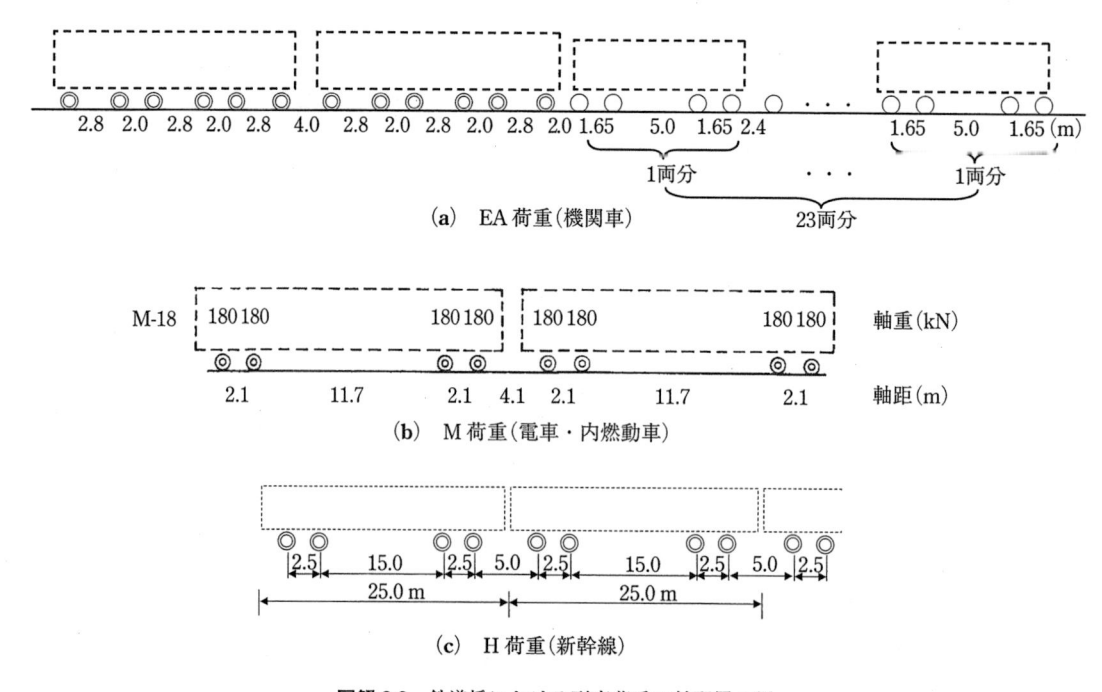

図解2.3　鉄道橋における列車荷重の軸配置の例

知であれば，橋梁の交通実態に則した疲労荷重を設定できる．

鉄道橋については，線路を走行する車両がある程度特定されることから，機関車荷重，電車・内燃動車荷重および新幹線荷重などの代表的な車両ごとに，軸配置，車軸間隔が定められている．なお，軸重は照査の目的に応じて適切に定める．例えば，鉄道構造物等設計標準・同解説[1] では，**図解 2.3** に鉄道橋における代表的な荷重の例が示されている．

波浪荷重により船体構造部材に生じる応力時刻歴は，レイリー分布に従うランダム波で近似できる．このレイリー分布の母数は，航行海域の有義波高 H_s と平均波周期 T_m，船と波の出会い角 χ により決まる．(H_s, T_m) が一定とみなせる時間（2〜3時間）は短期海象と呼ばれる．この (H_s, T_m) と χ により統計的性質が定まるランダム応力波形が，代表荷重単位に相当するといえる[2]．

設計寿命中に，短期海象がどのような組合せで発生するかは，航行海域の (H_s, T_m) の同時確率分布に従って定める．設計航路は設計対象船の就航条件を考慮して決めるが，近年は最も厳しい海象条件を与える航路として，北大西洋航路が想定される場合が多い．き裂進展解析などで，応力の発生順序が問題になる場合は，高い応力が荒天海象下に集中して発生することを考慮した「嵐モデル」などで，漸増漸減応力履歴をシミュレートする場合がある．船舶では貨物の積付け状態（満載状態，バラスト状態などの別）により平均応力が大きく変動するので，疲労荷重を設定する際にこの効果も考慮する必要がある．

2.3 代表荷重単位

設計計算を簡便にするため，複数の荷重単位を代表する単数の荷重単位を代表荷重単位として用いてもよい．あるいは，荷重の大きさが変動する荷重単位を代表する荷重の大きさを確定値としたものを代表荷重単位として用いてもよい．

【解説】
代表荷重単位はすべての荷重を代表する荷重単位であり，代表荷重単位による応力範囲頻度分布

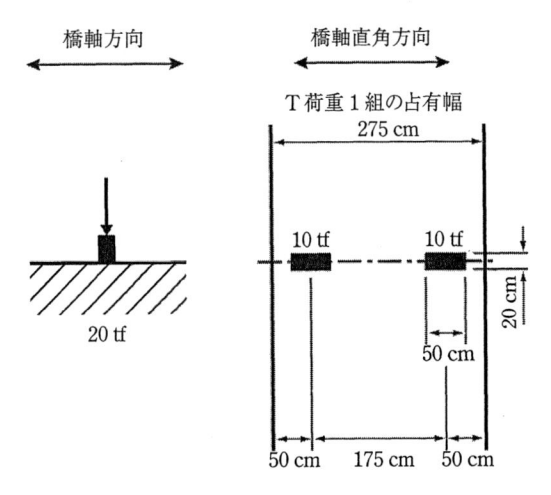

図解 2.4 道路橋に用いられる代表荷重（T荷重）[3]

は，荷重単位により求められる応力範囲頻度分布を代表するものである．そのため，代表荷重単位による応力範囲が荷重単位によるものに比べ小さくなることもある．

鋼道路橋の疲労設計指針[3]では疲労設計を簡便に行うために，**図解2.4**に示すT荷重を代表荷重として用いることとしている．ただし，T荷重は1軸の集中荷重であるため，実際の多軸の交通車両による応力波形とは異なることや，支間長により車両の同時載荷の影響が異なる点などについては，必要に応じて荷重の大きさを補正することとしている．

クレーンについては，定格荷重を最大荷重として考えて，使用頻度に応じてマイナー則などを用いることにより，代表荷重単位を決めることが考えられる．

2.4 最大荷重単位

最大荷重単位は，設計寿命中に想定される構造部材の最大の応力範囲を生じさせる荷重単位である．最大荷重単位は，3.3.2項の簡便な疲労照査を行う際に用いられる．

【解説】

荷重単位あるいは代表荷重単位では，設計寿命中に想定される最大の荷重を十分に表現できない場合がある．その場合には，構造物の荷重実態調査などから使用状況や設計寿命などを考慮して，最大荷重単位を設定する．ただし，最大荷重単位は設計寿命中に生じる最大の応力範囲を求める際に用いるため，その頻度を考慮する必要はない．

道路橋については，荷重実態調査などから構造物の供用期間中に想定される最大の荷重単位が最大荷重単位として用いられる．クレーンの場合は，定格荷重を最大荷重単位として用いることが考えられる．

2.5 動的効果

荷重の動的作用が断面力の大きさに影響を及ぼす場合には，それを考慮しなければならない．動的作用の影響を表す衝撃係数は，類似の構造物における測定結果などに基づき定める．衝撃係数についての正確な情報がない場合には，他の限界状態の照査に用いた衝撃係数と同じとする．

【解説】

終局限界状態や使用限界状態の照査に用いられる衝撃係数は，対象とする構造物で想定される最大の動的作用の影響を考慮して設定されることが多い．したがって，そのような衝撃係数を用いることは，一般に安全側の疲労照査を行うことになる．

衝撃係数を実態に即して設定する際には，必要に応じて，実際に生じる動的な影響を模擬できる載荷試験や高精度な数値解析を行うことなどにより検討する．

道路橋については，交通荷重による衝撃を考慮することになる．道路橋示方書で規定されている衝撃係数は，実橋の上限値に近いとされている．しかし，疲労損傷は変動応力の繰返しによって長時間にわたって生じるものであることから，自動車荷重のすべてに上限値に相当するような動的な影響を考慮して疲労設計を行うことは，過度に安全側の評価となる可能性がある．そのため，鋼道路橋の疲労設計指針[3]では，道路橋示方書に示されている衝撃係数の1/2を衝撃係数として用いることとしている．

桁端部に作用する荷重による応力に対しては，桁端近傍の路面の凹凸や地盤沈下などの影響を受けやすいため，道路橋示方書の衝撃係数をそのまま用いることなど，前述の衝撃係数を割り増すことも考えられる．このように，橋梁の諸条件により衝撃係数を大きめに考慮する必要がある場合には，別途検討する必要がある．

クレーンでは吊り荷の巻上げによって生じる衝撃力を考慮するために，垂直動荷重（定格荷重に吊り具の質量を加えた荷重がクレーンに作用する力）に衝撃係数を乗じている．衝撃係数の大きさは巻上げ定格速度によって決められている[4]．

2.6 設計寿命

設計する構造物の設計寿命 L をあらかじめ設定する．

【解説】

本指針では，設計寿命中に構造物あるいはその構成部材が疲労限界状態に対して十分な安全性を有するかどうかを照査する方法を示す．したがって，事前に設計寿命を設定する必要がある．

2002年に改訂された道路橋示方書[5]では，道路橋の設計寿命の目安を100年として，耐久性に関する事項が示されている．鉄道橋については，鉄道構造物等設計標準・同解説（鋼・合成構造物）において，設計寿命を100年とすることが示されている．

船舶については，一般に25年の設計寿命が設定される．25年間における波浪変動の総繰返し数は 10^8 回を標準として，船舶の長さに応じた修正（航行中の船舶の出会い波周期が異なることの修正），および船舶の設計寿命中の不稼働率（船舶の停泊期間および入渠期間）による修正がなされる[6]．

2.7 単位期間

疲労設計荷重として荷重単位を用いる場合，設計寿命は，適当な単位期間 U_T を設定し，その倍数 T で表されるものとする（$L = T \cdot U_T$）．単位期間は構造物の特質に応じて，時間，日，週，月，年など，任意に選んでよい．

【解説】

　単位期間とは，設計寿命を計算するための単位となる期間である．単位期間は，構造物に作用する荷重の特性を考慮し，1つあるいは複数の荷重単位が同じように繰り返される最小の期間とする．

　例えば，鉄道橋においては，鉄道ダイヤが1日あるいは1週間を1単位として組まれるため，単位期間を1日あるいは1週間とすることが考えられる．この単位期間内に橋梁を通過する列車の種類や頻度が既知であれば，それに基づき荷重単位および疲労設計荷重を設定することができる．船舶については，1航海を単位期間とすることが考えられる．

参考文献

1) 鉄道総合技術研究所：鉄道構造物等設計標準・同解説（鋼・合成構造物），丸善，2009．
2) 日本海事協会：船体構造強度評価のための技術指針，1999．
3) 日本道路協会：鋼道路橋の疲労設計指針，丸善，2002．
4) 日本工業規格，JIS B 8821-2004，クレーン構造部分の計算基準，2004．
5) 日本道路協会：道路橋示方書（Ⅰ共通編・Ⅱ鋼橋編）・同解説，丸善，p.442，2002．
6) 日本海事協会：ばら積み貨物船のための共通構造規則 CSR-B 編，2010．

第3章　公称応力を用いた疲労照査

3.1 公称応力の計算方法

3.1.1 公称応力

(1) 応力の計算

疲労照査に用いる応力は，照査する断面での公称応力とする．着目する部材の公称応力は，表3.4に示す矢印に直角な断面を用いて計算する．ただし，表3.4に応力を計算する断面が示されているものについてはそれに従う．

(2) 面外曲げ応力の取扱い

鋼板間の目違いなどの偏心や載荷モードなどが原因で着目部に面外曲げ応力が生じる場合には，式(3.1)により膜応力範囲 $\Delta\sigma_m$ に面外曲げ応力範囲 $\Delta\sigma_b$ を加えることにより直応力範囲 $\Delta\sigma$ を求めてもよい．

$$\Delta\sigma = \Delta\sigma_m + \frac{4}{5}\Delta\sigma_b \tag{3.1}$$

(3) 直応力とせん断応力の組合せ

直応力とせん断応力が同時に作用する場合は，主応力で疲労照査を行う．ただし，主応力方向と溶接線直角方向のなす角度が30°以下の場合には，式(3.2)により応力範囲を算出してもよい．その際の疲労強度としては，直応力に対するものを用いる．

$$\Delta\sigma = \Delta\sigma_p \cdot \cos\theta \tag{3.2}$$

　$\Delta\sigma_p$：主応力範囲
　θ：主応力方向と溶接線直角方向のなす角度（ただし，$\theta \leq 30°$）

(4) 設計計算応力の補正

設計において計算される公称応力が実際の応力よりも低くなることが明らかな場合には，設計計算応力補正係数 a を乗ずることにより，設計応力範囲を補正してもよい．

【解説】

(1) 鋼構造物の疲労設計を行う場合，公称応力を用いることを基本とする．本章では，公称応力による疲労照査について述べる．

(2) 継手の疲労強度は疲労き裂発生点の局部的な応力だけでなく，疲労き裂が進展する断面での応力分布にも影響される．そのため，継手の形式・形状および疲労き裂が発生する位置の公称応力が同じであっても，軸力が作用する場合と面外曲げが作用する場合では，疲労強度が異なる．図解3.1は，荷重非伝達型十字継手に軸力が作用する場合と面外方向の曲げが作用する場合の，溶接止端での公称応力範囲と疲労寿命の関係を比較したものである．面外方向の曲げを受ける場合の疲労強度の方が平均値で50％，平均 $-2\times$ 標準偏差で40％程度高い．したがって，溶接止端での面外

方向の曲げ応力範囲をそのままで，軸力下での疲労試験結果に基づいて設定された疲労強度と比較して疲労照査を行うことは，過度に安全となる．**図解3.2**は，同一の面外ガセット継手試験体を用いて行われた板曲げ疲労試験と軸力疲労試験の結果を示している．旧指針では明確にされていなかった面外ガセット溶接継手においても，板曲げと軸力の疲労強度の差異は，荷重非伝達型十字溶接継手と同程度となっている．以上の結果に基づき，面外曲げ応力範囲を式(3.1)で補正することとした．なお旧指針でも，面外曲げ応力については式(3.1)を適用してきた．ただし，25 mm 以上については，板曲げ応力範囲に乗じる係数は1.0とし，板曲げ応力は膜応力と等価であるとしていた．しかし，応力解析と疲労き裂進展解析を用いた検討[1]より，25 mm 以上でも式(3.1)を適用できることが明らかとされているため，本指針では板厚によらず，式(3.1)を適用することとした．

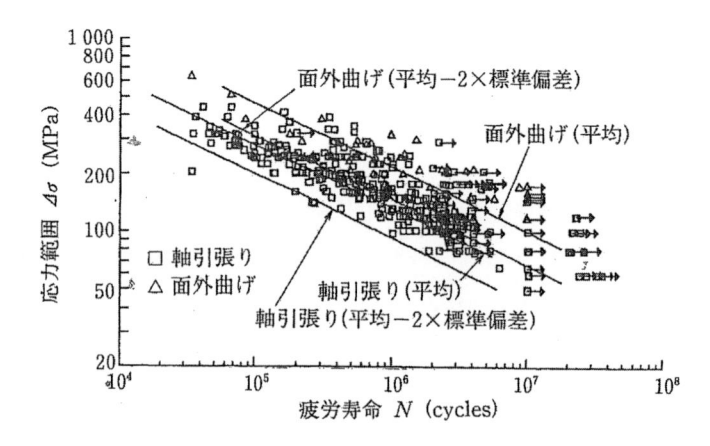

図解 3.1 十字溶接継手の面外曲げを受ける継手の疲労強度

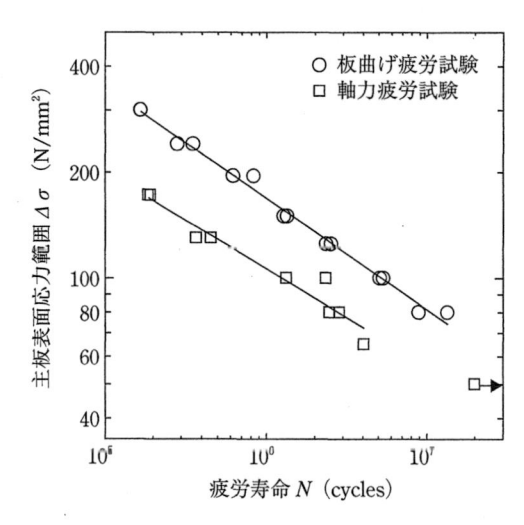

図解 3.2 面外曲げあるいは軸力作用下の面外ガセット溶接継手の疲労強度[1]

（3）旧指針では，直応力とせん断応力が同時に作用する場合は，それぞれに対して疲労照査を行っていた．ただし，主応力に大きく影響すると予想される場合には，数値計算等により最大主応

力を求め，その変動範囲を応力範囲とし，疲労強度としては直応力に対するものを用いて，疲労照査を行うとしていた．

本指針では，直応力およびせん断応力が同時に作用する場合については，式(3.2)を用いて照査するものとした．ただし，適用範囲は30°以下とした．これは，溶接線を作用応力に対して斜めに配置した横突合せ溶

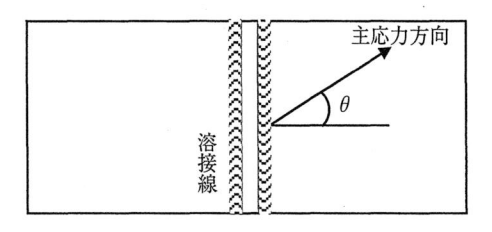

図解 3.3 主応力方向と溶接線直角方向のなす角度

接継手（両面溶接，余盛り削除），荷重伝達型十字すみ肉溶接継手（非仕上げ），荷重非伝達型十字すみ肉溶接継手（非仕上げ，止端破壊およびルート破壊）を対象とした疲労試験の結果[2),3)]に基づいている．すなわち，継手に作用する主応力と溶接線直角方向に対する主応力の角度θが30°以下であれば，前述した溶接継手によらず，比較的精度よく，かつ安全側に疲労強度を評価できることが確認されていることによる．

3.1.2 応力範囲頻度分布

疲労設計荷重を用いて設計寿命内に着目部に生じる応力の変動を計算し，その波形に対してレインフロー法またはこれと同等の結果が得られる応力範囲頻度分布解析方法を適用し，応力範囲の頻度分布を求める．

代表荷重単位あるいは最大荷重単位により計算される応力範囲から応力範囲頻度分布を適切に推定できる場合には，その応力範囲頻度分布を疲労照査に用いてもよい．

【解説】

疲労照査を行う位置には，疲労設計荷重によりさまざまな大きさの応力の変動が生じる．このような変動振幅応力に対して，レインフロー法あるいはこれと同等の結果が得られる応力範囲頻度分布解析法を用いて応力範囲の頻度分布を求める．

ここでは，レインフロー法による応力範囲の計数プログラムを簡易化するために，遠藤によって提案された以下の方法[4)]で応力範囲頻度を計数することを推奨する．**図解 3.4**に示すように，引き続き現れる4つの極値σ_1，σ_2，σ_3，σ_4が，$\sigma_1 \geq \sigma_3 \geq \sigma_2 \geq \sigma_4$ あるいは $\sigma_1 \leq \sigma_3 \leq \sigma_2 \leq \sigma_4$ の条件を満たす場合にレンジ$|\sigma_2 - \sigma_3|$の波を計数し，σ_2，σ_3を変動振幅応力波形より削除する．このよう

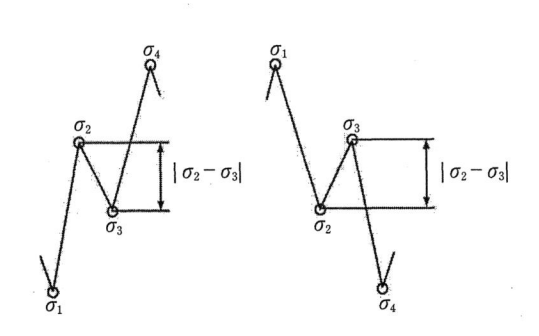

図解 3.4 レインフロー法による応力範囲の計数

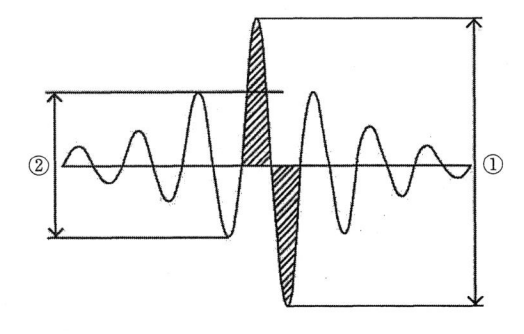

図解 3.5 漸増・漸減波

な計数を続けると，**図解 3.5** に示すような漸増・漸減する変動振幅応力が残ることがある．その場合には，最大の極大値と最小の極小値の差，2 番目の極大値と極小値の差，3 番目…，4 番目…，…，を応力範囲として計数すればよい．参考までに，ここで推奨する応力範囲計数法のプログラムを付録 I に示す．ここでは，この方法をレインフロー法と呼ぶ．

詳細な解析や経験により，代表荷重単位あるいは最大荷重単位により計算される応力範囲と応力範囲頻度分布の関係が明らかな場合には，その応力範囲頻度分布を用いることで，さらに合理的な疲労照査が可能となる．

海洋構造物を対象としたノルウェーの規準 (Det Norske Veritas)[5] では，再現期間 20 年の波（最大荷重単位に相当する）から計算される応力範囲をもとに，ワイブル分布で応力範囲頻度分布が与えられている．また，クレーン構造物を対象としたドイツの規準 (DIN-15018)[6] では，その使用状況ごとに応力範囲頻度分布が与えられている．

3.1.3 設計繰返し数

設計寿命内の応力の総繰返し数 n_t（設計繰返し数）は，式(3.3)により計算する．

$$n_t = \Sigma n_i \cdot T \tag{3.3}$$

Σn_i：単位期間内の応力の総繰返し数
T：単位期間の数

【解説】

新設構造物の疲労設計を行う場合，適切な設計繰返し数を設定することは疲労設計の信頼性を確保する上で重要な項目であり，正確に算出する必要がある．また，既設構造物の余寿命評価を行うに際しても，**3.1.2** 項で示した応力範囲頻度分布解析を行い，適切に繰返し数を設定する必要がある．

3.1.4 等価応力範囲

設計寿命内の変動振幅応力と同じ繰返し数で等価な疲労損傷度を与える等価応力範囲 $\Delta\sigma_e$，$\Delta\tau_e$ は，式(3.4)により求める．

$$\Delta\sigma_e = \sqrt[m]{\frac{\Sigma \Delta\sigma_i^m \cdot n_i}{\Sigma n_i}} \qquad \Delta\tau_e = \sqrt[m]{\frac{\Sigma \Delta\tau_i^m \cdot n_i}{\Sigma n_i}} \tag{3.4}$$

直応力：$m = 3, 5$　　せん断応力：$m = 5$

ここで，$\Delta\sigma_i$，$\Delta\tau_i$ は **3.1.2** 項で求めた応力範囲頻度分布を構成する各々の応力範囲であり，n_i は $\Delta\sigma_i$ あるいは $\Delta\tau_i$ の頻度である．$\Delta\sigma_{ve}$ あるいは $\Delta\tau_{ve}$ 以下の応力範囲については $n_i = 0$ とする．ただし，代表荷重単位を疲労設計荷重として用いる場合には，対応する応力範囲の大きさが $\Delta\sigma_{ve}$，$\Delta\tau_{ve}$ 以下であっても，$n_i = 0$ としてはならない．

疲労設計荷重により計算される応力の変動が一定振幅であれば，等価応力範囲はその一定振幅応力の範囲に等しい．

【解説】

変動振幅応力下における疲労評価は，線形累積被害側に基づき行う．等価応力範囲は線形累積被害則に基づき求められるものである．

応力範囲頻度分布のうち，ある応力範囲レベルを$\Delta\sigma_i$，その頻度をn_iとおき，$\Delta\sigma_i$のみが繰り返し作用したときの疲労寿命をN_iとする．ただし，$\Delta\sigma_i$が変動振幅応力下での応力範囲の打切り限界$\Delta\sigma_{ve}$以下であれば，$n_i=0$あるいは$N_i=\infty$とする．$\Delta\sigma_i$がn_i回繰り返されたときの疲労損傷比を(n_i/N_i)とし，疲労損傷比の合計D（累積疲労損傷比）が，

$$D = \Sigma\left(\frac{n_i}{N_i}\right) = 1 \tag{解 3.1}$$

となったときに疲労破壊が生じるとする．

$\Delta\sigma_i$およびn_iは 3.1.2 項に従って求める．また，応力範囲頻度分布が事前に与えられており，線形累積被害側を適用するために，応力範囲を離散化する必要のある場合には，そのきざみ幅に注意する必要がある．応力範囲のきざみ幅は，最大の応力範囲の 1/20 以下とすることが望ましい．

応力範囲と疲労寿命の関係（$\Delta\sigma$–N曲線）は，

$$\begin{aligned}\Delta\sigma^m \cdot N &= C_0 \quad (\Delta\sigma \geq \Delta\sigma_{ve}) \\ N &= \infty \quad (\Delta\sigma \leq \Delta\sigma_{ve})\end{aligned} \tag{解 3.2}$$

C_0：継手の等級により定まる定数（$=2\times10^6 \cdot \Delta\sigma_f^m$）

で表される．これを式(解 3.1)に代入すれば，累積疲労損傷比Dは，

$$D = \frac{\Sigma \Delta\sigma_i^m \cdot n_i}{C_0} \tag{解 3.3}$$

となる．ある大きさの応力範囲$\Delta\sigma_e$がΣn_i回作用したときの疲労損傷比は，

$$D = \frac{\Delta\sigma_e^m \cdot \Sigma n_i}{C_0} \tag{解 3.4}$$

で与えられる．式(解 3.3)および式(解 3.4)で与えられる疲労損傷比が等しい場合に，$\Delta\sigma_e$を等価応力範囲と呼ぶ．

$$\Delta\sigma_e = \sqrt[m]{\frac{\Sigma \Delta\sigma_i^m \cdot n_i}{\Sigma n_i}} \tag{解 3.5}$$

代表荷重単位はすべての荷重単位を代表する，すなわち，代表荷重単位による応力範囲頻度分布は荷重単位より求められる応力範囲頻度分布を代表するものである．そのため，代表荷重単位から計算される応力範囲が荷重単位によるものより小さくなることもある．したがって，代表荷重単位を用いて求めた応力範囲成分が$\Delta\sigma_{ve}$以下である場合に，その影響を無視することは，荷重単位から計算される$\Delta\sigma_{ve}$以上の応力範囲も疲労損傷に寄与しないことになる．

以上の理由により，疲労設計荷重として代表荷重単位を使用する場合には，$\Delta\sigma_{ve}$以下の応力範囲であっても，その繰返し数n_iを 0 としてはならないとした．ただし，代表荷重単位から計算される応力範囲をもとに応力範囲頻度分布を設定する場合には，この限りではない．

3.1.5 累積疲労損傷比

累積疲労損傷比 D は式(3.5)で定義される．

$$D = \Sigma \left(\frac{n_i}{N_i} \right) \quad (3.5)$$

n_i：3.1.2 項に従い求められる応力範囲頻度分布のうちのある応力範囲レベル $\Delta\sigma_i$ あるいは $\Delta\tau_i$ の頻度

N_i：平均応力および板厚による補正を行った疲労設計曲線より求められる $\Delta\sigma_i$ あるいは $\Delta\tau_i$ に対応する疲労寿命

【解説】

橋梁や船舶のように変動応力が作用する鋼構造部材の疲労安全性を評価する場合，線形累積被害則が用いられることが多い．この方法では，**図解 3.6** に示すように，ある部材に応力範囲 $\Delta\sigma_i$ が作用したときの疲労寿命を N_i とした場合，部材に繰返し回数が1回作用したときの疲労損傷比 D_i を $1/N_i$ と評価する．したがって，応力範囲 $\Delta\sigma_i$ の頻度が n_i の場合には，疲労損傷比 D_i は n_i/N_i となる．式(3.5)に示す各応力範囲における疲労損傷比の和 D がある値に達したとき，疲労損傷が生じるものとして考える．

一般に用いられているマイナー（Miner）則による方法では，疲労限以下の応力範囲における破断繰返し回数は∞となることから，この応力範囲に対する疲労損傷比は無視できる．また，この方法では，応力範囲の頻度分布に対する疲労損傷比の和 D が1になったときに疲労破壊が生じるものと考える．このように，累積疲労損傷比を対象とする部材に作用する応力範囲の頻度分布から求めることで，疲労寿命の算出や疲労照査を行うことができる．

変動振幅応力を受ける構造物は，疲労限以下となる応力範囲の頻度も少なくない場合があり，その応力範囲レベルも疲労損傷比に寄与することから，マイナー則では危険側の評価となる場合もある．そこで，疲労限以下の応力頻度を考慮する方法として，**図解 3.6** に示すような修正マイナー則やハイバッハ（Haibach）の方法がある．修正マイナー則は，疲労限以下についても $\Delta\sigma$–N 関係の

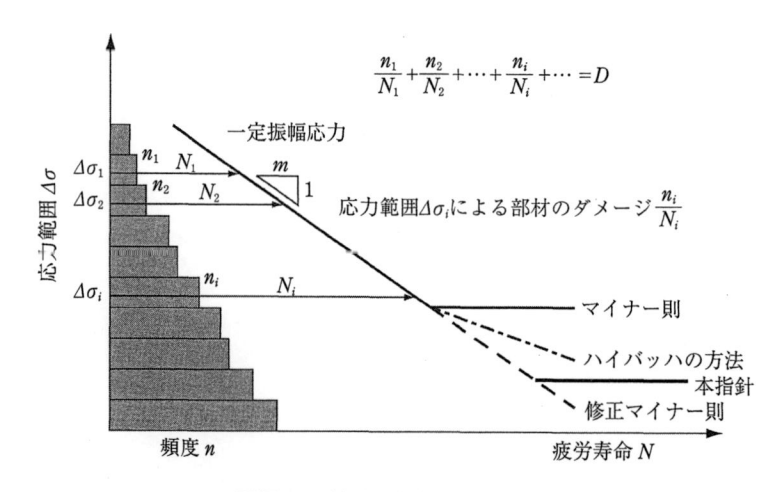

図解 3.6　線形累積被害則の概念図

傾きを変えず，$\Delta\sigma$–N 関係を延長することで考慮する方法である．修正マイナー則のように，疲労限以下の応力範囲頻度を疲労限以上の応力範囲頻度と同等に扱うことは，安全側すぎる評価を与える場合が多いため，ハイバッハの方法では，疲労限以下の $\Delta\sigma$–N 関係の傾きを緩やかにすることで，疲労限以下の応力範囲の影響を考慮することとしている．

以上のように，線形累積被害則としていくつかの方法が提案されているが，それぞれ長所，短所を有している．本指針では，取扱いの容易さから打切り限界を考慮した修正マイナーの方法を用いることとした．

3.2 疲労強度

3.2.1 疲労強度の支配因子

構造部材あるいは継手部の疲労寿命は，継手の形式およびそこに生じる公称応力範囲の大きさに依存する．表 3.4 に示す各継手の疲労強度は，3.2.2 項で示す疲労設計曲線を用いて求める．

【解説】

溶接継手部の疲労寿命は，疲労き裂の発生する位置での応力および疲労き裂が進展する断面での応力分布に依存する．これらに対しては，公称応力の大きさおよび継手の形式が支配的であると考えられる．

応力の大きさおよび分布は，継手の形式のほかに溶接形状や溶接止端形状にも影響される．そのため，表 3.4 および 3.2.6 項に示すように，溶接部あるいは溶接止端部を仕上げた場合には疲労強度等級を変えている．

3.2.2 疲労設計曲線

（1）疲労設計曲線は，図 3.1〜3.3 に示すように，直応力を受ける継手，直応力を受けるケーブルおよび高力ボルト，せん断応力を受ける継手ごとに定める．また，これらに対して，強度等級に応じ，それぞれ 9 本（等級 A 〜 I），5 本（等級 K1〜K5），1 本（等級 S）の疲労設計曲線を設定している．

表 3.1（直応力を受ける継手），表 3.2（直応力を受けるケーブルおよび高力ボルト），表 3.3（せん断応力を受ける継手）に，それぞれの強度等級に対応した 2×10^6 回応力繰返し数での基本疲労強度（$\Delta\sigma_f$, $\Delta\tau_f$），一定振幅応力および変動振幅応力に対する応力範囲の打切り限界（$\Delta\sigma_{ce}$, $\Delta\tau_{ce}$, $\Delta\sigma_{ve}$, $\Delta\tau_{ve}$）を示す．一定振幅応力に対する応力範囲の打切り限界は，変動振幅応力の応力範囲成分のすべてがそれ以下であれば，疲労照査の必要のない限界値を示すものである．変動振幅応力の応力範囲成分の一つでも一定振幅応力に対する応力範囲の打切り限界を超える場合には，疲労損傷に寄与しない応力範囲の限界値として，変動振幅応力に対する応力範囲の打切り限界を用いるものとする．

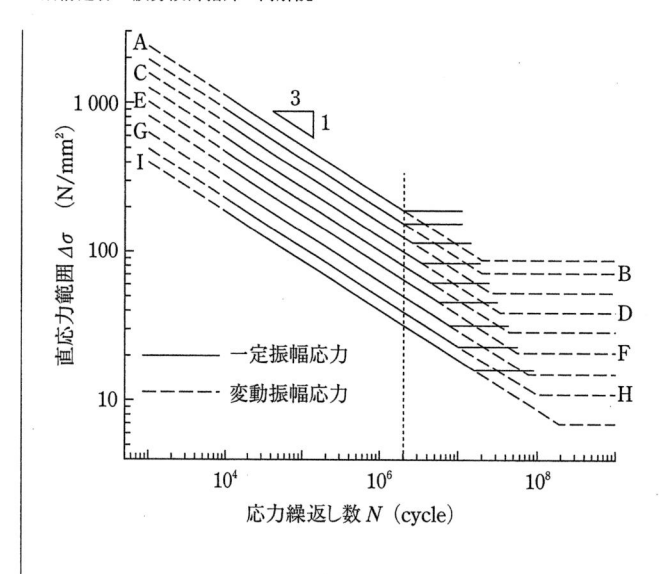

図3.1 疲労設計曲線（直応力を受ける継手）

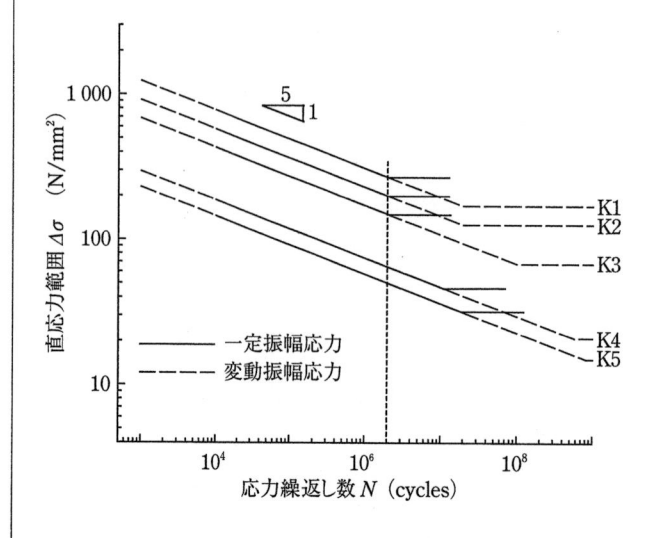

図3.2 疲労設計曲線（直応力を受けるケーブルおよび高力ボルト）

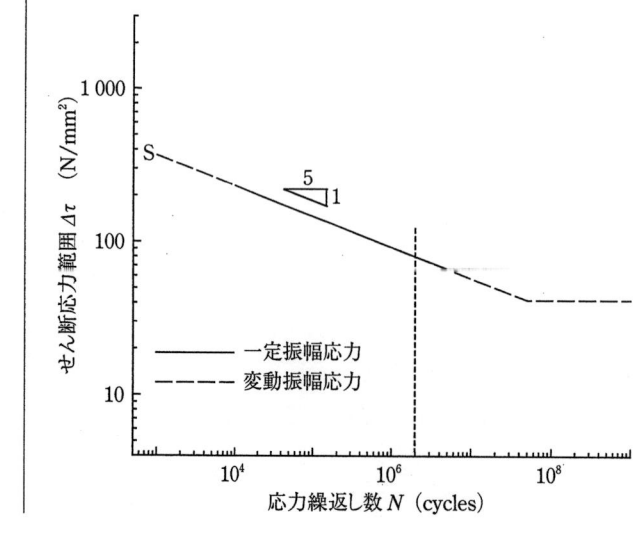

図3.3 疲労設計曲線（せん断応力を受ける継手）

第3章　公称応力を用いた疲労照査

表3.1　基本疲労強度（直応力を受ける継手）　$m=3$

強度等級		応力範囲の打切り限界 (N/mm²)	
名称	2×10^6 回基本疲労強度 $\Delta\sigma_f$ (N/mm²)	一定振幅応力 $\Delta\sigma_{ce}$ (N)*	変動振幅応力 $\Delta\sigma_{ve}$ (N)*
A	190	190 (2.0×10^6)	88 (2.0×10^7)
B	155	155 (2.0×10^6)	72 (2.0×10^7)
C	125	115 (2.6×10^6)	53 (2.6×10^7)
D	100	84 (3.4×10^6)	39 (3.4×10^7)
E	80	62 (4.4×10^6)	29 (4.4×10^7)
F	65	46 (5.6×10^6)	21 (5.6×10^7)
G	50	32 (7.7×10^6)	15 (7.7×10^7)
H	40	23 (1.0×10^7)	11 (1.0×10^8)
I	32	16 (1.6×10^7)	7 (1.9×10^8)

（注）　＊（　）内 N の値は，同欄に示す応力範囲の値に対する応力の繰返しのおおよその値であり，参考値にすぎない．

表3.2　基本疲労強度（直応力を受けるケーブルおよび高力ボルト）　$m=5$

強度等級		応力範囲の打切り限界 (N/mm²)	
名称	2×10^6 回基本疲労強度 $\Delta\sigma_f$ (N/mm²)	一定振幅応力 $\Delta\sigma_{ce}$ (N)*	変動振幅応力 $\Delta\sigma_{ve}$ (N)*
K1	270	270 (2.0×10^6)	170 (2.0×10^7)
K2	200	200 (2.0×10^6)	126 (2.0×10^7)
K3	150	148 (2.1×10^6)	68 (1.0×10^8)
K4	65	46 (1.1×10^7)	21 (5.7×10^8)
K5	50	32 (1.9×10^7)	15 (8.2×10^8)

表3.3　基本疲労強度（せん断応力を受ける継手）　$m=5$

強度等級		応力範囲の打切り限界 (N/mm²)	
名称	2×10^6 回基本疲労強度 $\Delta\tau_f$ (N/mm²)	一定振幅応力 $\Delta\tau_{ce}$ (N)*	変動振幅応力 $\Delta\tau_{ve}$ (N)*
S	80	67 (5.0×10^6)	42 (5.0×10^7)

（2）　変動振幅応力に対する応力範囲の打切り限界を設けず，$\Delta\sigma$–N 関係をそのままの傾きで延長した疲労設計曲線を用いてもよい．

【解説】

（1）　一定振幅応力に対する応力範囲の打切り限界は，一定振幅応力試験より求められる疲労限をもとに定めたものである．試験結果によれば，疲労強度の低い継手ほど疲労限の生じる寿命が長くなるため，それを反映させた疲労設計曲線としている．

変動振幅応力下では，疲労損傷が進行（疲労き裂が進展）するに従って疲労限以下の小さい応力範囲まで疲労損傷に寄与するようになる．このような現象を考慮して，変動振幅応力に対する応力範囲の打切り限界を設定した．しかし，変動振幅応力に対する応力範囲の打切り限界に関する試験データは少ないため，その設定は代表的な継手に対して第5章に示す疲労き裂進展解析を併用して行った．

一定振幅応力および変動振幅応力に対する応力範囲の打切り限界 $\Delta\sigma_{ce}$, $\Delta\sigma_{ve}$ と 2×10^6 回基本疲労強度 $\Delta\sigma_f$ には，以下の関係がある．

$$\left.\begin{array}{l}\Delta\sigma_{ce}=1.357\times10^{-1}\cdot\Delta\sigma_f^{1.396}\\ \Delta\sigma_{ve}=6.295\times10^{-2}\cdot\Delta\sigma_f^{1.396}\end{array}\right\} \qquad (解\ 3.6)$$

ただし，2×10^6 回基本疲労強度が 155 N/mm² 以上の継手については，$\Delta\sigma_{ce}$, $\Delta\sigma_{ve}$ をそれぞれ，2×10^6, 2×10^7 回の応力繰返し数に対応する応力範囲としている．

疲労設計曲線は A～I の強度等級について，それぞれ与えている．本指針では，対象とする継手の基本疲労強度の値（2×10^6 回基本疲労強度：190～32 N/mm²）を考慮して，その間を 8 等分し，各継手がどの疲労設計曲線に対応するかを検討することで，各継手の強度等級を設定している．

図 3.1 と**図 3.2** に示す 9 本の疲労設計曲線および 5 本の疲労設計曲線は，それぞれ両対数紙上で平行である．また，**図 3.1** の疲労設計曲線群はほぼ等間隔であり，継手等級 1 ランクの基本疲労強度の違いは 20 ～ 25% 程度である．疲労設計曲線は式(解 3.7), (解 3.8)で与えられる．

$$\left.\begin{array}{ll}\Delta\sigma^m\cdot N=C_0 & (\Delta\sigma\geq\Delta\sigma_{ce},\ \Delta\sigma_{ve})\\ N=\infty & (\Delta\sigma\leq\Delta\sigma_{ce},\ \Delta\sigma_{ve})\end{array}\right\} \qquad (解\ 3.7)$$

$$\left.\begin{array}{ll}\Delta\tau^m\cdot N=D_0 & (\Delta\tau\geq\Delta\tau_{ce},\ \Delta\tau_{ve})\\ N=\infty & (\Delta\tau\leq\Delta\tau_{ce},\ \Delta\tau_{ve})\end{array}\right\} \qquad (解\ 3.8)$$

$$C_0=2\times10^6\cdot\Delta\sigma_f^m,\quad D_0=2\times10^6\cdot\Delta\tau_f^m \qquad (\Delta\sigma_f, \Delta\tau_f:2\times10^6 回基本疲労強度)$$

m は疲労設計曲線の傾きを表す指数であり，それぞれの継手に対して以下のように与えられる．

$m=3$：直応力を受ける継手，**表 3.4 (a)～(f)**
$m=5$：直応力を受けるケーブルおよび高力ボルト，**表 3.4 (g)**
$m=5$：せん断応力を受ける継手，**表 3.4 (d), (f)**

本指針では，大型の試験体を用いた疲労試験などの最新の実験結果に基づき，直応力を受ける継手の疲労設計曲線の傾きを $-1/3$（$m=3$）としている．疲労寿命は，疲労き裂発生寿命と疲労き裂進展寿命とに分けることができる．特に，疲労が問題となる溶接継手部においては，通常材料の降伏点に達するような高い引張残留応力が生じる．このような高い引張残留応力場から疲労き裂が生じる場合の疲労き裂進展も考慮して，疲労設計曲線の傾きを $-1/3$ としている．**図解 3.7** に，代表的な継手の疲労試験結果[6)~8)]と，それに対して設定した疲労設計曲線を示す．これらの図からも，各継手の疲労試験データの下限は，ほぼ傾き $-1/3$ の $\Delta\sigma$–N 曲線で与えられることがわかる．

本指針では，直応力を受けるケーブルおよび高力ボルトに対しても疲労設計曲線を与えているが，これらはそれぞれの継手の疲労強度（疲労強度の下限，あるいはそれに相当する非超過確率 97.7% の疲労強度）に基づいて設定した．

ケーブルおよび高力ボルト（**表 3.4 (g)**）の傾きについては，他の継手で用いられる鋼材と強度レベルが異なること，および使用状況が異なること（非常に高い応力比となることが多い）から，別途これらの疲労試験データについて検討し，疲労設計曲線の傾きを $-1/5$（$m=5$）とした．

(2) 変動振幅応力に対する応力範囲の打切り限界を設けず，まっすぐな疲労設計曲線を用いて変動振幅応力下での疲労照査を行うことは，安全側の評価となる．

3.2.3 継手の疲労強度等級

（1） 継手の強度等級分類は**表 3.4** に従う．

（2） **表 3.4** に示されていない継手については，疲労試験結果がある場合はそのデータ，あるいは新たに疲労試験を行い，その結果に基づいて適切な疲労設計曲線を定めるものとする．また，疲労き裂進展解析により定めてもよい．既存のあるいは新たに行った疲労試験の結果に基づいて疲労設計曲線を定めるにあたっては，試験体と実際の継手との寸法の違いおよびそれに伴う残留応力の相違に注意する．

表 3.4 継手の強度等級分類

(a) 非溶接継手

継手の種類		強度等級 ($\Delta\sigma_f$)	備考
1. 帯板	(1) 表面および端面，機械仕上げ（粗さ 50μmRz 以下）	A (190)	
	(2) 黒皮付き，ガス切断縁（粗さ 100μmRz 以下）	B (155)	
	(3) 黒皮付き，ガス切断縁（著しい条痕は除去）	C (125)	
2. 形鋼	(1) 黒皮付き	B (155)	
	(2) 黒皮付き，ガス切断縁（粗さ 100μmRz 以下）	B (155)	
	(3) 黒皮付き，ガス切断縁（著しい条痕は除去）	C (125)	
3. シームレス管		B (155)	
4. 円孔を有する母材（純断面応力）		C (125)	
5. フィレット付きの切抜きガセットを有する母材	(1) $1/5 \leq r/d$ 切断面の粗さ 50μmRz 以下	B (155)	
	(2) $1/10 \leq r/d \leq 1/5$ 切断面の粗さ 50μmRz 以下	C (125)	
	(3) $1/5 \leq r/d$ 切断面の粗さ 100μmRz 以下	C (125)	
	(4) $1/10 \leq r/d < 1/5$ 切断面の粗さ 100μmRz 以下	D (100)	
6. 高力ボルト摩擦接合継手の母材（総断面応力）	(1) $1 \leq n_b < 4$	B (155)	
	(2) $5 \leq n_b \leq 15$	C (125)	
	(3) $16 \leq n_b$	D (100)	n_b：応力方向のボルト本数 ※(4., 6., 7., 8.) 孔を押抜きせん断，あるいはレーザー切断で加工した場合には，強度等級を1ランク下げる．
7. 高力ボルト支圧接合継手の母材（$n_b \leq 4$，純断面応力）		B (155)	
8. 応力方向に力を伝えない高力ボルト締め孔を有する母材（純断面応力）		B (155)	

表 3.4 （つづき）

（b）横突合せ溶接継手

継手の種類		強度等級 ($\Delta\sigma_f$)	備考
1. 余盛り削除した継手		B (155)	
2. 止端仕上げした継手		C (125)	
3. 非仕上げ継手	(1) 両面溶接	D (100)	
	(2) 良好な形状の裏波を有する片面溶接	D (100)	※完全溶込み溶接で，溶接部が健全であることを前提とする．
	(3) 裏当て金付き片面溶接	F (65)	※継手部にテーパが付く場合には，その勾配を 1/5 以下とする．※深さ 0.5 mm 以上のアンダーカットは除去する．※(1., 2.) 仕上げはアンダーカットが残らないように行う．仕上げの方向は応力の方向と平行とする．
	(4) 裏面の形状を確かめることのできない片面溶接	F (65)	

（c）縦方向溶接継手

継手の種類		強度等級 ($\Delta\sigma_f$)	備考
1. 完全溶込み溶接継手（溶接部が健全であることを前提とする）	(1) 余盛り削除	B (155)	
	(2) 非仕上げ	C (125)	
2. 部分溶込み溶接継手		D (100)	
3. すみ肉溶接継手		D (100)	
4. 裏当て金付き溶接継手		E (80)	
5. 断続する溶接継手		E (80)	
6. スカラップを含む溶接継手	(1) 止端仕上げ	F (65)	※(1.(2), 2., 3.) 棒継ぎにより生じたビード表面の著しい凹凸は除去する．※(2., 3.) 内在する欠陥（ブローホールなどの丸みを帯びたもの）の幅が 1.5mm，高さが 4mm を超えないことが確かめられた場合には，強度等級を C とすることができる．※(6.) ウェブにせん断応力範囲 $\Delta\tau$ が生じる場合には，評価応力を以下の式から求める．$\Delta\sigma = \Delta\sigma_m + (3/4)\Delta\tau$ $\Delta\sigma_m$：フランジの直応力範囲
	(2) 非仕上げ	G (50)	
7. 切抜きガセットのフィレット部に接する溶接	(1) $1/5 \leq r/d$	D (100)	
	(2) $1/10 \leq r/d < 1/5$	E (80)	

表3.4 （つづき）

(**d**) 十字溶接継手

継手の種類			強度等級 ($\Delta\sigma_f$)	備考
荷重非伝達型	すみ肉溶接	1. 滑らかな止端を有する溶接継手	D (100)	
		2. 止端仕上げした溶接継手	D (100)	
		3. 非仕上げの溶接継手	E (80)	
		4. 溶接の始終点を含む溶接継手	E (80)	
		5. 中空断面部材を溶接した継手 (1) $d_0 \leq 100$ mm	F (65)	
		5. 中空断面部材を溶接した継手 (2) $d_0 > 100$ mm	G (50)	
荷重伝達型	すみ肉および部分溶込み溶接	6. 完全溶込み溶接 (1) 滑らかな止端を有する継手	D (100)	
		6. 完全溶込み溶接 (2) 止端仕上げした継手	D (100)	
		6. 完全溶込み溶接 (3) 非仕上げの継手	E (80)	
		6. 完全溶込み溶接 (4) 中空断面部材（片面溶接）	F (65)	
		7. 止端破壊 (1) 滑らかな止端を有する継手	E (80)	
		7. 止端破壊 (2) 止端仕上げした継手	E (80)	
		7. 止端破壊 (3) 非仕上げの継手	F (65)	
		7. 止端破壊 (4) 溶接の始終点を含む継手	F (65)	
		8. ルート破壊（のど断面）	H (40)	
		9. 中空断面破壊（片面溶接） (1) 止端破壊	H (40)	
		9. 中空断面破壊（片面溶接） (2) ルート破壊（のど断面）	H (40)	

※(2., 6.(2), 7.(2)) 仕上げはアンダーカットが残らないように行う．グラインダーで仕上げる場合には，仕上げの方向を応力の方向と平行とする．
※(1., 6.(1), 7.(1)) アンダーカットは除去する．
※(3., 4., 5., 6.(3)(4), 7.(3)(4), 9.(1)) 深さ 0.5mm 以上のアンダーカットは除去する．
※(8., 9.(2)) のど断面積は（のど厚）×（溶接長）より求める．

のど厚は $s/\sqrt{2}$ より求める．開先をとり，部分溶込み溶接とした場合ののど厚は，$(s+$開先深さ$)/\sqrt{2}$ とする．
※(8., 9.(2)) 溶接の脚長（あるいはサイズ）s が板厚の 0.4 未満の継手については適用範囲外とする．

表 3.4 （つづき）

(e) ガセット溶接継手（付加板を溶接した継手を含む）

継手の種類		強度等級 ($\Delta\sigma_f$)	備考
面外ガセット	1. ガセットをすみ肉あるいは開先溶接した継手（$l \leq 100$mm） (1) 止端仕上げ	E (80)	1., 3., 4. / 2. $r \geq 40$mm
	(2) 非仕上げ	F (65)	
	2. フィレットを有するガセットを開先溶接した継手（フィレット仕上げ）	E (80)	
	3. ガセットをすみ肉溶接した継手（$l > 100$ mm）	G (50)	
	4. ガセットを開先溶接した継手（$l > 100$ mm） (1) 止端仕上げ	F (65)	5. スカラップ / 6. r, d
	(2) 非仕上げ	G (50)	
	5. 主板にガセットを貫通させた継手（スカラップを伴う）	I (32)	
面内ガセット	6. フィレットを有するガセットを開先溶接した継手（フィレット部仕上げ） (1) $1/3 \leq r/d$	D (100)	7. / 8.
	(2) $1/5 \leq r/d < 1/3$	E (80)	
	(3) $1/10 \leq r/d < 1/5$	F (65)	
	7. ガセットを開先溶接した継手 (1) 止端仕上げ	G (50)	
	(2) 非仕上げ	H (40)	
8. 重ねガセット継手の母材	(1) まわし溶接なし	H (40)	
	(2) まわし溶接あり	I (32)	

※（1.(1), 2., 4.(1), 6. 7.(1)）仕上げはアンダーカットが残らないように行う．グラインダーで仕上げる場合には仕上げの方向を応力の方向と平行とする．
※（1.(2), 3., 4.(2), 5., 7.(2), 8.）深さ 0.5 mm 以上のアンダーカットは除去する．

(f) その他の溶接継手

継手の種類		強度等級 ($\Delta\sigma_f$)	備考
1. カバープレートをすみ肉溶接で取り付けた継手（$l \leq 300$ mm）	(1) 溶接部仕上げ	D (100)	1., 2. / 2.(1) s_b, t_c, s_h
	(2) 止端仕上げ	E (80)	
	(3) 非仕上げ	F (65)	
2. カバープレートをすみ肉溶接で取り付けた継手（$l > 300$ mm）	(1) 溶接部仕上げ	D (100)	3.(1) / 3.(2)
	(2) 非仕上げ	G (50)	
3. スタッドを溶接した継手	(1) 主板断面	E (80)	4.
	(2) スタッド断面	S (80)	
4. 重ね継手	(1) 主板断面	H (40)	
	(2) 添接板断面	H (40)	
	(3) 前面すみ肉溶接のど断面	H (40)	
	(4) 側面すみ肉溶接のど断面	S (80)	

※（1.(1)(2), 2.(1)）仕上げはアンダーカットが残らないように行う．グラインダーで仕上げる場合には仕上げの方向を応力の方向と平行とする．
※（1.(3), 2.(2)）深さ 0.5 mm 以上のアンダーカットは除去する．
※（2.(2)）脚長 s_h, s_b は $s_h \geq 0.8 t_c$, $s_b \geq 2s_h$ とする．

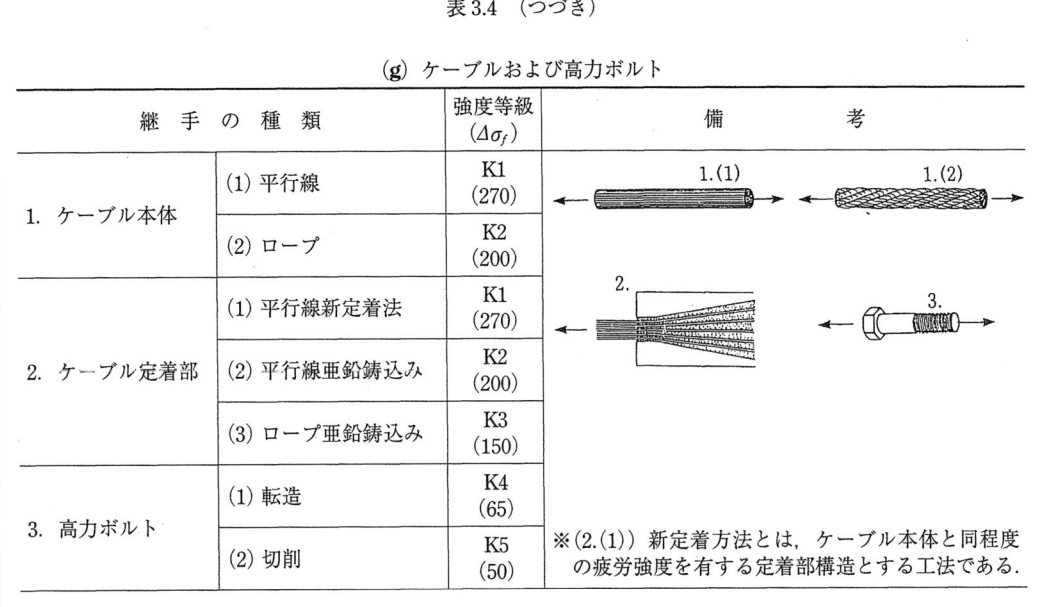

表 3.4 （つづき）

(g) ケーブルおよび高力ボルト

継手の種類		強度等級 ($\Delta\sigma_f$)	備考
1. ケーブル本体	(1) 平行線	K1 (270)	
	(2) ロープ	K2 (200)	
2. ケーブル定着部	(1) 平行線新定着法	K1 (270)	
	(2) 平行線亜鉛鋳込み	K2 (200)	
	(3) ロープ亜鉛鋳込み	K3 (150)	
3. 高力ボルト	(1) 転造	K4 (65)	※(2.(1)) 新定着方法とは，ケーブル本体と同程度の疲労強度を有する定着部構造とする工法である．
	(2) 切削	K5 (50)	

【解説】

継手の強度等級分類は，主としてわが国で行われた疲労試験の結果[7)～9)]に基づいている．その際，第1章の要求品質や試験体の寸法などを考慮し，データの取捨選択を行っている．特に，溶接継手の試験体寸法に配慮した．これは，大型の溶接継手の疲労強度は一般に小型の溶接継手よりも低いことによる．その原因は，小型の溶接継手では実際の鋼構造物に生じる溶接残留応力などが再現できないことにあると考えられている．

継手の強度等級は，それぞれの継手の疲労試験結果の下限，あるいはそれに相当する非超過確率97.7％の疲労強度が3.2.2項で設定した疲労設計曲線より高いことを確かめることにより設定している．**表解 3.1** に，代表的な継手の疲労試験結果に対して統計解析を行うことにより求めた各継手の 2×10^6 回疲労強度を示す．なお，この解析では，$\Delta\sigma$–N 関係の傾きは固定していない．**図解 3.7** には，代表的な継手の疲労試験結果と，それに対して設定した疲労設計曲線を示している．

表 3.4 に示す継手分類では，分類した継手内の溶接形状による局部的な応力集中，継手に含まれる溶接きず（**表 3.4** に示される範囲内の溶接きず），応力の方向，金属組織や残留応力の影響などを考慮している．

本指針で示している各継手の 2×10^6 回基本疲労強度と，他の疲労設計基準類[10)～13)]での 2×10^6 回基本疲労強度を比較したものを**表解 3.2** に示す．

本指針では，鋼材の静的強度レベルの差の影響は考慮していない．疲労強度の高い継手については，鋼材の静的強度レベルが高いほど疲労強度も高くなる[14),15)]が，ここでは，疲労照査の簡略化のため静的強度レベルの影響は考慮しないこととした．しかし，疲労強度等級の低い継手においては，疲労強度に対する静的強度レベルの影響は認められなくなる[14),15)]．その例を**図解 3.8** に示す．このことは，疲労き裂進展速度が静的強度レベルの影響を受けない[16),17)]ことからも推察される．

本指針では，溶接材料あるいは溶接方法による疲労強度の相違も考慮していない．旧指針で設定

された時期までは，主として低水素系溶接棒を用いた被覆アーク溶接法が用いられていたが，現在ではガスシールドアーク溶接法が用いられることが多い．また，ガスシールドアーク溶接法では，ソリッドワイヤとフラックス入りワイヤの溶接材料が用いられている．一般に，フラックス入りワイヤの溶接材料を用いると，ソリッドワイヤを用いた場合よりも，また低水素系溶接材料を用いた被覆アーク溶接よりも，溶接形状が滑らかになるとされている．しかし，**図解3.9**に示すように，溶接法および溶接材料による疲労強度の顕著な差は認められない．

表3.4が適用できない継手については，既存の疲労試験データあるいは新たに疲労試験を行い，基本疲労強度を設定することが望ましい．その際，試験体の寸法やそれに伴う残留応力の影響などを考慮し，試験体が対象とする継手を適切に再現しているかどうかについて十分に配慮しなければならない．このような問題を解決する一試験方法として，最大応力を材料の降伏点と同程度とした疲労試験が提案されている[18),19)]．

表解3.1 各継手の 2×10^6 回疲労強度

(a) 非溶接継手

継手の種類，継手番号	データ数	非超過確率 50%	非超過確率 97.7%	2×10^6 回基本疲労強度	疲労強度等級
帯板（表面仕上げ）1.(1)	125	351	239	190	A
帯板（黒皮付き）1.(2),(3)	27	231	165	155, 125	B, C
形鋼（黒皮付き）2.(1)	26	240	199	155	B
円孔を有する母材 4.	35	162	131	125	C
母材切欠きガセット 5.(1),(3)	7	184	154	155, 125	B, C
母材切欠きガセット 5.(2),(4)	8	166	147	125, 100	C, D

(b) 横突合せ溶接継手

継手の種類，継手番号	データ数	非超過確率 50%	非超過確率 97.7%	2×10^6 回基本疲労強度	疲労強度等級
余盛り削除した継手 1.	9	293	253	155	B
止端仕上げ継手 2.	22	197	140	125	C
非仕上げ継手（両面溶接）3.(1)	496	175	107	100	D
非仕上げ継手（裏当て金付き）3.(3)	48	139	89	65	F

(c) 縦方向溶接継手

継手の種類，継手番号	データ数	非超過確率 50%	非超過確率 97.7%	2×10^6 回基本疲労強度	疲労強度等級
完全溶込み溶接（余盛り削除）1.(1)	53	247	148	155	B
完全溶込み溶接（非仕上げ）1.(2)	221	223	150	125	C
部分溶込み溶接 2.	31	238	158	100	D
すみ肉溶接 3.	90	194	134	100	D

表解 3.1 （つづき）

(d) 十字溶接継手

継手の種類，継手番号	データ数	非超過確率 50%	非超過確率 97.7%	2×10^6 回 基本疲労強度	疲労強度等級
荷重非伝達型（止端仕上げ）2.	213	167	117	100	D
荷重非伝達型（非仕上げ）3.	467	123	81	80	E
荷重非伝達型（始終点を含む）4.	6	115	97	80	E
荷重伝達型（完全溶込み，止端仕上げ）6.(2)	9	173	147	100	D
荷重伝達型（完全溶込み，非仕上げ）6.(3)	35	193	104	80	E
荷重伝達型（止端仕上げ）7.(2)	217	160	97	80	E
荷重伝達型（非仕上げ）7.(3)	105	91	67	65	F
荷重伝達型（ルート破壊）8	42	65	32	40	H

(e) ガセット溶接継手

継手の種類，継手番号	データ数	非超過確率 50%	非超過確率 97.7%	2×10^6 回 基本疲労強度	疲労強度等級
面外ガセット（$l\leq100$, 止端仕上げ）1.(1)	57	134	86	80	E
面外ガセット（$l\leq100$, 非仕上げ）1.(2)	239	95	68	65	F
面外ガセット（フィレット有り）2.	29	163	120	80	E
面外ガセット 3.	200	107	73	50	G
面外ガセット（桁）3.	94	72	54	50	G
面外ガセット（$l>100$, 止端仕上げ）4.(1)	35	199	168	65	F
面外ガセット（$l>100$, 非仕上げ）4.(2)	42	94	58	50	G
面内ガセット（$1/3\leq r/d$）6.(1)	6	140	101	100	D
面内ガセット（$1/5\leq r/d<1/3$）6.(2)	5	107	61	80	E
面内ガセット（$1/10\leq r/d<1/5$）6.(3)	5	110	80	65	F
面内ガセット（止端仕上げ）7.(1)	36	79	53	50	G
面内ガセット（非仕上げ）7.(2)	55	66	39	40	H

(f) その他の継手

継手の種類，継手番号	データ数	非超過確率 50%	非超過確率 97.7%	2×10^6 回 基本疲労強度	疲労強度等級
カバープレート（$l\leq300$mm, 非仕上げ）1.(2)	55	116	102	65	F
カバープレート（溶接部仕上げ）2.(1)	7	176	148	100	D
カバープレート（非仕上げ）2.(2)	89	105	78	50	G
スタッド（主板断面）3.(1)	45	122	86	80	E

表解 3.2 2×10^6 回基本疲労強度の他の基準類との比較

(a) 非溶接継手

継手種類	本指針 $m=3$	旧指針 $m=3$	鉄道標準 $m=3$	AASHTO $m=3$	IIW $m=3$
1.(1) 1.(2) 1.(3)	190（50μmRz 以下） 155（100μmRz 以下） 125	190（50S 以下） 155（100S 以下） 125	190（50μmRz 以下） 155（100μmRz 以下） —	165 (ANSI smoothness 1 000 以下)	160（圧延材） 140（自動切断,面取り,き裂,きずなし） 125（自動切断,面取り,きずなし）
2.(1) 2.(2) 2.(3)	155 155（100μmRz 以下） 125	155 155（100S 以下） 125	155 155（100μmRz 以下） —	165 (ANSI smoothness 1 000 以下)	160（圧延材） 140（自動切断,面取り,き裂,きずなし） 125（自動切断,面取り,きずなし）
3.	155	155	155	—	160（圧延材）
4.	125	125	125	—	—
5.(1) 5.(2) 5.(3) 5.(4)	155 125 125 100	155 125 125 100	155 125 125 100	— — — —	— — — —
6.(1) 6.(2) 6.(3)	155 125 100	155 125 100	155 125 100	 123 	— — —
7.	155（純断面）	155（純断面）	155（純断面）	—	—
8.	155（純断面）	155（純断面）	155（純断面）	—	—

(b) 横突合せ溶接継手

継手種類	本指針 $m=3$	旧指針 $m=3$	鉄道標準 $m=3$	AASHTO $m=3$	IIW $m=3$
1.	155	155	100	123	112
2.	125	125	—	—	—
3.(1) 3.(2) 3.(3) 3.(4)	100 100 65 65	100 100 65 65	100 100 — —	89 89 — —	90 80 71 71

(c) 縦方向溶接継手

継手種類	本指針 $m=3$	旧指針 $m=3$	鉄道標準 $m=3$	AASHTO $m=3$	IIW $m=3$
1.(1) 1.(2)	155 125	155 125	155 125	123 	125 112
2.	100	100	125	100	—
3.	100	100	125	123	112（自動溶接）,90（手動溶接）
4.	80	80	—	100	—
5.	80	80	—	—	80〜36（τ/σ で規定）
6.(1) 6.(2)	65 50	— 50	— 50	— —	 71〜36（τ/σ で規定）
7.(1) 7.(2)	100 80	100 80	100 80	— —	— —

表解 3.2 （つづき）

(d) 十字溶接継手

継手種類	本指針 $m=3$	旧指針 $m=3$	鉄道標準 $m=3$	AASHTO $m=3$	IIW $m=3$
1.	100	100	100	—	—
2.	100	100	100	—	100
3.	80	80	80	89	80
4.	80	80	—	—	—
5.(1)	65	65	—	—	—
5.(2)	50	50	—	—	—
6.(1)	100	100	100	—	—
6.(2)	100	100	100	—	80
6.(3)	80	80	80	—	71
6.(4)	65	65	—	—	—
7.(1)	80	80	—	—	—
7.(2)	80	80	—	—	—
7.(3)	65	65	—	—	63
7.(4)	65	65	—	—	—
8.	40	40	—	—	45
9.(1)	40	40	—	—	—
9.(2)	40	40	—	—	—

(e) ガセット継手

継手種類	本指針 $m=3$	旧指針 $m=3$	鉄道標準 $m=3$	AASHTO $m=3$	IIW $m=3$
1.(1)	80	80	80	—	—
1.(2)	65	65	65	89 ($L\leq 50$ mm) 69 ($50<L\leq 100$ mm)	80 ($L\leq 50$ mm) 71 ($50<L\leq 150$ mm)
2.	80	80	—	123 ($r>600$ mm) 89 ($r>150$ mm) 69 ($r>50$ mm) 55 ($r\leq 50$ mm)	90 ($r>50$ mm)
3.	50	50	50	55 ($t<25$ mm) 40 ($t\leq 25$ mm)	63 ($150<L\leq 300$ mm) 50 ($L>300$ mm)
4.(1)	65	65	65	—	—
4.(2)	50	50	50	55 ($t<25$ mm) 40 ($t\geq 25$ mm)	—
5.	32	—	—	—	—
6.(1)	100	100	100	123 ($r>600$ mm)	90 ($r>150$ mm or $r/d>1/3$)
6.(2)	80	80	80	89 ($r>150$ mm)	71 ($1/6<r/d<1/3$)
6.(3)	65	65	65	69 ($r>50$ mm) 55 ($r\leq 50$ mm)	50 ($r/d<1/6$)
7.(1)	50	50	—	—	—
7.(2)	40	40	—	55 ($t<25$ mm), 40 ($t\geq 25$ mm)	50 ($l<150$ mm), 45 ($l>150$ mm)
8.(1)	40	40	—	55	—
8.(2)	32	—	—	—	—

表解 3.2 （つづき）

(f) その他の溶接継手

継手種類	本指針 $m=3$	旧指針 $m=3$	鉄道標準 $m=3$	AASHTO $m=3$	IIW $m=3$
1.(1)	100	—	—	—	—
1.(2)	80	80	80	—	—
1.(3)	65	65	65	55 ($t \leq 20$ mm)	—
2.(1)	100	100	100	40 ($t > 20$ mm)	71〜56（t と g の比により）
2.(2)	50	50	50	55 ($t \leq 20$ mm) 40 ($t > 20$ mm)	56〜45（t と g の比により） （t：母材板厚，g：ガセット板厚）
3.(1)	80	80	80	89	80
3.(2)	80（せん断）	80（せん断）	80（せん断）	—	—
4.(1)	40	40	—	40	63
4.(2)	40	40	—	40	—
4.(3)	40	40	—	—	45
4.(4)	80（せん断）	80（せん断）	—	62（せん断）	—

(g) ケーブル・ボルト

継手種類	本指針 $m=5$	旧指針 $m=5$	鉄道標準 —	AASHTO $m=3$	IIW $m=3$
1.(1)	270	270	—	—	—
1.(2)	200	200	—	—	—
2.(1)	270	270	—	—	—
2.(2)	200	200	—	—	—
2.(3)	150	150	—	—	—
3.(1)	65	65	—	—	—
3.(2)	50	50	—	—	—

(1) 非溶接継手（表 3.4(a)）

孔あけに押抜きせん断法あるいはレーザー切断法を用いた場合，強度等級を1等級下げた（継手番号4.，6.，7.，8.）．これは，ドリル孔に比べ，押抜きせん断孔やレーザー切断孔の壁面は粗く，疲労強度の低下につながるためである[20),21)]．なお，レーザー切断した場合には溶損部が残存し，その位置によっては疲労強度をさらに低下させる原因となるので，注意する必要がある．

高力ボルト摩擦接合継手では，応力方向のボルト本数により，強度等級を変えている．これは，応力方向のボルト本数が多くなるに従って継手端での応力集中が高くなることによる[22)]．

高力ボルト支圧接合継手については，応力方向のボルト本数 n_b を4以下としたが，これは，n_b が4を超える継手の疲労試験データが少ないためである．しかし，この種の継手では，施工精度などとの関連で，n_b が4を超えることはまれであるため，このような制限をしても問題になることは少ないと考えた．

(2) 横突合せ溶接継手（表 3.4(b)）

横突合せ溶接継手の疲労強度等級は，角変形や目違いがないことを前提としている．ただし，なくすことは非常に困難であり，1.3.4項で示した要求品質を満足させる必要がある．また，溶接始終端は，エンドタブなどを適切に取り外し，その切断面にグラインダー仕上げを行い，そこでの最

大高さ粗さが50μmRz程度以下となっていることを前提としている.

溶接きずについては，1.3.4項で示したように，多層盛り溶接突合せ継手の基準となる疲労強度D等級に対する許容きず寸法として，$t/6$（t：板厚）が提案されている．また，同継手のF等級に対しては，$t/3$が提案されている．

(3) 縦方向溶接継手（表3.4(c)）

完全溶込み溶接継手の強度等級は，継手表面の仕上げの有無によりB，Cとしているが，サブマージアーク溶接等の自動溶接で溶接ビート表面が滑らかな場合には，溶接ままでも強度等級をBとしてもよい．ただし，部分溶込み溶接継手およびすみ肉溶接継手に対しては，ルート部から疲労き裂が発生することも想定されるため，溶接ビート表面が滑らかであっても，あるいは表面を仕上げても，強度等級をBとしてはならない．

図解3.7(c-2.)は部分溶込み縦方向溶接継手，図解3.7(c-3.)は縦方向すみ肉溶接継手の疲労試験結果である．これらのデータのいくつかは強度等級C以下となっている．これは，これらの継手のルート部にかなり大きい溶接きず（ブローホール）が存在したためである．そのため，これらの継手に対しては強度等級Dとし，所定の寸法（幅1.5 mm，高さ4 mm）以上の溶接きずが存在しないことが確かめられた場合には，強度等級をCとすることとした．

図解3.7(c-6.)に示すスカラップを含む縦方向溶接継手の疲労試験データは，桁試験体で得られたものであり，その際の疲労寿命の定義は，き裂長さが40 mm程度となったときの応力繰返し数とされている．なお，き裂長さが40 mmであれば，き裂は板をほぼ貫通している．多くの試験データで疲労強度等級Gを満足しているが，G等級を満足していないデータもある．これは，スカラップ継手には，母材（フランジなど）に作用する曲げモーメントによる応力だけでなく，スカラップ面（ウェブなど）に作用するせん断力による応力も生じるためである．すなわち，せん断力によりスカラップ内のフランジに板曲げ応力が生じ，これが曲げモーメントによる膜応力に加算されることになる．そのため，スカラップまわし溶接近傍の局部応力が大きくなり，曲げモーメントによる応力で整理した場合には，せん断力の大きさやスカラップの大きさによって疲労強度に差異が生じる[23)〜26)]．ここでは，桁構造中にあるスカラップ部については，せん断力と曲げモーメントによる応力を考慮した式(解3.9)を用いて応力範囲を算出することとした．図解3.10に，図解3.7(c-6.)に示したデータを式(解3.9)で補正した応力範囲で再整理した結果を示す．

$$\Delta\sigma + \frac{3}{4}\Delta\tau \qquad (解3.9)$$

(4) 十字溶接継手（表3.4(d)）

荷重伝達型の十字溶接継手の疲労照査は，主板断面（止端破壊を想定）およびすみ肉のど断面（ルート破壊を想定）の双方について行わなければならない．荷重伝達型継手が止端破壊する場合の強度等級は，荷重非伝達型継手に比べて1等級低くしている．これは，応力の伝達機構により溶接止端での応力集中が異なり，荷重非伝達型に比べ荷重伝達型のすみ肉溶接継手の疲労強度が低くなるためである．このような疲労強度の違いや応力集中の相違は，疲労試験や応力解析によっても確かめられている[27),28)]．

ルート破壊する場合の疲労照査においても，直応力を用いることとした．これは，疲労き裂が未溶着部先端から未溶着部の方向に進展する，すなわち，荷重の作用方向とほぼ垂直に進展し，疲労

き裂進展に対してはモードIが支配的となるためである．したがって，疲労強度を整理する応力としては，荷重を中板での溶接断面積で除した応力が適切とも考えられる[29]．しかし，のど断面での応力が一般的であること，また脚長とのど厚には，（脚長）＝$\sqrt{2}$×（のど厚）の関係があることにより，のど断面応力で疲労照査を行うこととした．

部材間にルートギャップがある場合には，実際ののど厚が小さくなるため，ギャップ分だけ脚長が小さくなるものとして，のど断面積を計算するのがよい[30),31)]．

(5) ガセット溶接継手（表3.4(e)）

面外ガセット継手では，ガセットの取付け長さにより強度等級を変えた．これは，疲労き裂の起点となるガセット取付け端の応力集中がガセット取付け長さの影響を受けること[32]による．非仕上げの小型試験体のデータ（e-1.(2)，e-3.，e-4.(2)）は，ほぼF等級を満足しているが，桁試験体のデータ（e-3.)′はF等級を満足しないものも存在するので，非仕上げ面外ガセット溶接継手の強度等級はGとした．

(6) その他の継手（表3.4(f)）

カバープレート継手についても，面外ガセット継手と同様に，取付け長さの影響を考慮して強度等級を定めた．

溶接部を仕上げたカバープレート継手（すみ肉溶接を主板側に長い不等脚とし，溶接部をグラインダー等で仕上げたもの）の強度等級を非仕上げの継手（等脚，溶接のまま）よりも3等級高くしている．疲労き裂の起点となる主板側溶接止端部の応力集中は，止端を仕上げることに加えて溶接を不等脚とすることによっても改善される．

取付け長さが300mm以上のカバープレート継手については，止端仕上げした継手の強度等級は示していない．これは，取付け長さが大きく，しかもすみ肉溶接が小さい場合，疲労き裂の起点が溶接ルート部となり，止端仕上げの効果が期待できないためである．

(7) ケーブルおよび高力ボルト

ケーブルの強度等級は，断線率5％のときの疲労強度に基づいて設定した．

ケーブルの新定着法とは，定着部の疲労強度の改善をはかり，ケーブル本体（一般部）と同等の疲労強度を有する定着部構造とする方法であり，エポキシ樹脂の接着力と鋼球のくさび効果による定着法[33]や，ケーブルワイヤのスプレー開始点近傍を従来の亜鉛銅合金の代わりにエポキシ樹脂とした定着法[34]が，これにあたる．

従来の亜鉛銅合金を用いた定着であっても，ワイヤの曲げ加工部を工夫して定着部の疲労強度を改善した定着法[35]などの提案がなされている．このような疲労強度の改善を図った新たな定着法を用いる場合，実構造物と同程度のワイヤ本数を有するケーブルを用いた試験によりその疲労強度が確認できれば，その定着部を上位の強度等級K1の新定着法によるものとして用いてもよい．

第3章　公称応力を用いた疲労照査

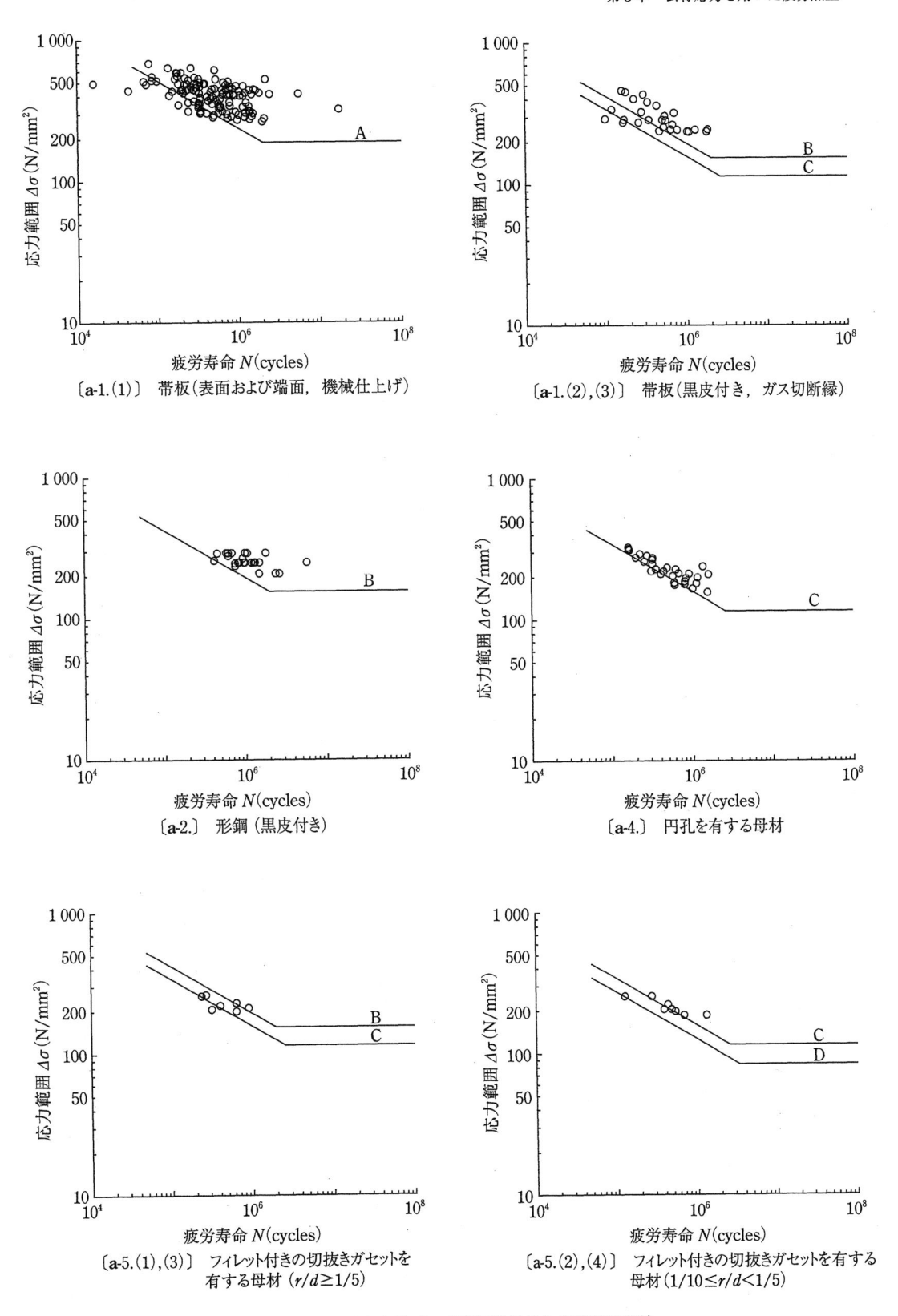

〔**a**-1.(1)〕　帯板（表面および端面，機械仕上げ）

〔**a**-1.(2),(3)〕　帯板（黒皮付き，ガス切断縁）

〔**a**-2.〕　形鋼（黒皮付き）

〔**a**-4.〕　円孔を有する母材

〔**a**-5.(1),(3)〕　フィレット付きの切抜きガセットを有する母材（$r/d \geq 1/5$）

〔a-5.(2),(4)〕　フィレット付きの切抜きガセットを有する母材（$1/10 \leq r/d < 1/5$）

図解 3.7　代表的な継手の疲労試験結果と疲労設計曲線

43

[b-1.] 余盛りを削除した継手

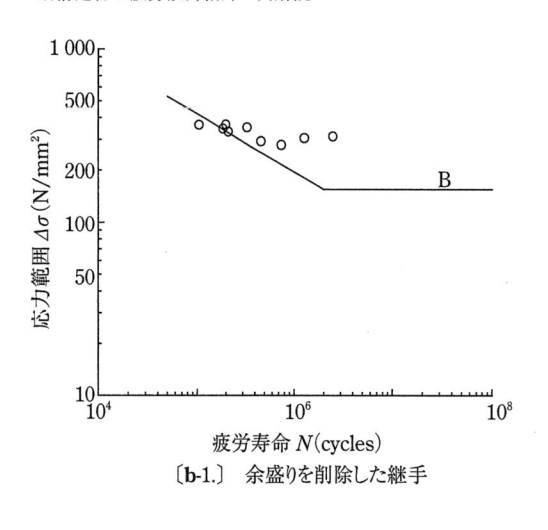

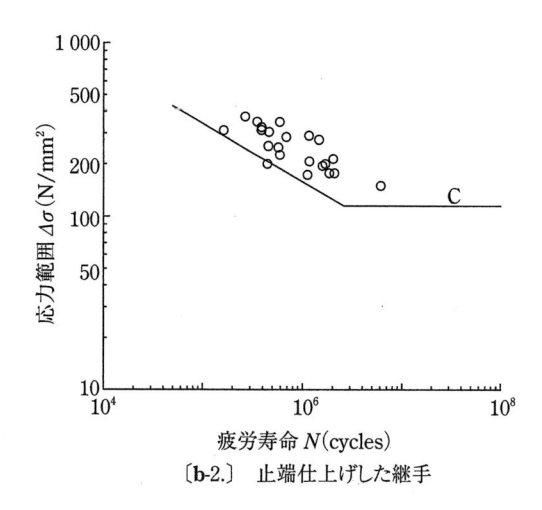

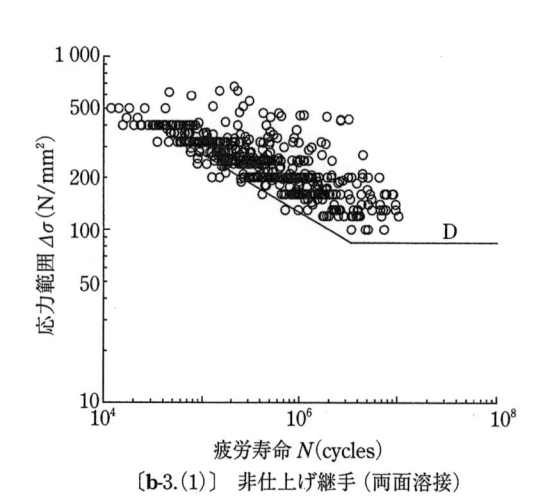

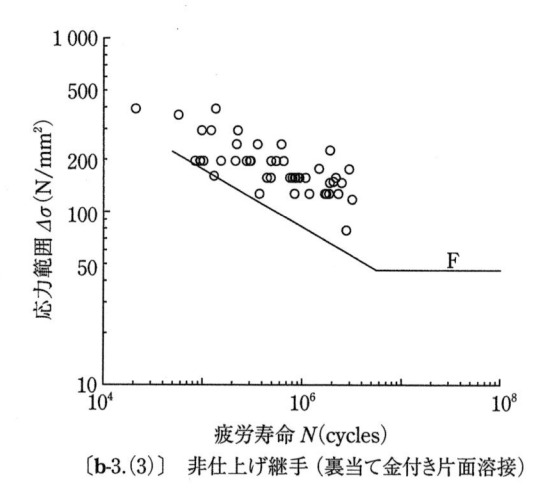

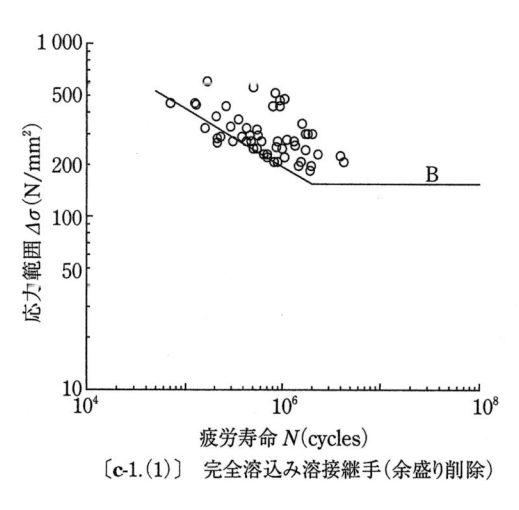

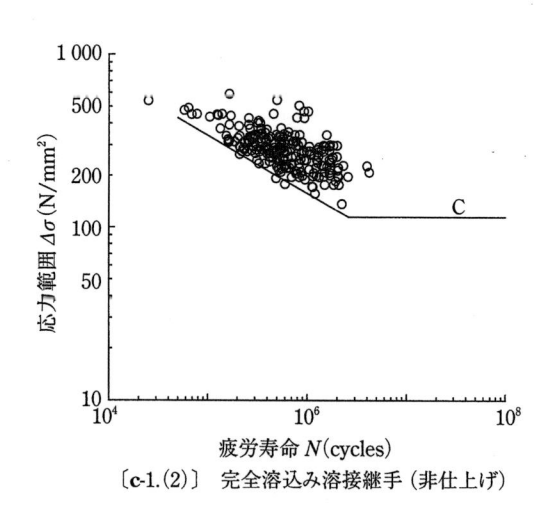

[b-2.] 止端仕上げした継手

[b-3.(1)] 非仕上げ継手（両面溶接）

[b-3.(3)] 非仕上げ継手（裏当て金付き片面溶接）

[c-1.(1)] 完全溶込み溶接継手（余盛り削除）

[c-1.(2)] 完全溶込み溶接継手（非仕上げ）

図解3.7 （つづき）

〔c-2.〕 部分溶込み溶接継手

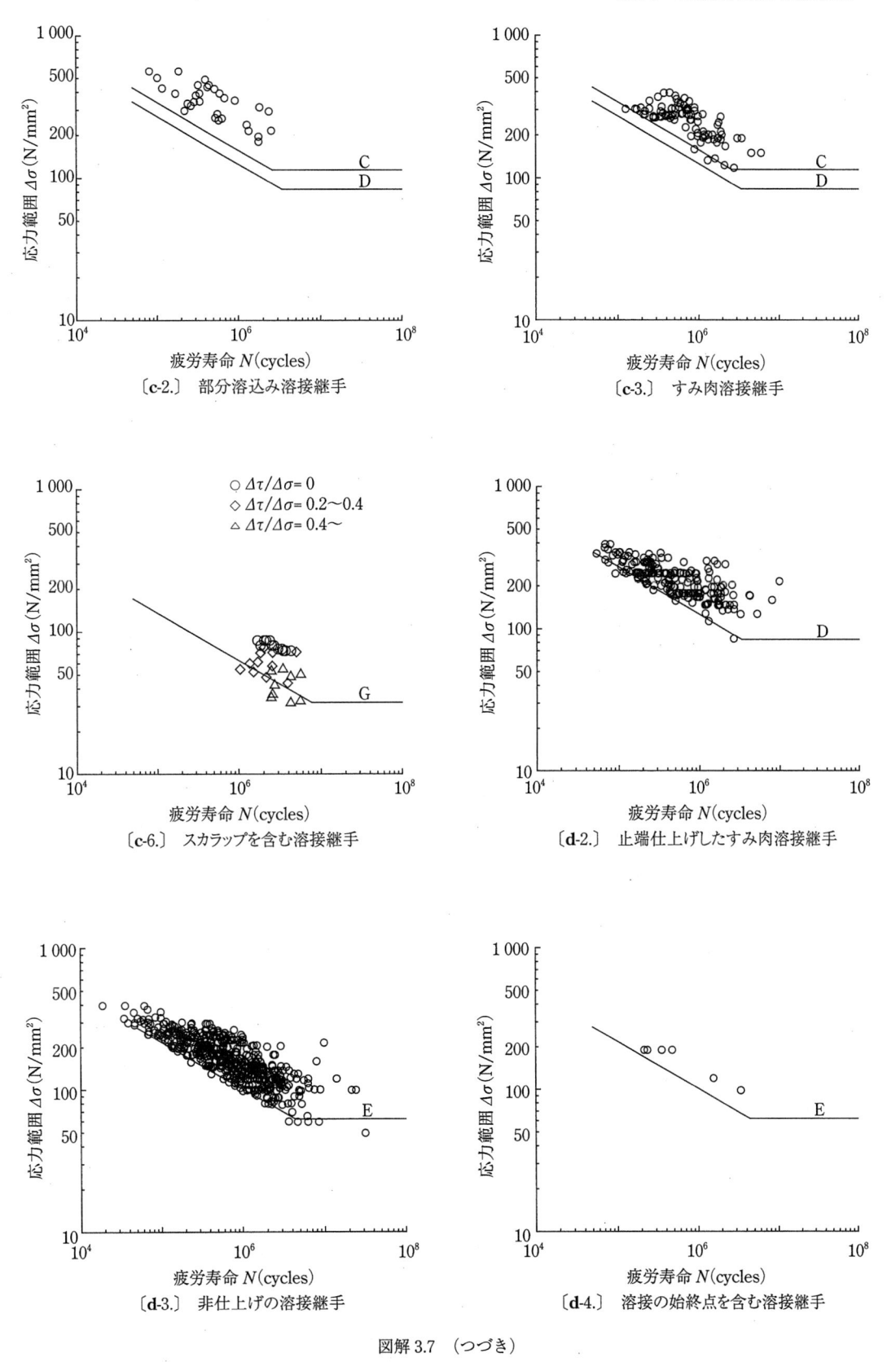

〔c-3.〕 すみ肉溶接継手

〔c-6.〕 スカラップを含む溶接継手

〔d-2.〕 止端仕上げしたすみ肉溶接継手

〔d-3.〕 非仕上げの溶接継手

〔d-4.〕 溶接の始終点を含む溶接継手

図解 3.7 （つづき）

〔d-6.(2)〕 完全溶込み溶接継手(止端仕上げ)

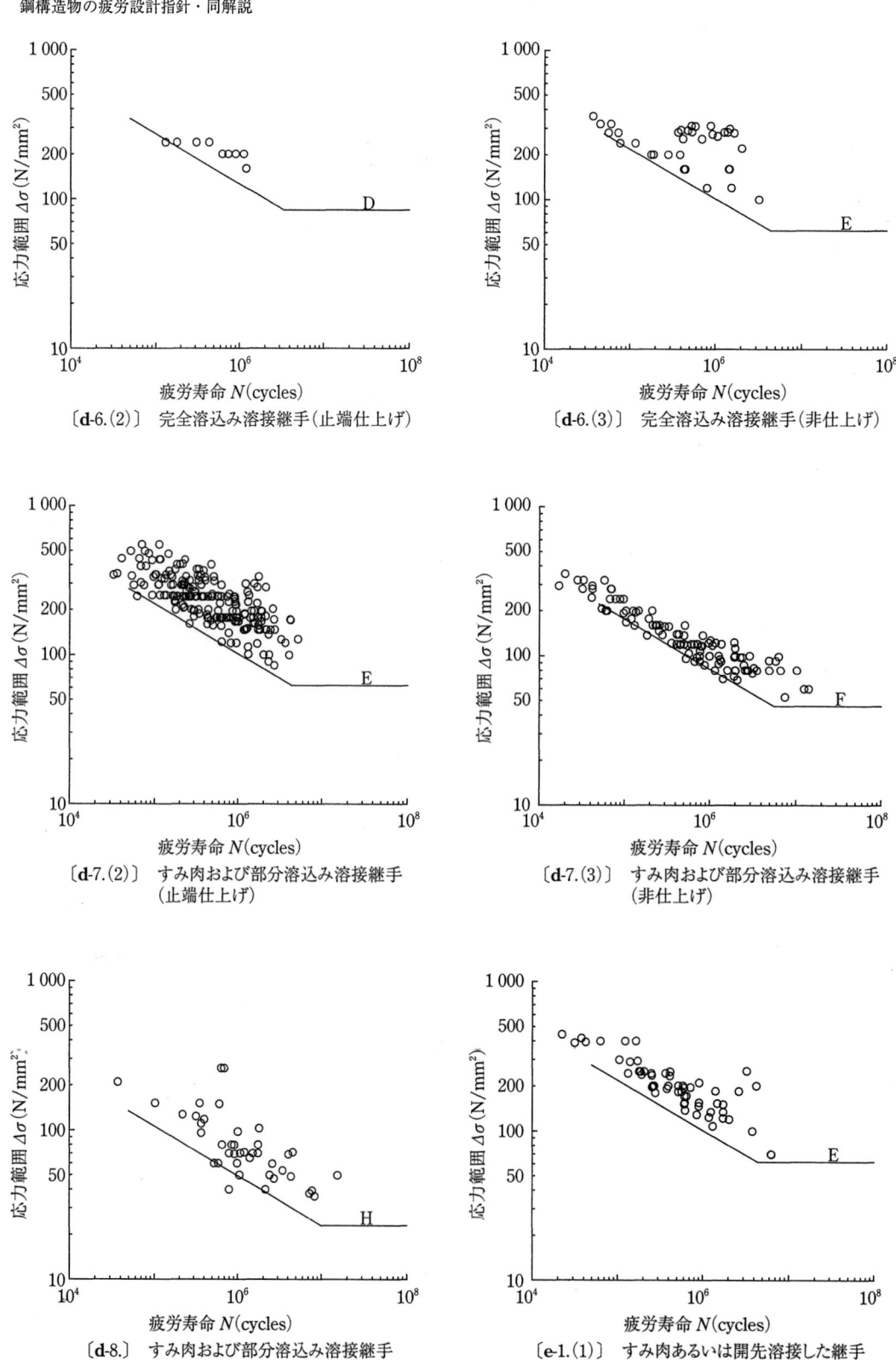

〔d-6.(3)〕 完全溶込み溶接継手(非仕上げ)

〔d-7.(2)〕 すみ肉および部分溶込み溶接継手（止端仕上げ）

〔d-7.(3)〕 すみ肉および部分溶込み溶接継手（非仕上げ）

〔d-8.〕 すみ肉および部分溶込み溶接継手（ルート破壊）

〔e-1.(1)〕 すみ肉あるいは開先溶接した継手（面外，$l \leq 100$ mm，止端仕上げ）

図解 3.7 （つづき）

第3章　公称応力を用いた疲労照査

〔e-1.(2)〕　すみ肉あるいは開先溶接した継手
（面外，$l \leq 100$ mm，非仕上げ）

〔e-2.〕　フィレットを有するガセットを開先溶接した継手
（面外，フィレット部仕上げ）

〔e-3.〕　ガセットをすみ肉溶接した継手
（面外，$l > 100$ mm，非仕上げ）

〔e-3.〕′　ガセットをすみ肉溶接した継手（桁）

〔e-4.(1)〕　ガセット開先溶接した継手
（面外，$l > 100$ mm，止端仕上げ）

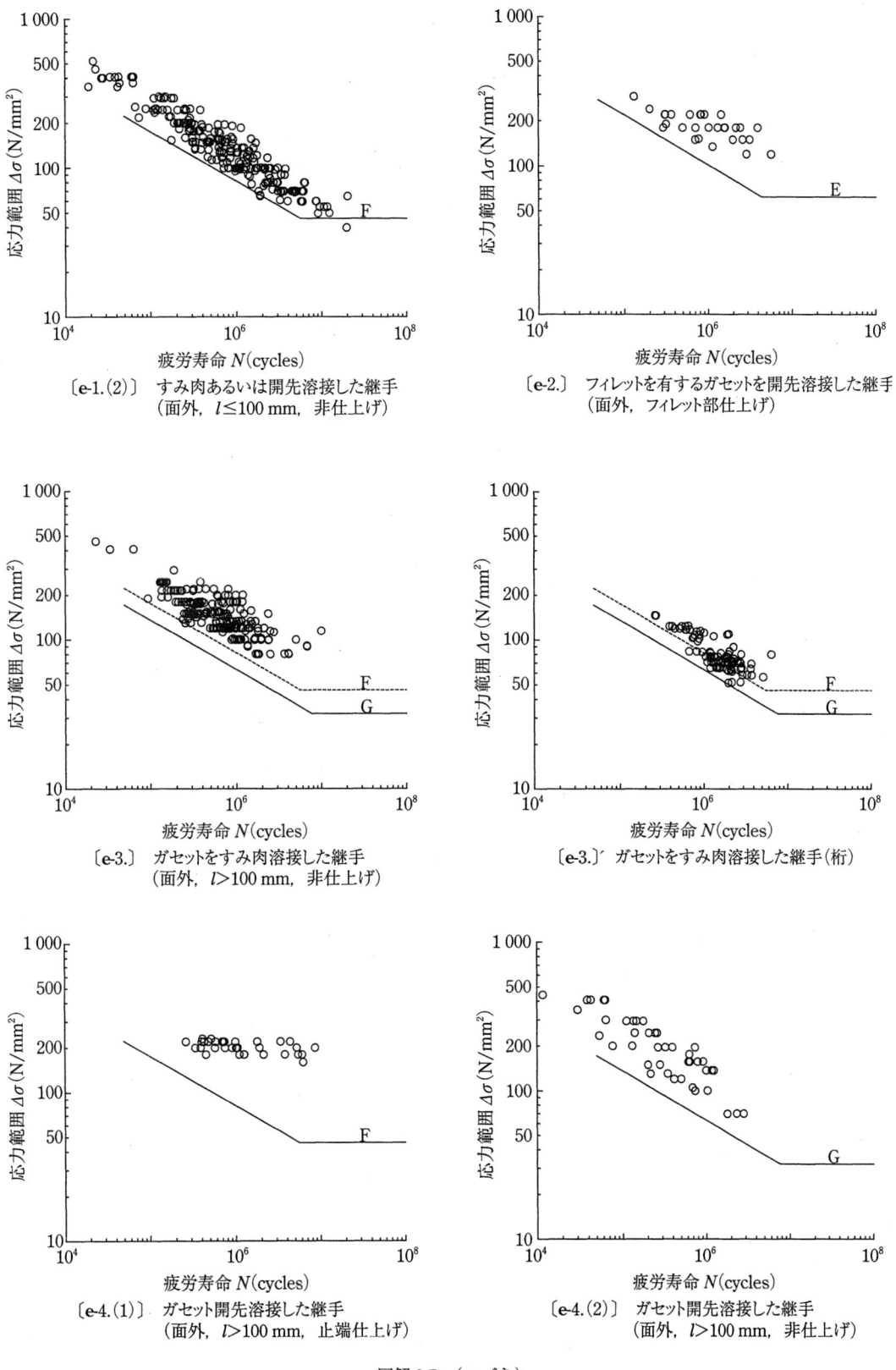

〔e-4.(2)〕　ガセット開先溶接した継手
（面外，$l > 100$ mm，非仕上げ）

図解 3.7 （つづき）

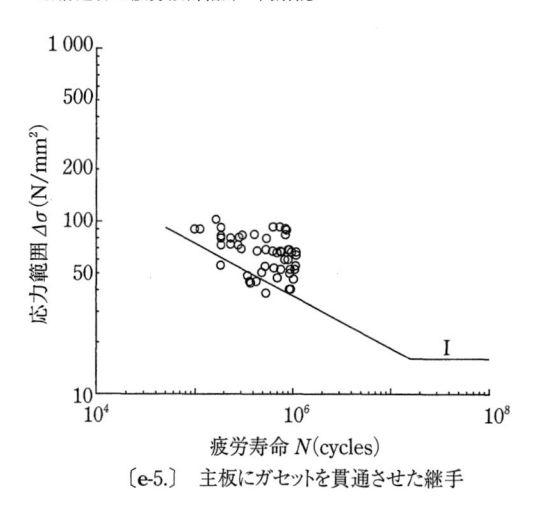

〔e-5.〕 主板にガセットを貫通させた継手

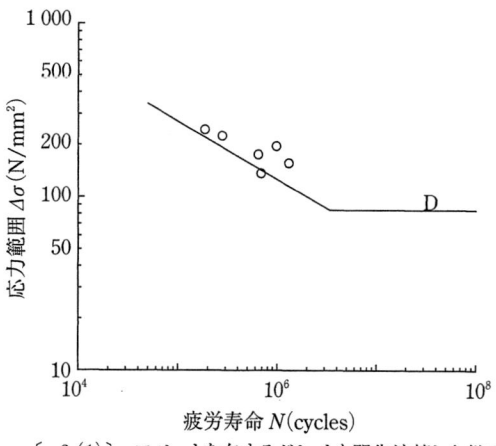

〔e-6.(1)〕 フィレットを有するガセットを開先溶接した継手
（面内，$1/3 \leq r/d$，フィレット部仕上げ）

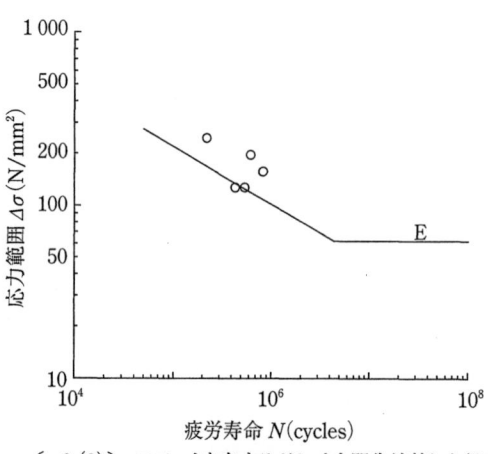

〔e-6.(2)〕 フィレットを有するガセットを開先溶接した継手
（面内，$1/5 \leq r/d < 1/3$，フィレット部仕上げ）

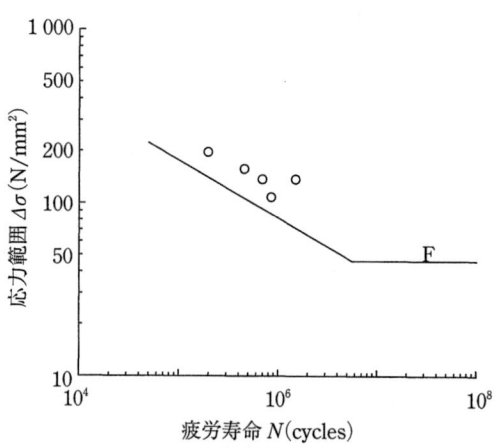

〔e-6.(3)〕 フィレットを有するガセットを開先溶接した継手
（面内，$1/10 \leq r/d < 1/5$，フィレット部仕上げ）

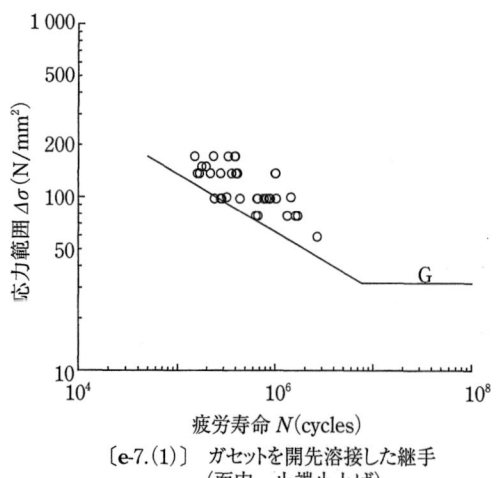

〔e-7.(1)〕 ガセットを開先溶接した継手
（面内，止端仕上げ）

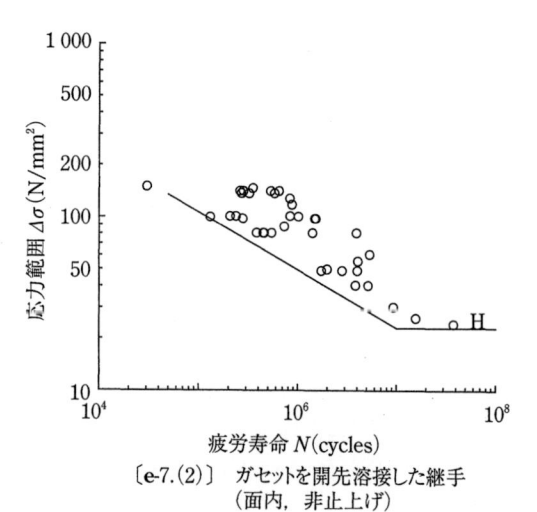

〔e-7.(2)〕 ガセットを開先溶接した継手
（面内，非仕上げ）

図解 3.7 （つづき）

第3章　公称応力を用いた疲労照査

［f-1.(3)］　カバープレートをすみ肉溶接で取り付けた継手
（$l \leq 300$ mm，非仕上げ）

［f-2.(2)］　カバープレートをすみ肉溶接で取り付けた継手
（$l > 300$ mm，非仕上げ）

［f-2.(1)］　カバープレートをすみ肉溶接で取り付けた継手
（$l > 300$ mm，溶接部仕上げ）

［f-3.(2)］　スタッド断面

［f-4.(4)］　重ね継手（側面すみ肉溶接のど断面）

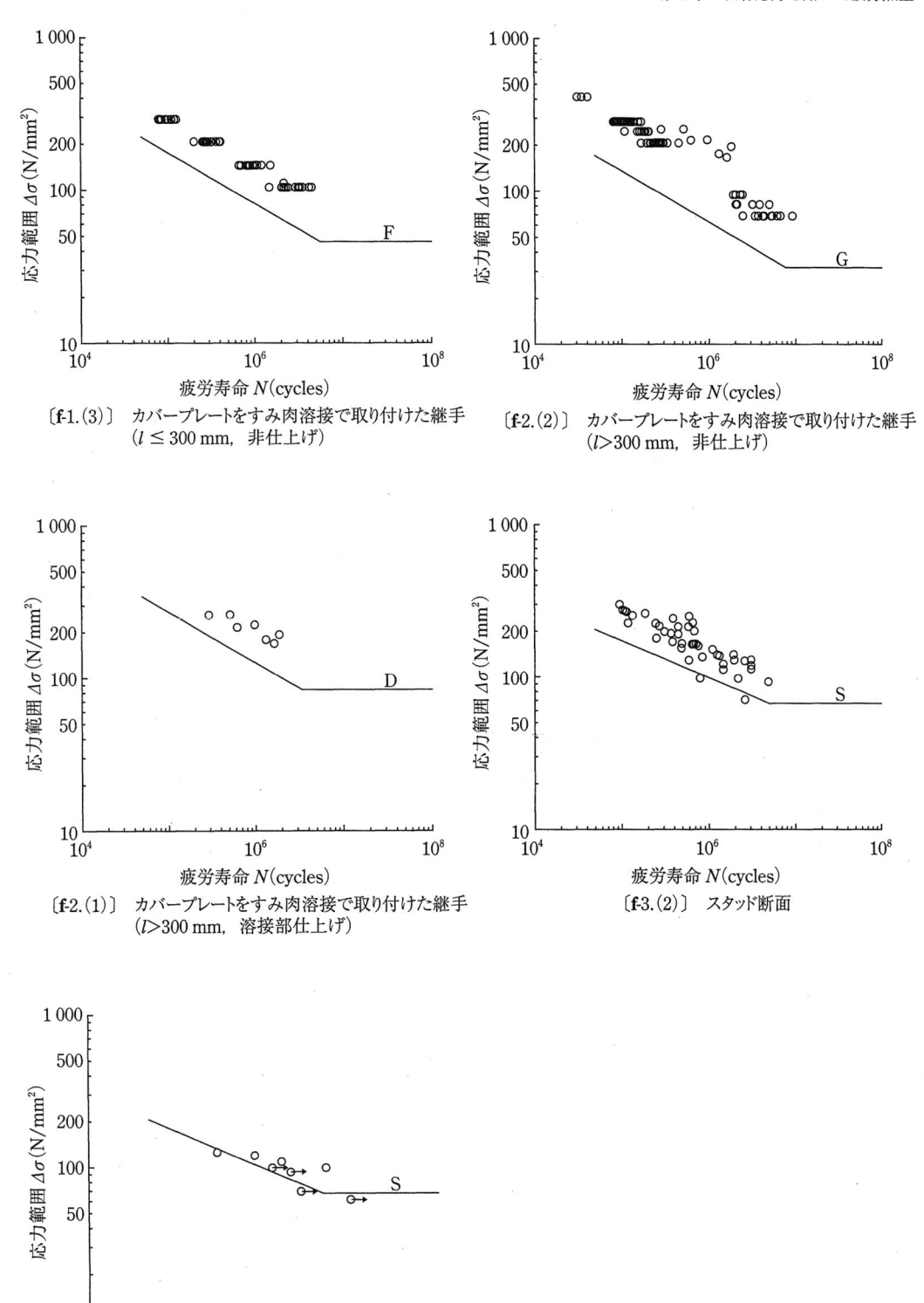

図解3.7　（つづき）

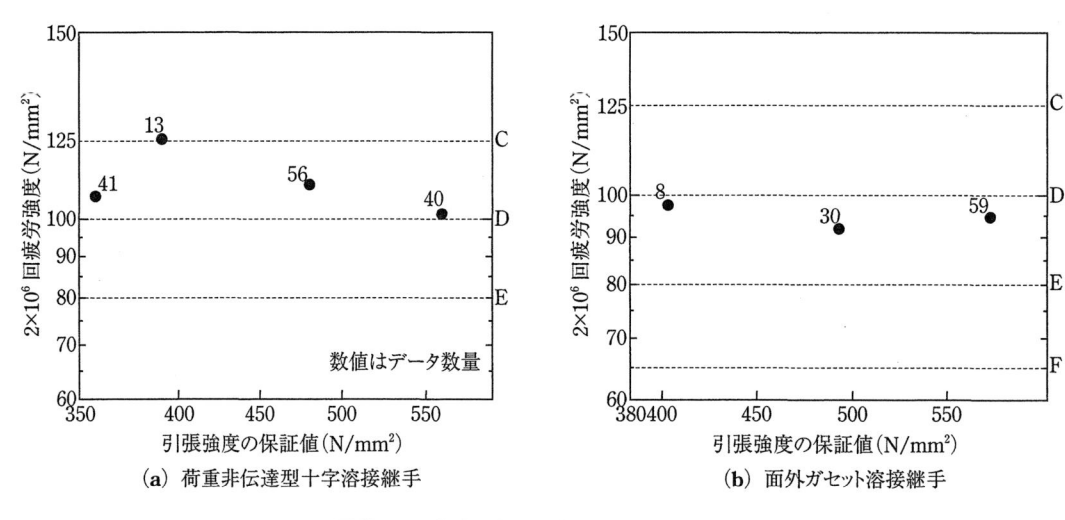

図解 3.8 疲労強度に対する静的強度の影響

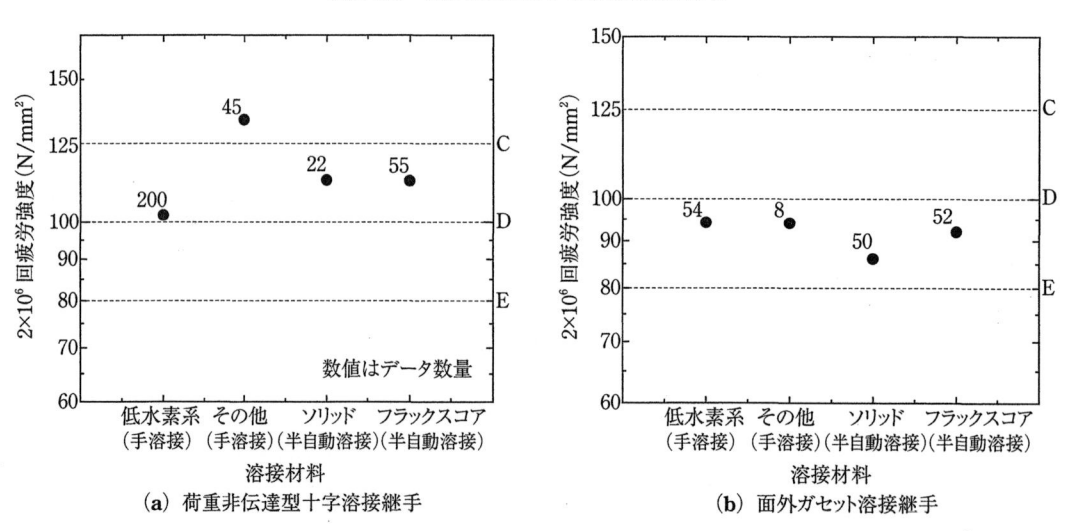

図解 3.9 疲労強度に対する溶接法および溶接材料の影響

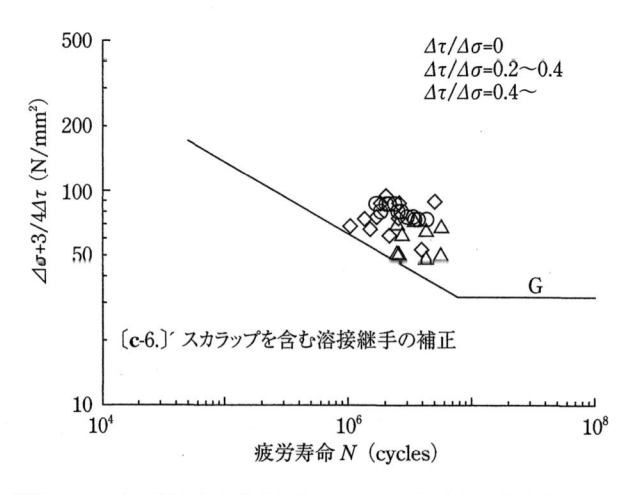

図解 3.10 せん断応力を考慮したスカラップを含む疲労強度の補正

3.2.4 平均応力（応力比）の影響

表3.4(g)に示すケーブルについては，式(3.6)に示す補正係数 C_R を基本疲労強度に乗じることにより疲労強度を求める．

$$C_R = \frac{1-R}{1-0.9R} \qquad R：応力比 \tag{3.6}$$

応力比 R は，想定される最小の応力と最大の応力との比である．応力比は，疲労設計荷重および死荷重から計算される応力に基づき求める．一定振幅応力および変動振幅応力に対する応力範囲の打切り限界についても C_R を乗じ，平均応力に対する補正を行う．表3.4(g)に示す高力ボルトについては，平均応力に対する疲労強度の補正は行わない．

表3.4(a)〜(f)に示す継手については，原則として平均応力の影響は無視する．ただし，平均応力が圧縮領域にある場合，すなわち応力比 R が -1 以下の場合には，式(3.7)に示す補正係数 C_R を基本疲労強度に乗ずることにより疲労強度を求めてもよい．

$$C_R = 1.3 \times \frac{1-R}{1.6-R} \qquad (R \leq -1) \tag{3.7}$$

最大および最小応力とも圧縮領域にある場合には，$C_R = 1.3$ とする．ただし，最大および最小応力を計算する際に残留応力の効果を含めてはならない．

一定振幅応力および変動振幅応力に対する応力範囲の打切り限界についても C_R を乗じ，平均応力に対する補正を行ってもよい．

【解説】

溶接部近傍には鋼材の降伏点に達するような高い残留応力が生じるため，外力により生じる応力の状態にかかわらず，実際に溶接部に生じる変動応力は，降伏点を最大応力とした繰返し応力状態に近いものとなっている．そのため，疲労き裂発生寿命および疲労き裂が小さい間の疲労き裂進展速度に対する応力比の影響は非常に小さく，疲労寿命に対しても応力比の影響はさほど生じない．このような現象を考慮し，引張応力が卓越する応力比 $R = -1$ 以上では，応力比によらず疲労強度を一定とした．しかし，疲労き裂が成長し，ある程度以上の寸法になると残留応力は解放され，進展速度に応力比の影響が現れるようになる．また，脆性破壊等の他の限界状態に移行するき裂寸法も，応力比の影響を受けるようになる．この影響は，特に圧縮応力が卓越した繰返し応力において顕著となる．このような理由により，圧縮応力成分が卓越する応力比が $R = -1$ 以下では，疲労強度を割り増してもよいこととした．$R = -\infty$ で30％増しの根拠は，非常に高い引張残留応力を有する継手の疲労試験結果[36]に基づく（図解3.11）．非溶接継手については，応力比の影響が顕著に生じるが，疲労照査の簡略化のため，溶接継手と同様に扱うこととした．ただし，表3.4(g)に示すケーブルについては，それが非常に高い応力比の状態で使用されることが多いため，応力比により疲労強度を補正することとした．

溶接後熱処理あるいはピーニングや局部加熱・冷却により，疲労き裂が発生する位置の引張残留応力を低減あるいはその位置を圧縮残留応力場とすることができ，それにより疲労強度の改善が期待できる．この効果を期待して疲労強度を補正してもよいが，その場合には，着目部の残留応力が

どの程度であるか，また疲労強度がどの程度改善されるかについて，これまでの実験や文献[37]〜[40]あるいは新たな実験等による裏付けが必要である．

平均応力による疲労強度の補正を行うためには，対象部の疲労設計荷重による応力変動だけではなく，死荷重による応力，また必要に応じて拘束応力の存在に注意しなければならない．

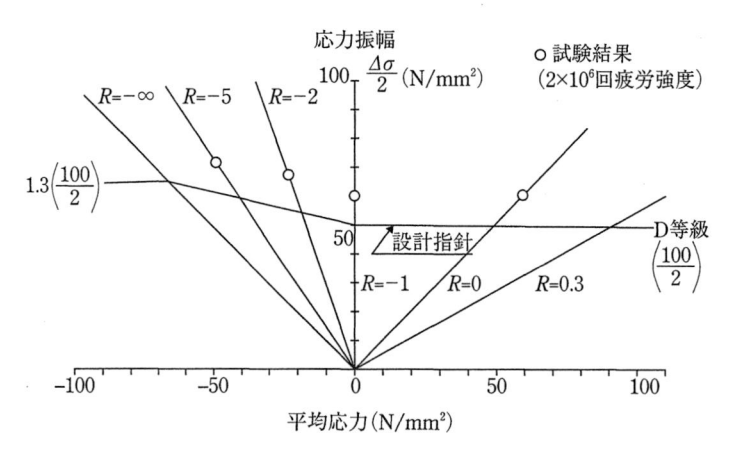

図解 3.11 疲労強度に対する平均応力の影響

3.2.5 板厚の影響

継手の種類によっては，板厚が増すに従って疲労強度が低下する．板厚が 25 mm を超える継手については，式(3.8)に示す補正係数 C_t を基本疲労強度に乗ずることにより疲労強度を求める．なお，溶接止端を仕上げた場合にも，同様に板厚による疲労強度の補正を行う．

$$C_t = \left(\frac{25}{t}\right)^{1/4} \quad t：板厚（mm） \tag{3.8}$$

この補正が必要な継手は，

　横突合せ溶接継手（**表 3.4(b)**）：2., 3.(1), 3.(2)
　十字溶接継手（**表 3.4(d)**）：1., 2., 3., 4., 5., 6.(1), 6.(2), 6.(3), 6.(4), 7.(1), 7.(2), 7.(3), 7.(4), 9.
　（付加板厚が 12 mm 以下の場合には，主板厚による疲労強度の補正は行わなくてもよい）
　その他の溶接継手（**表 3.4(f)**）：1.(3), 2.(2),

ただし，荷重伝達型十字すみ肉溶接継手でルート破壊する場合の補正係数 C_t は，以下に示すとおりである．

$$C_t = \left(\frac{25}{t}\right)^{1/6} \quad t：板厚（mm） \tag{3.9}$$

【解説】
本指針での疲労設計 $\Delta\sigma$–N 曲線は，板厚が 25 mm までの継手の疲労試験データに基づいて設定したものであり，板厚により疲労強度が影響を受ける継手については，板厚 25 mm 以上で疲労強

度を補正することとした．

　板厚の影響は，主として板厚の違いによる継手部の応力集中および応力分布の相違に原因があるとされている．したがって，板厚効果が生じるか否かは継手の形状に依存する．

　これまでの実験・研究により板厚効果が確かめられている継手は，荷重伝達型十字継手およびカバープレート継手，横突合せ溶接継手である．**図解 3.12** は，疲労試験データベースを利用して，疲労強度と板厚の関係（横突合せ継手，十字すみ肉継手，面外ガセット継手）を整理した結果を示している．ここでは，板厚効果が明らかとされているものについて，式(3.8)により疲労強度を補正することとした．なお，溶接止端を仕上げても板厚効果が存在するので，その場合にも疲労強度を補正する必要がある．

　縦方向溶接継手については，き裂発生点の応力集中が低いため，顕著な板厚効果は生じないと考えられる．

　荷重非伝達型の十字継手において，疲労き裂の起点となる溶接止端部での応力集中に対しては，主板の厚さに加えて付加板の厚さも影響を及ぼす．付加板の厚さが 12 mm 以下の場合，主板の厚さが 25 mm 以上の範囲では，主板厚によって溶接止端部の応力集中はさほど影響を受けないことが確かめられている[41]．そのため，付加板の厚さが 12 mm 以下の場合に主板の板厚による疲労強度の補正は必要ないとした．ただし，すみ肉溶接の脚長が 8 mm を超える場合には，別途検討が必要である．

　荷重伝達型十字すみ肉溶接継手がルート破壊する場合の疲労強度についても，主板厚による補正を行うこととした．これは，主板が厚くなるに従って未溶着部が長くなるためである．この際の板厚補正指数は，最近の研究成果[42),43)]に基づき 1/6 とした．主板の板厚差が大きく，中板が主板厚に比べて薄い場合には，疲労強度が著しく低下する場合もあるため，注意が必要である[44]．

　式(3.8)により疲労強度の補正を行い，設計板厚の変更（増厚）が必要となった場合に限り，小数点以下の数値は切り捨ててもよい．これは，式(3.8)における基準板厚（25 mm）のとり方や式(3.8)そのものにある程度の安全が見込まれており，実際に入手可能な板厚の選択が mm 単位でしか行えない場合に，小数点以下の超過で 1 mm の増厚を行うことが工学的にみてあまり意味のないことによる．

　面外ガセット溶接継手については，日本造船研究協会（現 日本船舶技術研究協会）や国際溶接学会（IIW）では，板厚の補正指数を 1/10 としている．この結果の妥当性は，3 次元有限要素応力解析によっても確かめられている．本指針で示すように，基準とする板厚を 25 mm とし，補正指数を 1/10 とした場合，板厚が 75 mm となっても板厚補正係数は 0.9 にすぎない．また，**図解 3.12** に示したように，疲労試験結果からも明確な板厚に伴う疲労強度の変化は認められない．そのため，面外ガセット溶接継手については，板厚による疲労強度の補正は行わないこととした．

(a) 横突合せ溶接継手

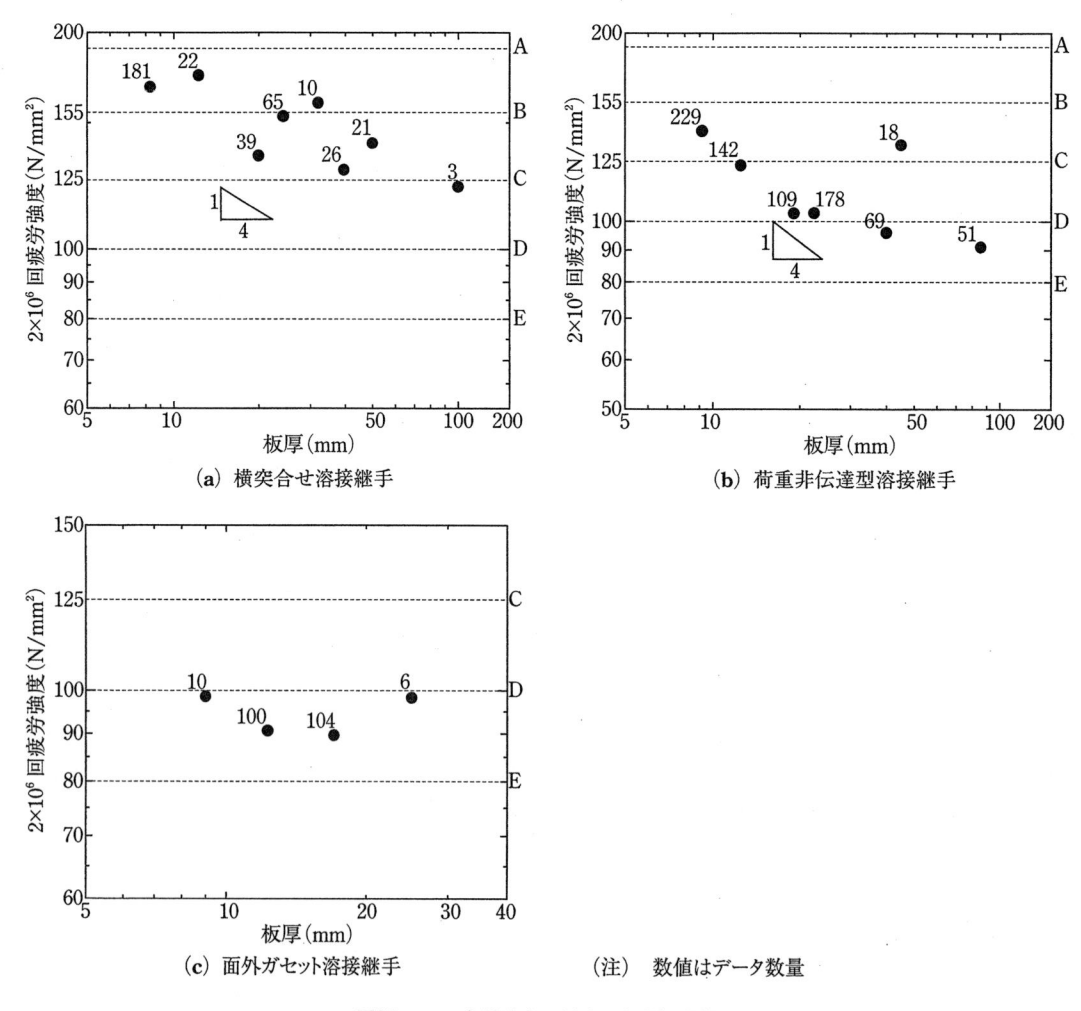

(b) 荷重非伝達型溶接継手

(c) 面外ガセット溶接継手

(注) 数値はデータ数量

図解 3.12 疲労強度に対する板厚の影響

3.2.6 疲労強度の改善処理

グラインダー処理等により溶接部あるいは止端部の形状を改善した場合には，表 3.4 に示したように，溶接のままの継手よりも高い等級の疲労強度を有するとみなしてよい．ただし，形状改善処理を行うことにより，他の部分を起点とした疲労破壊の恐れがあり，その際の疲労強度が表 3.4 に示した強度等級を満たさない恐れがある場合には，強度等級の補正を行ってはならない．

【解説】

疲労強度改善方法には，溶接止端形状を改善する方法と残留応力を改善する方法があるが，本指針では前者を対象としている．また，止端形状の改善による疲労強度向上法には，グラインダー処理と TIG 処理による方法がある．

グラインダー処理は，ディスクグラインダーとバーグラインダーによる処理に分けられる．ただし，ディスクグラインダー処理を行った場合，溶接止端に溶接ビードと平行に微細なきずが生じ，このきずの方向が作用応力に対して直角に近い場合，このきずが起点となって疲労き裂を誘起する恐れがある．また，止端部が所定の曲率半径を有するように確実に仕上げることは難しいため，本指針ではバーグラインダーによる処理を対象としている（**写解 3.1(a)**）．ただし，バーグラインダー処理前にディスクグラインダーによる粗処理を実施しても問題ない場合が多い．

グラインダー処理は，溶接止端形状を滑らかに仕上げることを目的としているため，母材と溶接部の境界に溶接止端を示すラインを残してはならない（**写解 3.1(b)，(c)**）．また，本処理では母材を板厚方向に研削することになるが，その深さは 0.5 mm 以下とするのが望ましい．

図解 3.7(**d**-2.)で示したグラインダー仕上げデータの止端曲率半径 ρ は不明確である．**図解** 3.13 は，止端曲率半径 ρ が 3 mm 以上の疲労試験データを示している[45)～53)]．十字溶接継手および面外ガセット溶接継手ともに，疲労強度は 1 等級以上向上しており，本指針では，処理を行った溶接止端の曲率半径 ρ が 3 mm 以上を満足すれば，疲労強度等級を 1 等級向上させてもよいとした．さらに曲率半径を大きく仕上げた場合，疲労強度もさらに向上すると考えられる．また，フィレットを有し，これにグラインダー処理を行った場合も，疲労強度はさらに向上すると考えられる．これら

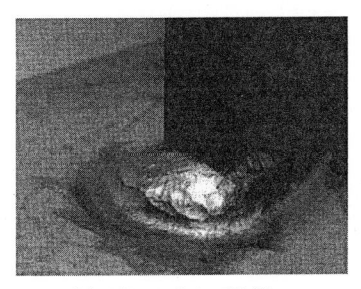

(a) 適切な仕上げ状態（バーグラインダー）　　(b) 不適切な仕上げ状態（止端部未処理）　　(c) 不適切な仕上げ状態（溶接止端の残存）

写解 3.1 溶接止端の処理

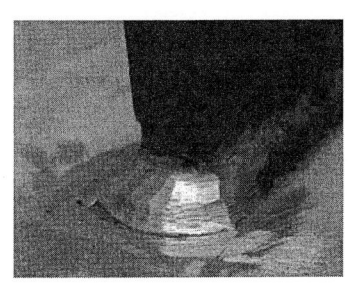

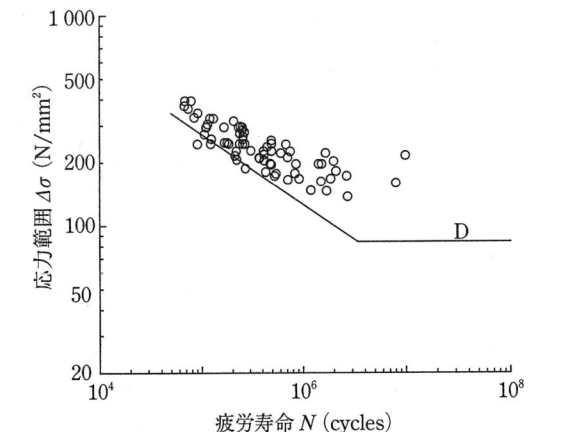

(a) 荷重非伝達型十字溶接継手　　(b) 面外ガセット溶接継手

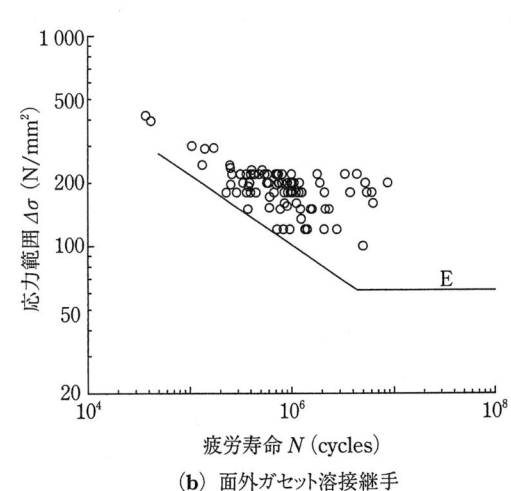

図解 3.13 グラインダー仕上げした溶接継手の疲労試験データ

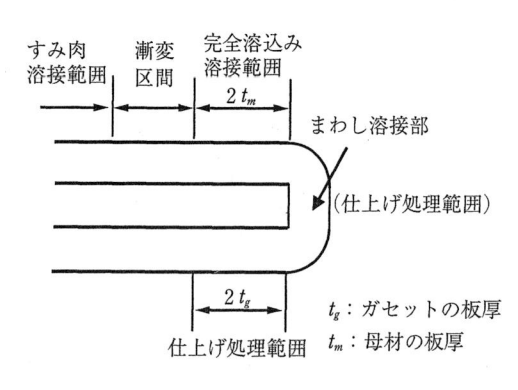

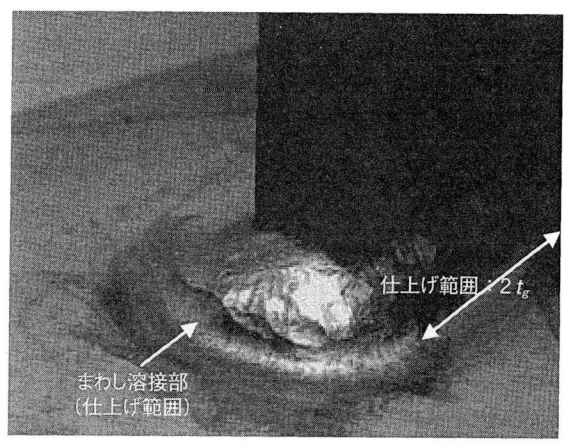

図解3.14 グラインダー処理範囲と完全溶込み溶接範囲の例

については,疲労試験を実施し,その結果に基づいて疲労強度等級を検討するのがよい.なお,面外ガセット溶接継手やスカラップ溶接継手でのまわし溶接では,グラインダー処理範囲および完全溶込み溶接範囲により疲労強度も異なる.本指針では,図解3.14に示すように,グラインダーの処理範囲をガセット板厚の2倍とし,完全溶込み溶接範囲を母材板厚の2倍とすることを推奨する.

TIG処理を行った場合にも,疲労強度等級を1等級上げてよいものとする.なお,止端の曲率半径や仕上げ範囲などの条件は,グラインダー処理と同じである.

残留応力改善による疲労強度向上法には,ハンマーピーニング,超音波ピーニング(UIT)などの溶接止端のピーニング処理による方法や低温変態溶接材料を使用する方法などがある.前者は打撃による溶接止端形状の改善も可能な方法である.いずれの方法においても,残留応力改善効果が発揮できる応力条件(例えば,応力比 $R=0$)では,高い疲労強度改善効果が確認されている[54]〜[59].ただし,大きな死荷重を受ける構造を想定した応力比が高い疲労試験では,疲労強度改善効果が小さいという結果[54]〜[60]が示されている.また,応力比が低くても,応力範囲が大きく最大応力が高い場合には,疲労強度改善効果が小さいという結果[61]も示されている.なお,応力比が高くても,荷重作用下で残留応力改善処理を施した場合には,高い疲労強度改善効果が得られるという結果[60]も示されている.そのため,ピーニングなどの圧縮残留応力の効果を期待した疲労強度改善法を用いた場合の疲労強度については,構造物の使用状況などを十分に考慮した上で検討するのがよい.

3.2.3項で述べたように,溶接継手の疲労強度は鋼材の種類や静的強度に依存しないとされてきた.しかし,近年いくつかの製鋼メーカーで疲労強度が高いとされる鋼材が開発されている.例えば,FCA(Fatigue Crack Arrester)鋼は,すでに船体の構造材料として多くの使用実績があり[62],FCAを対象とした疲労強度曲線も準備されている[63].また,橋梁分野でも桁橋の主桁や鋼製橋脚の隅角部に使用された例がある[64],[65].今後,これらの鋼材を溶接継手に用いた場合の疲労強度改善に関する更なる検討が望まれる.

3.3 疲労照査

(1) 疲労限界状態に対する安全性の照査は，3.3.2項，3.3.3項あるいは3.3.4項のいずれかに従って行う．

(2) 疲労照査を必要とする同じ強度等級の継手が連続している場合は，応力範囲が最大となる位置で疲労照査を行う．

【解説】

(1) 構造の形式・規模，繰返し荷重による応力範囲とその頻度によっては，疲労照査を省略してもよいケースがあるが，本指針では，繰返し荷重が載荷されるすべての構造物に対して，疲労照査を行うことを原則とする．

(2) 溶接構造物の疲労損傷は，溶接継手部において生じることが多い．したがって，通常は溶接継手部の疲労照査を行えばよい．

曲げモーメントを受ける溶接組立梁のように，同種の溶接部が連続している場合は，最大の応力範囲が生じる断面で，かつ，溶接継手が取り付く位置で照査すればよい．

3.3.1 安全係数

疲労照査は，以下の3つの部分安全係数を用いて行うものとする．

(1) 冗長度係数 γ_b は，対象とする継手あるいは部材に疲労損傷が生じたときに，それが構造物全体の強度あるいは機能に及ぼす影響を考慮した係数である．

(2) 重要度係数 γ_w は，構造物の重要度，すなわち構造物が疲労限界状態に達したときの社会的影響を考慮した係数である．

(3) 検査係数 γ_i は，構造物の供用中の定期検査により疲労限界状態に至る前に，損傷を発見する可能性を考慮した係数である．

【解説】

対象とする継手部の疲労破壊に対する安全性のレベルは，対象とする部材の冗長度（部材の疲労損傷が構造物全体の強度・機能に及ぼす影響），構造物の重要度（構造物の破壊の社会的影響），検査の有無（疲労損傷が破壊以前に発見される可能性）により変えるべきものと考え，冗長度係数 γ_b，重要度係数 γ_w，検査係数 γ_i を用いることとした．なお，これらの部分安全係数は，設計応力範囲と疲労強度を比較する際に用いる．各部分安全係数の値は，当該機関の判断により定める．以下に部分安全係数の参考値を示す．

γ_b：対象とする部材あるいは継手部の疲労損傷が構造物全体の崩壊を引き起こす場合（いわゆる non-redundant 部材）には 1.10，また構造物の強度あるいは機能に影響を及ぼす場合には，その程度により，1.00〜1.10 とする．対象とする部材や継手部に疲労損傷が生じても，構造物の強度上および機能上特に問題が生じない場合には，0.80 とする．

γ_w：構造物の重要度により，0.80～1.10 とする．
γ_i：第6章に示す維持・管理のための検査が定期的に行われる場合には，その程度に応じ0.90～1.00，検査ができない場合には1.10 とする．

ただし，γ_b，γ_w および γ_i の積の上限は 1.25，下限は 0.80 とする．

3.3.2　簡便な疲労照査

予想される最大の応力範囲と対象とする継手の一定振幅応力に対する応力範囲の打切り限界が以下の関係を満足すれば，3.3.3 項および 3.3.4 項の照査は不要である．

$$\left. \begin{array}{l} (\gamma_b \cdot \gamma_w \cdot \gamma_i) \Delta\sigma_{\max} \leq \Delta\sigma_{ce} \cdot C_R \cdot C_t \\ (\gamma_b \cdot \gamma_w \cdot \gamma_i) \Delta\tau_{\max} \leq \Delta\tau_{ce} \end{array} \right\} \quad (3.10)$$

$\Delta\sigma_{\max}$, $\Delta\tau_{\max}$：設計寿命中に予想される最大の応力範囲

ただし，疲労設計荷重として代表荷重単位のみを用いる場合には，計算される最大の応力範囲が対象とする継手の一定振幅応力に対する応力範囲の打切り限界以下であっても，3.3.3 項あるいは 3.3.4 項に従って疲労照査を行うものとする．

【解説】

予想される最大応力範囲が打切り限界以下であれば，疲労損傷は生じず，疲労耐久性は確保されているものと考えられる．そのため，式(3.10)を満たす場合は，設計供用期間中の繰返し回数を考慮した疲労照査を行わなくてもよいものとした．簡便な疲労照査フローの例を**図解 3.15**に示す．

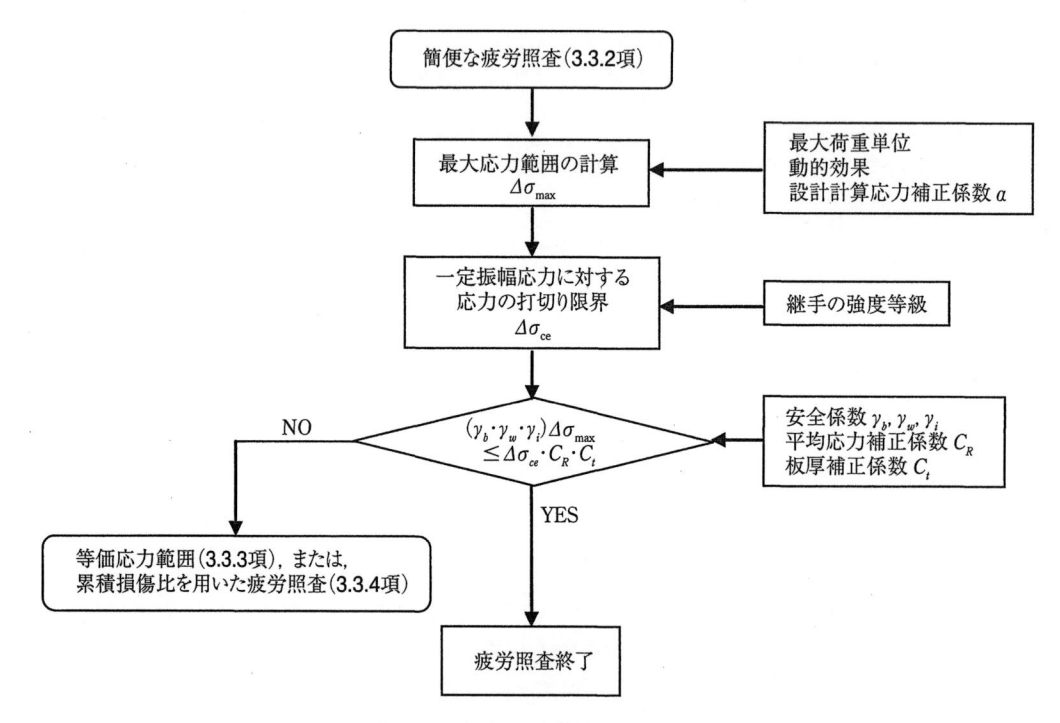

図解 3.15　簡便な疲労照査フローの例

3.3.3 等価応力範囲を用いた疲労照査

疲労照査は，設計応力範囲，基本疲労強度および安全係数を用いて行う．

(1) 設計応力範囲

設計応力範囲（$\Delta\sigma_d$, $\Delta\tau_d$）は式(3.11)より求める．

$$\left.\begin{array}{l}\Delta\sigma_d = \Delta\sigma_e \\ \Delta\tau_d = \Delta\tau_e\end{array}\right\} \tag{3.11}$$

$\Delta\sigma_e$, $\Delta\tau_e$：等価応力範囲

ただし，等価応力範囲 $\Delta\sigma_e$, $\Delta\tau_e$ は，設計計算応力補正係数 a も考慮して計算したものとする．

(2) 疲労強度

基本疲労強度（$\Delta\sigma_R$, $\Delta\tau_R$）は式(3.12)より求める．

$$\left.\begin{array}{l}\Delta\sigma_R = \sqrt[m]{\dfrac{C_0}{n_t}} \cdot C_R \cdot C_t \\[2mm] \Delta\tau_R = \sqrt[m]{\dfrac{D_0}{n_t}}\end{array}\right\} \tag{3.12}$$

C_0, D_0：疲労設計曲線を表すための定数（式(解3.7)，(解3.8)）

n_t：設計繰返し数．変動振幅応力に対する応力範囲の打切り限界以下の応力の繰返し数は含まない．ただし，代表荷重単位を疲労設計荷重として用いた場合には，すべての応力の繰返し数

C_R：平均応力の影響を考慮して基本疲労強度を補正するための係数

C_t：板厚の影響を考慮して基本疲労強度を補正するための係数

(3) 疲労照査

疲労照査では，式(3.13)が成り立つことを確かめる．

$$\left.\begin{array}{l}(\gamma_b \cdot \gamma_w \cdot \gamma_i)\,\Delta\sigma_d \leq \Delta\sigma_R \\ (\gamma_b \cdot \gamma_w \cdot \gamma_i)\,\Delta\tau_d \leq \Delta\tau_R\end{array}\right\} \tag{3.13}$$

【解説】

等価応力範囲を用いた疲労照査法の例を**図解3.16**に示す．等価応力範囲は3.1.4項に従って求めるものとする．

変動振幅応力下での疲労強度は，線形累積被害則に基づき評価できるものとする．その際に用いる疲労設計曲線は，3.2.2項で示した設計曲線を平均応力および板厚で補正したものとする．ただし，疲労設計荷重として代表荷重単位を用いる場合には，変動振幅応力に対する応力範囲の打切り限界を用いてはならない．すなわち，すべての強度等級の継手について，変動振幅応力に対する応力範囲の打切り限界を0とする．

鋼構造物の疲労設計指針・同解説

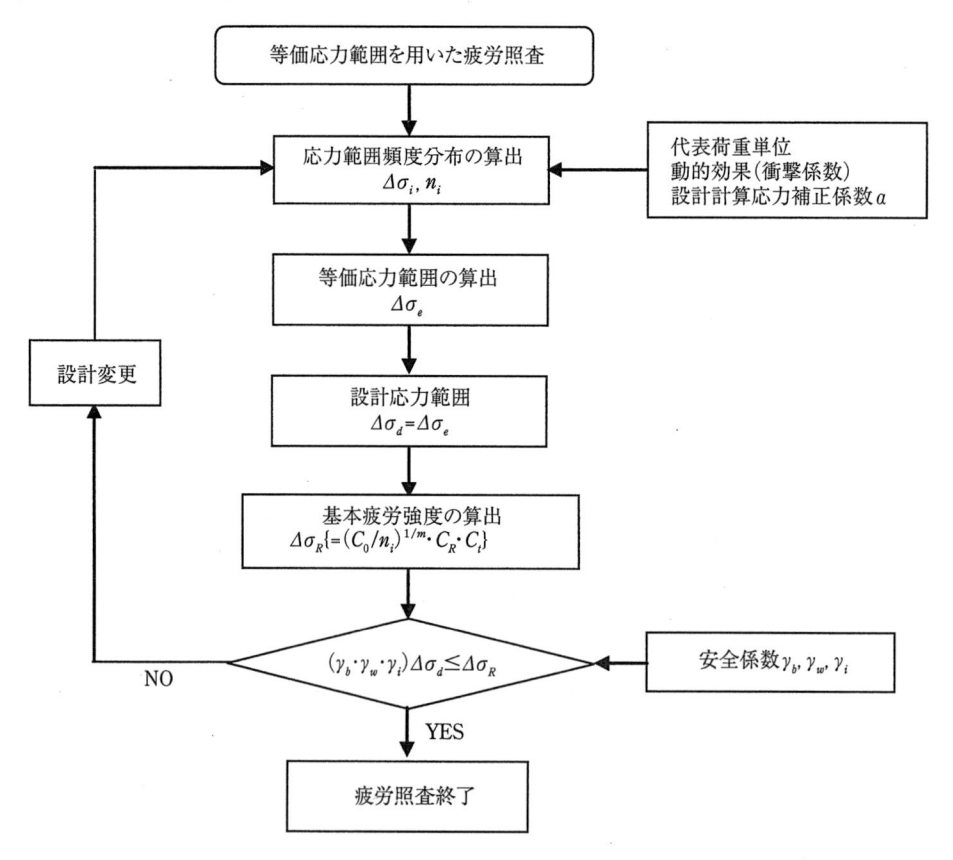

```
           ┌──────────────────────┐
           │ 等価応力範囲を用いた疲労照査 │
           └──────────┬───────────┘
                      ▼
    ┌──────────────────────────┐      ┌──────────────────┐
──▶│  応力範囲頻度分布の算出     │◀────│ 代表荷重単位       │
 │  │  $\Delta\sigma_i, n_i$    │      │ 動的効果(衝撃係数) │
 │  └────────────┬─────────────┘      │ 設計計算応力補正係数 $a$ │
 │               ▼                    └──────────────────┘
 │  ┌──────────────────────────┐
 │  │  等価応力範囲の算出         │
 │  │  $\Delta\sigma_e$          │
 │  └────────────┬─────────────┘
 │               ▼
┌─────┐  ┌──────────────────────────┐
│設計変更│  │  設計応力範囲              │
└─────┘  │  $\Delta\sigma_d=\Delta\sigma_e$ │
 ▲       └────────────┬─────────────┘
 │                    ▼
 │       ┌──────────────────────────────────┐
 │       │  基本疲労強度の算出                 │
 │       │  $\Delta\sigma_R\{=(C_0/n_i)^{1/m}\cdot C_R\cdot C_t\}$ │
 │       └────────────┬─────────────────────┘
 │                    ▼
 │          ╱───────────────────╲        ┌──────────────┐
 └── NO ───$(\gamma_b\cdot\gamma_w\cdot\gamma_i)\Delta\sigma_d\le\Delta\sigma_R$◀─│ 安全係数 $\gamma_b,\gamma_w,\gamma_i$ │
            ╲───────────────────╱         └──────────────┘
                    │ YES
                    ▼
           ┌──────────────┐
           │ 疲労照査終了   │
           └──────────────┘
```

図解 3.16 等価応力範囲を用いた疲労照査フローの例

3.3.4 累積疲労損傷比を用いた疲労照査

疲労照査は，累積疲労損傷比および安全係数を用いて行う．

疲労照査では，式(3.14)が成り立つことを確かめる．

$$D \le \frac{1}{(\gamma_b \cdot \gamma_w \cdot \gamma_i)^m} \tag{3.14}$$

m：疲労設計曲線の傾きを表す定数

【解説】

累積疲労損傷比を用いた疲労照査法の例を**図解 3.17** に示す．累積疲労損傷比は **3.1.5** 項に従って求めるものとする．

第3章　公称応力を用いた疲労照査

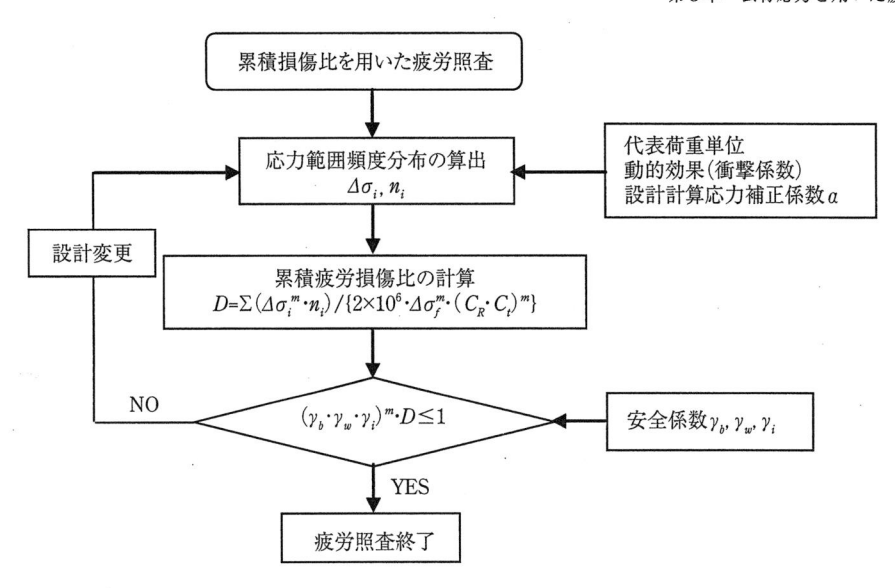

図解 3.17　累積損傷比を用いた疲労照査フローの例

参考文献

1) 荒木亨仁, 森猛：板曲げと軸力を受ける十字すみ肉溶接継手の疲労強度, 土木学会第64回年次学術講演会, pp.323–324, 2009.
2) 金仁泰, 山田健太郎：組合せ応力下における溶接継手の疲労寿命評価法, 土木学会論文集, No.745/I-65, pp.65–75, 2003.
3) Kim, I.T. and Yamada, K.：Fatigue Life Evaluation of Welded Joints under Combined Normal and Shear Stress Cycles, International Journal of Fatigue, Vol.27, Issue 6, pp.695–701, 2005.
4) 遠藤達雄, 安住弘幸：簡明にされたレインフローアルゴリズム「P/V差法」について, 材料, Vol.30, No.328, pp.89–93, 1981.
5) Det Norske Veritas classification Notes No.30.2：Fatigue Strength Analysis for Mobile Offshore Units, 1984.
6) DIN 15018：Cranes, Steel Structures, Verification and analyses, 1984.
7) 名古屋大学土木工学科山田研究室：疲労試験データベース.
8) 川崎製鉄研究開発センター構造研究室：疲労試験データベース.
9) 甲弓子, 森猛, 南邦明：疲労試験データベースを利用した鋼溶接継手の疲労強度等級設定の試み, 土木学会第63回年次学術講演会 I-241, pp.481–482, 2008.
10) 土木学会：国鉄建造物設計標準（鋼鉄道橋）, 1983.
11) AASHTO：Standard Specification for Highway Bridges, 13rd ed.,1983.
12) BSI：BS 5400（Steel, concrete and composite bridges）, Part 10（Code of practice for fatigue）, 1980.
13) ECCS：Recommendations for Fatigue Design of Steel Structures, 1985.
14) 金属材料研究所疲れデータシート資料2：1溶接構造用高張力鋼溶接継手の疲れ寿命特性, 1983.
15) 征矢勇夫：溶接構造用鋼の母材と基本的溶接継手の疲労強度特性とその影響因子, JSSC疲労設計指針改定・資料編・第1章, 1993.
16) 金属材料研究所疲れデータシート資料3：各種アーク溶接法による溶接構造用高張力鋼溶接継手の疲れき裂伝ぱ特性4, 1984.
17) 田中洋一, 征矢勇夫：各種溶接用鋼の疲労亀裂伝播特性の検討, 溶接学会論文集, Vol.7, No.2, pp.256–263, 1989.
18) Ohta, A., Maeda, Y., Mawari, T., Nishijima, S. and Nakamura, H.：Fatigue Strength Evaluation of Welded Joints

Containing High Tensile Residual Stresses, International Journal of Fatigue, Vol.8, No.3, pp.147–150, 1986.
19) Nakamura, H., Nishijima, S., Ohta, A., Maeda, Y., Uchino, K., Kohno, T., Toyomaru, K. and Soya, I. : A Method for Obtaining Conservative S-N Data for Welded Structures, Journal of Testing and Evaluation, JTEVA, Vol.16, No.3, pp.280–285, 1988.
20) 三木千寿，森猛，稲沢秀行，中村賢造：押し抜きせん断加工孔を用いた高力ボルト摩擦接合縦手の疲労強度，土木学会論文集，No.410，pp.345–350，1989.
21) 山野達也，森猛，岩崎英治，高坂正人：レーザ孔を有する鋼板の疲労強度，土木学会第60回年次学術講演会講演概要集，第1部，pp.184–185，2005.
22) 阪本謙二，田島二郎，伊藤文夫，飯野暢：多列高力ボルト摩擦継手の疲労試験，土木学会第39回年次学術講演会講演概要集，I-121，1984.
23) 三木千寿，舘石和雄，石原勝治，梶本勝也：溶接構造部材のスカラップディテールの疲労強度，土木学会論文集，No.483/I-26，pp.79–86，1994.
24) 森猛，内田大介：公称応力範囲を用いた鋼I桁スカラップ溶接部の疲労強度評価方法，JSSC鋼構造年次論文報告集，Vol.5，pp.473–480，1997.
24) 南邦明，三木千寿，舘石和雄：スカラップを有する厚板I型断面現場溶接継手部の疲労強度，土木学会論文集，No.577/I-41，pp.121–130，1997.
25) 南邦明，広瀬剛：スカラップを有するI型断面桁併用継手部の疲労強度，土木学会論文集，No.717/I-61，pp.149–160，2002.
26) 勝俣盛，角昌隆，桧作正登，町田文孝，三木千寿：厚板フランジ溶接部のスカラップの疲労強度，土木学会第51回年次学術講演会，pp.754–755，1996.
27) 金属材料技術研究所疲れデータシートNo.18：溶接構造用圧延鋼SM 50 B十字溶接継手の疲れ特性データシート（試験片寸法の効果），1980.
28) 森猛，一宮充：荷重伝達型十字すみ肉溶接継手の疲労破壊起点の検討，溶接学会論文集，第17巻，第1号，pp.94–101，1999.
29) 鉄道総合技術研究所編：鉄道構造物設計標準・同解説（鋼・合成構造物），丸善，2009.
30) 三木千寿，茫恒達，田中雅人：隅肉溶接部の疲労強度とルート部の欠陥について，構造工学論文集，Vol.36，pp.959–966，1990.
31) 貝沼重信，川本恭朗，高松大輔，山田健太郎：溶接姿勢とルートギャップが荷重伝達型十字溶接継手の疲労強度に及ぼす影響，土木学会論文集，No.647/I-51，pp.435–445，2000.
32) 山田健太郎，三ッ木幸子，近藤明雄：ガセット溶接部材の疲れ強さと設計基準，構造工学論文集，Vol. 32A，pp.25–33，1986.
33) Birkenmaier,M. : Fatigue Resistant Tendos for Cable-Stayed Construction, IABSE Proceedings P-30/80, pp.65–79, 1980.
34) Nakamura, S. and Hosokawa, H. : A Study on the Fatigue Design of Parallel Wire Strands on Cable-Stayed Bridge, Proceeding of JSCE, No.410, pp.157–166, 1989.
35) Sugii, K., Mitamura, T. and Okukawa, A. : Fatigue Strength of PWS on Anchorage, Journal of Structual Engineering, Vol.37A, pp.1263–1272, 1991.
36) Shimokawa, H., Takena, K., Ito, F. and Miki, C. : Effects of Stress Ratios on the Fatigue Strengths of Cruciform Fillet Welded Joints, Proceedings of JSCE, No.344, pp.121–128, 1984.
37) 日本鋼構造協会：止端加工による疲労強度向上法，JSSCレポート，No.6，1987.
38) Ohta, A., Maeda, M. and Kanao, M. : Significance of Residual Stress on Fatigue Properties of Welded Pipes, International Journal of Pressure Vessels & Piping, Vol.15, pp.229–240, 1984.
39) 青木尚夫，藤枝辛二：疲労亀裂進展速度遅延化の研究，鉄構技報3，pp.21–24，1985.
40) 明石重雄，夏目光尋，深沢誠，名取暢：箱断面かど縦手部の残留応力低減と疲労強度に及ぼすその効果，溶接学会論文集，Vol.4，pp.159–165，1986.
41) 三木千寿，森猛，阪本謙二，柏木洋之：前面すみ肉溶接継手の疲労強度に及ぼす継手寸法の影響，構造工学論文集，Vol. 33A，pp.393–402，1987.
42) 森猛，貝沼重信：荷重伝達型十字すみ肉溶接継手・ルート破壊の疲労強度評価方法の提案，土木学会論文集，

No.501, pp.95–102, 1994.
43) 森猛, 明見正雄：2軸荷重を受ける十字溶接継手ルート破壊の疲労強度評価法, 土木学会論文集 A, Vol.64, No.3, pp.617–626, 2000.
44) 貝沼重信, 楠本佳寛, 細見直史, 金仁泰：異なる板厚を有する十字すみ肉溶接継手の疲労挙動, 溶接学会論文集, 第22巻, 第4号, pp.557–564, 2004.
45) 日本造船研究協会：海洋構造物の疲労設計法および溶接部の品質に関する研究データ集 (I), 第202回研究部会, 1991.
46) 日本鋼構造協会：止端加工による疲労強度向上法, JSSC レポート, No.6, 1987.
47) 森猛, 藤平正一郎, 射越潤一, 藤木修：十字継手の疲労強度に対する溶接部仕上げの効果, 鋼構造論文集, Vol.13, No.51, 2006.
48) 下川浩資, 竹名興英, 伊藤文夫, 三木千寿：800MPa 級鋼材の大型ガセット継手の疲労強度, 構造工学論文集, Vol.33A, 1987.
49) 森猛, 猪股俊哉, 平山繁幸：グラインダ仕上げ方法が面外ガセット溶接継手の疲労強度に及ぼす影響, 鋼構造論文集, Vol.11, No.42, 2004.
50) 森猛, 内田大介, 荒川直樹：止端仕上げした面外ガセット溶接継手のルート破壊防止法の検討, 鋼構造論文集, Vol.16, No.63, pp.27–35, 2009.
51) 吉次信男, 足立一雄, 西田新一, 浦島親行：鉄塔用ガセット溶接継手の疲労強度（第1報溶接学会全国大会講演概要, No.43, 1988.
52) 森猛, 平山繁幸, 松尾文彦, 田中雅人：付加溶接による面外ガセット継手の疲労強度改善に関する検討, 鋼構造年次論文報告集, 第9巻, 2001.
53) 森猛, 藤平正一郎, 射越潤一, 山田浩二：面外ガセット溶接継手の疲労強度に対する溶接部仕上げの効果, 鋼構造論文集, Vol.16, No.61, pp.45–54, 2009.
54) Maddox, S. J.：Improving the Fatigue Strength of Welded Joints by Peening, Metal Construction, Vol.17, No.4, pp.220–224, 1985.
55) Statnikov, E. S.：Applications of Operational Ultrasonic Impact Treatment (UIT) Technologies in Production of Welded Joints, IIW Doc. XIII-1667-97, 1997.
56) Haagensen, P. J., Statnikov, E.S. and Lopez-Martinez, L.：Introductory Fatigue Tests on Welded Joints in High Strength Steel and Aluminium Improved by Various Methods Including Ultrasonic Impact Treatment (UIT), IIW Doc. XIII-1748-98, 1998.
57) 太田昭彦, 志賀千晃, 前田芳夫, 鈴木直之, 渡辺修, 久保高宏, 松岡一祥：低変態温度溶接材料を用いた角回し溶接継手の疲労強度向上, 溶接学会論文集, Vol.18, No.1, pp.141–145, 2000.
58) 三木千寿, 穴見健吾, 樋口嘉剛：低温相変態溶接棒を用いた付加溶接による疲労強度向上の試み, 土木学会論文集, No.710/I-60, pp.311–319, 2002.
59) 冨永知徳, 三木千寿, 高橋健, 糟谷正, 森影康：低温変態溶接材料を用いた既設鋼橋の疲労強度向上工法の研究, 土木学会論文集, No.759/I-67, pp.355–367, 2004.
60) 森猛, 島貫広志, 田中睦人, 宇佐美龍一：UIT を施した面外ガセット溶接継手の疲労強度に対する施工時応力レベルと応力比の影響, 土木学会論文集 A1 (構造・地震工学), Vol. 67, No. 2, pp.421–429, 2011.
61) 野瀬哲郎：疲労強度向上向け超音波ピーニング法, 溶接学会誌, Vol.77, No.3, pp.210–213, 2008.
62) 誉田登, 有持和茂, 稲見彰則, 堺堀英男：疲労強度を向上させた溶接用高張力鋼板, 溶接技術, Vol.56, pp.86–93, 2008.
63) Konda, N., Inami, A., Arimochi, K., Takaoka, Y., Yoshida, T. and Lotsberg, I.：A Proposed Design S-N Curve for Steels with Improved Fatigue Resistance (FCA steels), PRADS, to be published on 2010.
64) Konda, N., Nishio, M., Onishi, K., Arimochi, K., Yasuda, O., Nagaki, H., Yamano, T., Morishita, H. and Takada, S.：Study on Improvement of Fatigue Strength of Welded Structures by New Functional Structural Steel Plates, IIW-XIII-1858-07, 2007.
65) 宇根孝司, 大城壮司, 前田隆雄, 利根川太郎, 松野正見, 上條崇：鋼・コンクリート複合橋脚への耐疲労鋼の適用, 土木学会第64回年次学術講演会, I-445, pp.297–298, 2009.

第4章　ホットスポット応力を用いた疲労照査

4.1　ホットスポット応力

4.1.1　ホットスポット応力の定義
ホットスポット応力は，溶接ビードによる局部的な応力集中を含まず，構造的な応力集中を考慮した溶接止端位置の応力として定義する．

4.1.2　適用範囲
ホットスポット応力を用いた疲労照査は，溶接継手の止端部からき裂が発生する疲労損傷を対象とする．

4.1.3　ホットスポット応力の評価
ホットスポット応力は，ひずみ計測，有限要素解析，構造的応力集中の簡易式などにより求める．

【解説】

継手の形状が複雑で公称応力が明確に定義できない場合や，継手等級分類に示されていない継手などには，ホットスポット応力を用いた疲労照査を用いることができる．

図解4.1に示すように，板に溶接部が存在する，あるいは板厚が変化することによって，継手の剛性が変化し，継手全体に広く生じる応力集中のことを，構造的な応力集中と呼ぶ．また，疲労損傷が想定される溶接止端部位置に着目すると，**図解4.2**に示すように，構造的応力集中に加えて，溶接ビードによる局部的な応力集中が生じる．ホットスポットとは，疲労損傷が生じる溶接止端部位置を表し，ホットスポット応力は，その位置での応力のうち，構造的応力集中は含むが，溶接ビードによる局部的な応力集中を除いた応力として定義される．

本指針で取り扱うホットスポット応力を用いた疲労照査は，板，シェル，鋼管構造の溶接継手に生じる疲労損傷の中でも，溶接止端部からき裂が発生するものに限って適用することができる．溶接ルート部や母材からの疲労き裂など，溶接止端以外を起点とする疲労損傷に対してホットスポット応力を用いた疲労照査を適用する場合には，別途，十分な検討が必要である．

ホットスポット応力は，対象となる溶接継手の形状や載荷条件によって異なる．また，構造的不連続などにより表面応力を正確に算出することが困難なため，一般にホットスポット応力の理論解を求めることはできない．そのため，一般にホットスポット応力は，ホットスポット近傍において適切な位置に設けた参照点での応力から求める．参照点の応力は，実構造やモデル試験体に対するひずみ計測や有限要素解析などにより求める．船舶，海洋構造物など一部の構造物については構造的応力集中を求めるための簡易式が提案されているので，適用範囲に注意した上でそれらを用いることもできる．

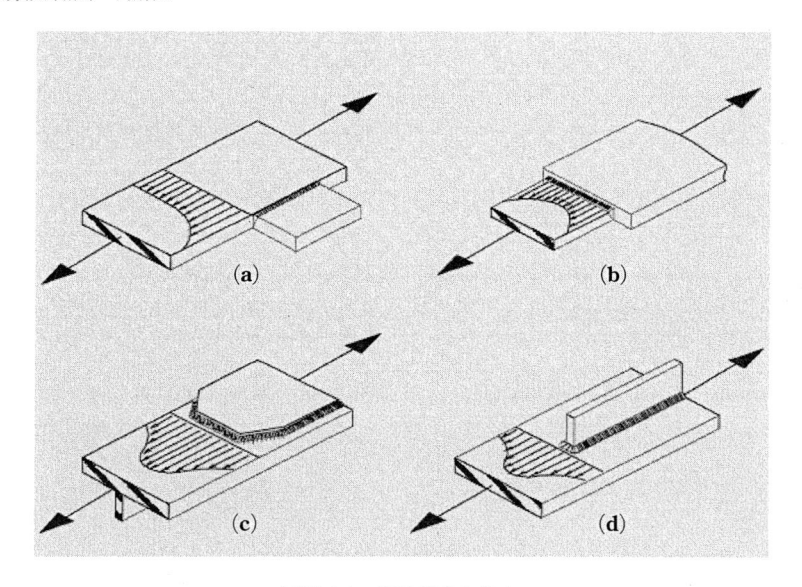

図解 4.1　構造的応力集中

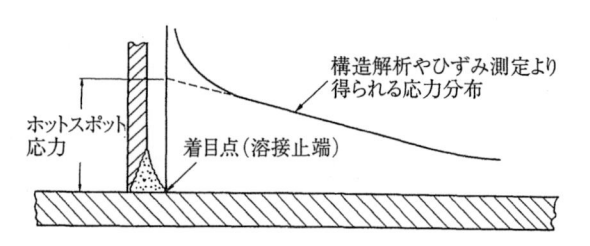

図解 4.2　ホットスポット応力の定義

4.2　ホットスポット応力をひずみ計測により求める方法

4.2.1　ひずみ計測

ホットスポット応力をひずみ計測により求める場合，ひずみ計測位置や計測方法，ひずみゲージの大きさに注意する．

4.2.2　ホットスポット応力の算出

ホットスポット応力は，溶接止端位置から $0.4\,t$ および $1.0\,t$（t：板厚）の点における表面での応力から，ホットスポット位置に線形外挿して求める．

【解説】

ホットスポット応力を実構造やモデル試験体などに対する実測によって求める場合，ホットスポット近傍の適切な位置に設置したひずみゲージによりひずみを求め，その結果に基づいてホットスポット応力を求める．

ホットスポット応力を求めるための参照点の数，位置や算出法には，**表解 4.1** および**図解 4.3** に

示す1点代表法，2点外挿法，3点外挿法などがある．1点代表法は1つの参照点での応力をそのままホットスポット応力とする方法，2点外挿法は2つの参照点での応力から溶接止端位置に線形外挿してホットスポット応力とする方法，3点外挿法は3つの参照点の応力から2次式によって外挿してホットスポット応力とする方法である．**表解4.1**に示す手法には適用範囲が記載されているものがあるので，詳しくは参考文献を参照されたい．

　この中で2点法は研究事例の多い方法であり，これを取り入れている基準類は多い．本指針においても2点外挿法を用いることとし，参照点は国際溶接学会（IIW）の基準[7]と同様に，溶接止端位置から $0.4\,t$, $1.0\,t$ （t：板厚）の位置とすることとした．

表解4.1　ホットスポット応力の評価法に関する提案

ホットスポット応力の算出法		参照点の溶接止端からの距離
1点代表法	仁瓶[1]	$0.3\,t$
	川野[2]	5 mm
2点外挿法	Niemi[3]（IIW）	$0.4\,t, 1.0\,t$
	田村[4]	$0.5\,t, 1.0\,t$
	SR202B[5]	$0.5\,t, 1.5\,t$
	Huther[6]	$0.4\,t, 2.0\,t$
3点外挿法	IIW[7]	$0.4\,t, 0.9\,t, 1.4\,t$

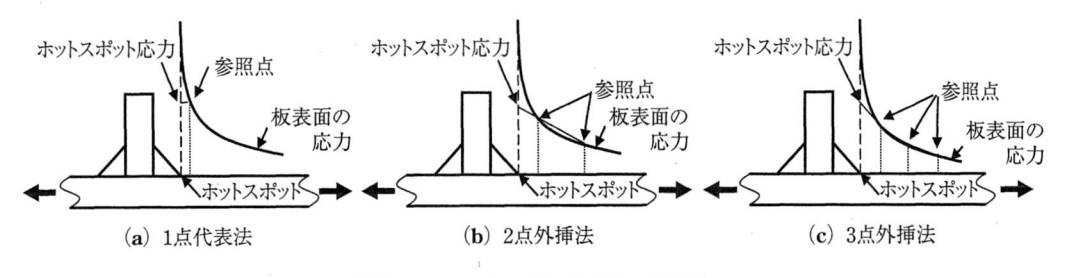

(a) 1点代表法　　(b) 2点外挿法　　(c) 3点外挿法

図解4.3　ホットスポット応力の算出法

　継手形状によっては，2点外挿法ではホットスポット応力を適切に求めることができないものもある．例えば**図解4.4**のように，着目する溶接部近傍に他の板が取り付いており，2つの参照点の応力が適切に評価できない場合や，継手形状や応力状態が複雑で構造的応力集中が位置によって大きく異なる場合などである．前者の場合には1点代表法が，後者の場合には3点外挿法が適していると考えられるので，それぞれの適用範囲や精度に留意した上でこれらの手法を用いてもよい．また，**図解4.5**中のbのように板の側面上にある溶接止端に対しては，板厚が定義できないことから，参照点の位置を決定できない．IIW[7]では，このような場合には溶接止端位置から 4 mm, 8 mm, 12 mm 離れた3点の応力から2次曲線によって外挿してホットスポット応力を算出することとしており，これらを参考にするとよい．ただし，4.2.2項に示すものと異なる方法でホットスポット応力を算出する場合には，別途，疲労設計曲線を適切に設定して疲労照査を行わなければならない．

　溶接止端を仕上げた継手では，疲労損傷が生じると予想される位置から $0.4\,t$ および $1.0\,t$ （t：板厚）離れた点を参照点としてよい．ただし，参照点の位置が仕上げた領域に含まれてしまう場合には，

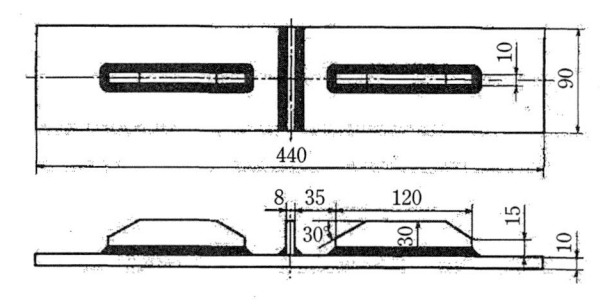

図解 4.4　2 点外挿法が適用困難な継手の例

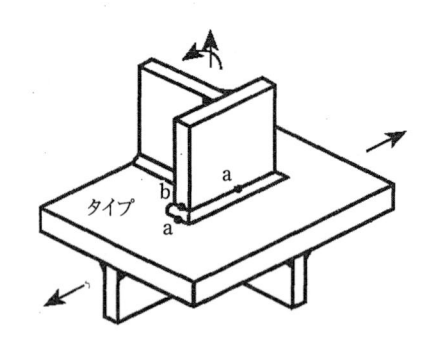

図解 4.5　溶接止端の分類

別途検討しなければならない．

4.3　ホットスポット応力を有限要素解析により求める方法

4.3.1　解析に用いる要素とモデル

ホットスポット応力を有限要素解析により求める場合には，3 次元解析にはソリッド要素を，2 次元解析には板要素を用い，溶接ビードもモデル化することを原則とする．また，要素の大きさや形状に注意する．

4.3.2　ホットスポット応力の算出

ホットスポット応力は，4.2.2 項に示す方法により求める．

【解説】

有限要素解析においては，3 次元解析にはシェル要素またはソリッド要素が，2 次元解析には板要素が用いられるのが一般的である．ホットスポット応力を求めるにあたっては，溶接ビードもモデル化するのが望ましく，ソリッド要素を用いた 3 次元モデル，板要素を用いた 2 次元モデルにおいてはそれが可能であるので，これらの要素を用いることを原則とした．

ホットスポット応力を有限要素解析により求める場合，溶接止端から $0.4\,t$，$1.0\,t$（t：板厚）の点の応力を正確に求めるためには，使用する要素は十分に小さくする必要がある．2 次要素を用いる場合には，$0.4\,t$ の大きさの要素を用いれば十分な精度でホットスポット応力を求められることが示されている[8]が，1 次要素で解析を行う際にはこれよりもさらに小さい要素を用いる必要がある．

また，要素の形状はできる限り正方形または立方体に近いものが望ましい．ホットスポット付近以外の領域ではそれより大きい要素を使用してもよいが，その場合でも，ホットスポット近傍の要素分割とそれ以外の領域での要素分割とが滑らかに結合されるように注意する必要がある．また，要素の積分点の応力から表面での応力（例えば，表面上の節点の節点応力）を求める手法は解析コードによって異なり，応力勾配が高い場合には大きな差が生じることがあるので，注意が必要である．

　モデル化の煩雑さなどから，シェル要素を用いて3次元解析を行う場合がある．シェル要素による解析では溶接ビードの形状をモデル化することができないため，その解析結果をもとにホットスポット応力を求める際には，モデル化の方法，要素分割，応力外挿位置などについて十分に検討する必要がある．特定の構造物の溶接継手については，シェル要素を用いた解析によってホットスポット応力を求める手法が示されているものもあり，例えば国際船級協会連合[9]では，図解4.6のように応力外挿点が定められている．

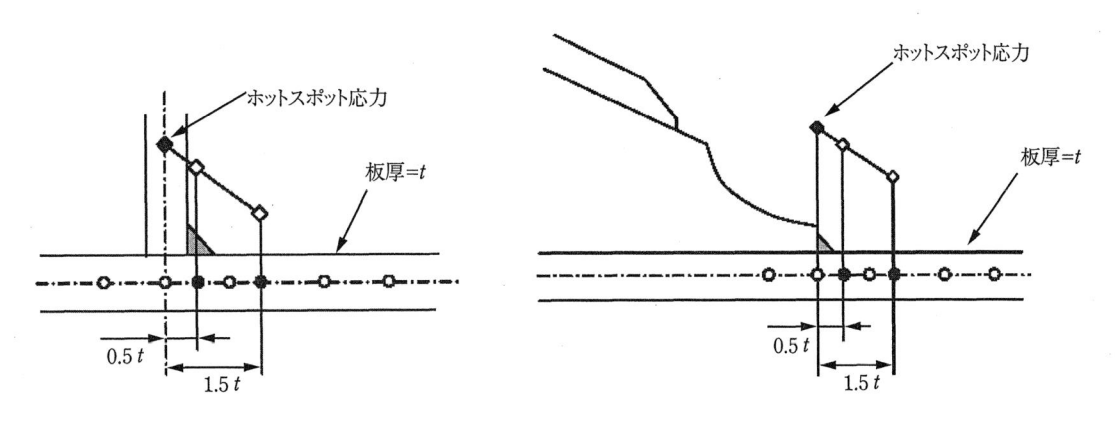

図解4.6 シェル要素を用いた場合のホットスポットの求め方の例

　船舶，海洋構造物など一部の構造物の特定の継手については，構造的応力集中を求めるための簡易式が提案されている．表解4.2に，代表的な鋼管継手部のホットスポット応力を求めるための簡易式の例[9]を示す．また表解4.3に，船舶構造の継手部のホットスポット応力を求めるための簡易式[10]を示す．適用範囲に注意した上でこれらの式を用いてもよい．

　シェル要素による解析や簡易式を用いる場合など，4.3節に示す以外の方法によりホットスポット応力を求める場合には，それに対応する疲労設計曲線を適切に設定して疲労照査を行わなければならない．

表解 4.2 鋼管構造のホットスポット応力（応力集中）を求めるための簡易式の例

荷重	TおよびY継手	X継手	K継手	TK継手
軸力	$K_S = \gamma\tau\beta(6.78 - 6.42\beta^{1/2})\sin^{(1.7+0.7\beta^5)}\theta$ $K_C = K'_C + K_0 K''_C$ $K'_C = (0.7 + 1.37\gamma^{1/2}\tau(1-\beta))(2\sin^{0.5}\theta - \sin^3\theta)$ $K_0 = \dfrac{\tau(\beta-\tau/2\gamma)(a/2-\beta/\sin\theta)\sin\theta}{1-3/2\gamma}$ $K''_C = 1.05 + \dfrac{30\gamma^{1.5}}{\gamma}(1.2-\beta)(\cos^4\theta + 0.15)$	$K_I = 1.7\gamma\tau\beta(2.42 - 2.28\beta^{2.2})\sin^{\beta^4(1.5-14.4\beta)}\theta$	$K_S = [\gamma\tau\beta(6.78 - 6.42\beta^{1/2})]\times$ $\left[\sin^{1.7+0.7\beta^5}\theta_A - (0.012\gamma)^{g/3R+0.4}\left(\dfrac{\sin\theta_A}{\sin\theta_B}\right)^{1.8}\sin^{(1.7+0.7\beta^5)}\theta_B\right]$ When $\theta_A \geq \theta_B$ $K_C = -1.1\gamma^{0.65}\dfrac{\tau\sin\theta_A}{\sin^{1/2}\theta_B}(g/P)^{0.05/\beta}\times(1.5\beta^{0.25} - \beta^2)$	同左
面内曲げ	$K_C = 0.75\gamma^{0.6}\gamma^{0.8}(1.6\beta^{0.25} - 0.7\beta^2)\sin^{(1.5-1.6\beta)}\theta$	同左	同左	同左
面外曲げ	$K_S = \gamma\tau\beta(1.6 - 1.15\beta^5)\sin^{(1.35+\beta^5)}\theta$ $K_2 = \gamma\tau\beta(1.56 - 1.46\beta^5)\sin^{\beta^5(1.5-14.4\beta)}\theta$		If $\theta_A > \theta_B$ $K_S = [\gamma\tau\beta(1.6 - 1.15\beta^5)]\times$ $\left[\sin^{1.35+\beta^5}\theta_A + (0.016\gamma\beta)^{g/2R+0.45}\left(\dfrac{\theta_A}{\theta_B}\right)^{0.3}\sin^{1.35+\beta^5}\theta_B\right]\times$ $[1 - 0.1^{1+2g/R^5}]$	$\theta_A = \theta_B$ $K_S = [\gamma\tau\beta(1.6 - 1.15\beta^5)]\times$ $\left[\sin^{1.35+\beta^5}\theta_B + 2\left(\dfrac{\theta_B}{\theta_A}\right)^{0.3}(0.016\gamma\beta)^{g/2R+0.45}\sin^{1.35+\beta^5}\theta_A\right]\times$ $[1 - 0.1^{1+2g/R^5}]^2$

(注) 支管側，荷重の主要モードに対して
$K_B = (1 + 0.63 K_{C\,or\,S})$
溶接脚長の補正．
$K_t = \dfrac{K_S\,or\,K_C}{(1+\chi/T)^{1/3}}$

β = 支管径／主管径
γ = 主管半径／主管板厚
τ = 支管板厚／主管板厚
g = 2つの支管の溶接止端の距離
θ = 主管と支管の鋭角角度
α = 主管長／主管半径

T = 主管板厚
χ = 主管側の溶接脚長
K_S = 主管サドルの応力集中係数
K_C = 主管クラウンの応力集中係数
K_B = 支管の応力集中係数
K_t = 溶接止端の応力集中係数

表解 4.3　船体構造ナックル部のホットスポット応力を求めるための簡易式の例

(a) 応力集中係数 K_0

FE 解析に用いる板厚 t (mm)	ホッパー斜板の水平に対する角度 θ (度)			
	40	45	50	90
16	3.0	3.2	3.4	4.2
18	2.9	3.1	3.3	4.0
20	2.8	3.0	3.2	3.8
22	2.7	2.9	3.1	3.6
24	2.6	2.8	3.0	3.5
26	2.6	2.7	2.9	3.4
28	2.5	2.7	2.8	3.3
30	2.4	2.6	2.7	3.2

(注)　以下の式を用いて K_0 を求めることもできる．

$$K_0 = \frac{0.14\theta \times (1.15 - 0.0033\theta)}{0.5\, t^{\,0.2 + 0.0028\theta}}$$

(b) 補正係数

ナックルの形式	K_1	K_2	K_3	K_4
溶接形式	1.7	0.9	0.9	0.9
曲げ加工	1.75 ; $R/t<4$ 2.80 ; $R/t>8$		0.85 ; $R/t<4$ 0.55 ; $R/t>8$	

(注)
1. $4 \leq R/t \leq 8$ の領域では線形補間が適用可能
　　R：曲率半径，　　t：板厚
2. 補正係数 K_2 を用いる場合には，曲率部の曲げ変形が抑えられるように部材を調整しなければならない．
3. ウェブ厚の増加は，内部底板の厚さに応じて行う．

$$\sigma_{hotspot} = K_{gl}\, \sigma_{nominal} \tag{解 4.1}$$

$$K_{gl} = K_0 K_1 K_2 K_3 K_4 \tag{解 4.2}$$

4.4　ホットスポット応力に対する疲労設計曲線

　ホットスポット応力を 4.2 節または 4.3 節に示す方法で評価する場合は，表 3.4 に示す荷重非伝達型十字溶接継手に対する疲労設計曲線を用いる．ただし，着目する部位が荷重伝達型すみ肉溶接あるいは部分溶込み溶接とみなされる継手については，荷重伝達型十字溶接継手に対する疲労設計曲線を用いる．

【解説】

　ホットスポット応力範囲を用いて疲労照査を行う場合の疲労設計曲線としては，表 3.4 に示す継手のうち，荷重非伝達型あるいは荷重伝達型の十字溶接継手の強度等級に対するものを用いることとした．これは，ホットスポット応力が接合部の構造による応力集中のみを考慮し，溶接ビード形状による応力集中は考慮していないことによる．

　滑らかな止端を有する継手や止端仕上げをした継手に対しては，それに該当する荷重非伝達型十

字溶接継手または荷重伝達型十字溶接継手の疲労設計曲線を用いてよい．

ホットスポット応力を 4.2 節あるいは 4.3 節に示す以外の方法で評価する場合には，別途，疲労設計曲線を適切に設定して疲労照査を行わなければならない．

4.5　疲労照査

疲労照査は，応力範囲としてホットスポット応力範囲を，疲労設計曲線として 4.4 節に示すものを用い，3.3 節に従って疲労照査を行う．

【解説】

ホットスポット応力範囲を用いた疲労照査は，公称応力範囲の代わりにホットスポット応力範囲を用いること，および，疲労設計曲線として 4.4 節に示すものを用いること以外は，第 3 章に従って行う．ホットスポット応力範囲についても，必要に応じて 3.1.1 項(2) に示す面外曲げ応力の取扱いを適用してよいが，構造的応力集中の程度は板の表裏で異なることがあるため，面内応力と面外曲げ応力を分離する際には注意が必要である．また，3.1.1 項(4) の設計計算応力の補正も必要に応じて適用してよい．

疲労強度の算出には，3.2.4 項に示す平均応力（応力比）の影響および 3.2.5 項に示す板厚の影響を考慮するものとする．

参考文献

1) 仁瓶寛太，稲村文秀，公江茂樹：溶接構造の統一的な疲労強度評価法に関する研究，日本造船学会論文集, Vol.179, pp.459-460, 1996.
2) 川野始，川嵜哲郎，阪井大輔，野田俊介，伏見彬，萩原孝一：疲労強度精査における reference 応力に関する一考察，西部造船会会報，83, pp.207-213, 1992.
3) Niemi, E.：IIS/IIW-1221-93, The International Institute of Welding, 1995.
4) 田村英樹：溶接継手の構造的応力集中の解析に関する簡易手法の提案，溶接学会論文集, Vol.2, No.2, pp.64-71, 1988.
5) 日本造船研究協会第 202 研究部会：海洋構造物の疲労設計法及び溶接部の品質に関する研究，1991.
6) Huther, M. and Henry, J.：IIW-IIS, Doc.XIII 1416-91, 1991.
7) Hobbacher, A.: Recommendations for Fatigue Design of Welded Joints and Components, IIW document XIII-2151r1-07/XV-1254r1-07, 2007.
8) Doerk, O., Fricke, W. and Weissenborn, C.：Comparison of Different Calculation Methods for Structural Stresses at Welded Joints, International Journal of Fatigue, Vol.25, 2003.
9) Wordsworth, A.C. and Smedley, G.P.：Stress Concentration at Unstiffened Tubular Joints, European Offshore Steels Research Seminar, Cambridge, 1978.
10) IACS (International Association of Classification Societies)：Common Structural Rules for Bulk Carriers, 2008.

第5章　疲労き裂進展解析を用いた疲労照査

5.1　適用範囲

(1) 疲労き裂進展解析の適用は，以下の場合に有効である．
　1) き裂状のきずが生じた継手の疲労強度・疲労寿命の評価
　2) 表3.4の継手の強度等級分類に適合しない継手の疲労強度評価
　　　ただし，疲労き裂進展寿命が全疲労寿命の大半を占める場合
　3) 維持・管理における検査周期の設定
　4) 供用中の鋼構造物で疲労き裂が検出された場合の余寿命評価
(2) 直応力による疲労き裂進展（モードⅠ）を対象とする．

【解説】
　部材の継手部にき裂状のきずが生じた場合，あるいは非破壊検査などでき裂状ではないと判断できないきずが検出された場合には，疲労き裂進展解析を用いることで部材の疲労寿命を定量的に評価できる．また，表3.4に示す継手の強度等級分類に適合しない複雑な形式の継手などに対しても，疲労き裂進展解析により疲労寿命を推定することができる．
　疲労き裂の発生が懸念される継手部を対象として，その疲労き裂が疲労限界状態に至るまでの疲労寿命を疲労き裂進展解析により計算することで，構造物の検査周期を設定することができる．また，構造物に疲労き裂が検出された場合には，疲労き裂進展解析により部材の破断に至るまでの疲労寿命を計算することで，補修・補強などの対策時期の決定に有効な情報が得られる．
　実構造物では複数の部材が継手により接合されていることから，その継手の作用応力には多軸性や位相差が生じる場合が少なくないが，本指針では直応力による疲労き裂進展（モードⅠ）を対象として，比較的簡便な疲労き裂進展解析を用いた疲労照査法を示す．

5.2　計算方法

　疲労き裂進展寿命 N_p の計算は，疲労き裂進展速度の表示式を，初期き裂寸法 a_i から限界き裂寸法 a_c まで積分することにより求める．

$$\left.\begin{array}{l} da/dN = f(\Delta K) \\ N_p = \int_{a_i}^{a_c} da/f(\Delta K) \end{array}\right\} \quad (5.1)$$

　　da/dN：疲労き裂進展速度　　ΔK：応力拡大係数範囲

【解説】

疲労き裂進展速度 da/dN は，5.5 節に示す応力拡大係数範囲 ΔK の関数として式(5.1)で与えられる．疲労寿命 N は，部材に疲労き裂が発生するまでに要する応力繰返し数（疲労き裂発生寿命：N_c）と，疲労き裂が進展して部材が破断するまでに要する応力繰返し数（疲労き裂進展寿命：N_p）の和で表すことができる．溶接継手の止端部に生じるアンダーカットや継手内部に残留するブローホールなどの溶接きずが疲労き裂の発生起点となる場合には，N に占める N_c の割合が比較的小さく，N の大半が N_p で占められる．溶接継手のルート部については，一般にその先端がき裂状であり応力集中が高いため，N_c は止端部の場合に比べて非常に短くなる．そのため，N と N_p は同程度となる．以上のような N の大半が N_p で費やされる継手に対して，疲労き裂進展解析が適用できる．また，式(5.1)を用いて，疲労き裂進展解析を初期き裂寸法 a_i から限界き裂寸法 a_c まで行い N_p を計算することは，継手の N を安全側に推定する上で有効な手段といえる．この進展解析は，疲労き裂が検出された後の部材に残存する N_p を推定する際にも適用できる．

5.3 き裂のモデル化

5.3.1 初期き裂

対象とするきずは，割れ，融合不良，溶込み不良，アンダーカット，スラグ巻込み，ブローホールの6種とする．割れ，融合不良，溶込み不良はき裂とみなす．また，アンダーカット，スラグ巻込み，ブローホールについても，それらの先端がき裂状でないことが確認できない場合には，き裂とみなす．検出されたき裂は，内部貫通き裂，片側貫通き裂，楕円形埋没き裂，半楕円形表面き裂，1/4 楕円形表面き裂のいずれかに置き換え，初期き裂とする．

きずが発見されない継手で止端破壊を想定して，疲労き裂進展解析により疲労強度・疲労寿命を評価する場合は，応力集中部の溶接止端に適切な形状・寸法の初期き裂を想定する．また，ルート破壊を想定する場合は，未溶着部を初期き裂とする．

【解説】

きずのき裂への置換えは，WES2805：2008[1] と同様に以下のように行う．**図解 5.1** に示すように，

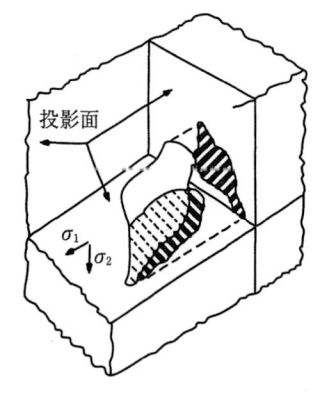

図解 5.1 きずの投影方法

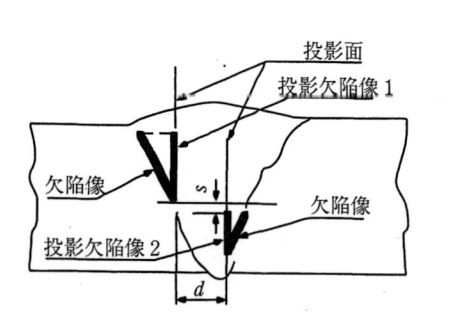

図解 5.2 複数のきずの像の投影方法

検出されたきずを繰返し荷重による主応力に垂直な面に投影し，この投影面上でのきず寸法をき裂への置換えに用いる．

複数のきずの像が検出された場合は，図解5.2に示すように，最も近接する主応力垂直面を定義し，この2平面に各々のきずを投影し，この2面間の距離dを記録する．

以上のように定義されたきずの像に対し，自由表面に垂直な方向および平行な方向のきずの像の寸法を求める．これらの寸法をもつ板厚貫通き裂，半楕円形表面き裂，楕円形埋没き裂のいずれかにより，きずの像をき裂に置き換える．

(1) 板厚貫通き裂

自由表面が平面の場合は，図解5.3(a)に示すように，自由表面に対する垂線できずの像を囲み，垂線と自由表面の交点間の直線距離を$2C$とする．自由表面が曲率をもつ場合には，自由表面に対する垂線できずの像を囲み，表裏面における，垂線と自由表面の交点間の曲面に沿った距離（図解5.3(a)のl_1およびl_2）のうち長い方を$2C$とする．そして，きずの像を，長さ$2C$の2次元板厚貫通き裂とみなす．

(2) 表面き裂

自由表面が平面の場合は，図解5.3(b)に示すように，き裂が存在する自由表面に対する垂線と，自由表面に平行な線分できずの像に外接する長方形を描き，その自由表面に平行な辺長を$2C$と，垂線に平行な辺長をAとする．自由表面が曲率をもつ場合には，自由表面ときずの像外縁との距離が最大値となる自由表面上の点を求め，その点を通る自由表面の垂線と外縁の距離をAとし，この垂線と平行な直線の間の距離を$2C$とする．そして，きずの像を，Aを定めた際に利用した垂線に垂直な軸長さ$2C$，垂線に平行な軸長さAの半楕円表面き裂に置き換える．

きずの輪郭線と部材表面が，部材角部両側の面と2点で交わる場合は，各々の面について，きずの像が角部で対称な形状をもつとして，表面き裂の場合と同様に楕円の軸長さを決定して，1/4楕円き裂に置き換える．

(3) 埋没き裂

図解5.3(c)に示すように，きずの像に最も近接する自由表面上の点から垂線をおろし，この垂線に平行な辺と垂線に直角な辺をもつ長方形できずの像を囲む．垂線に垂直な辺の長さを$2C$，平行な辺の長さを$2A$とする．きずの像を，垂線に垂直な軸長さ$2C$，平行な軸長さ$2A$の楕円き裂に置き換える．

隣接して複数のきずの像が存在する場合は，各々のきずの像に対して，上記の手順に従い，板厚貫通き裂，表面き裂，あるいは埋没き裂に置き換えた後，以下に示す手順に従って，相互の干渉を評価する．

き裂が異なる平面上にある場合は，図解5.4に示す手順に従うが，き裂が定義された平面間の距離dが，図解5.4のd_0より小さい場合は，き裂が同一平面状にあるとして評価する．dがd_0より大きい場合は，相互の干渉はないと判定し，各々のき裂が単独で存在するものとして評価する．

き裂が同一平面上にある場合，あるいはdがd_0より小さい場合で，2つのき裂の端部が接する場合には，2つのき裂を合体させ，図解5.3に示す手順により，複合き裂寸法a, bを新たに求める．なお，異なる平面上にあるき裂がオーバーラップしている場合は，先端間の距離sが負の数として，オーバーラップがない場合と同様に複合き裂寸法を算定する．き裂端部が接しない場合は，各々の

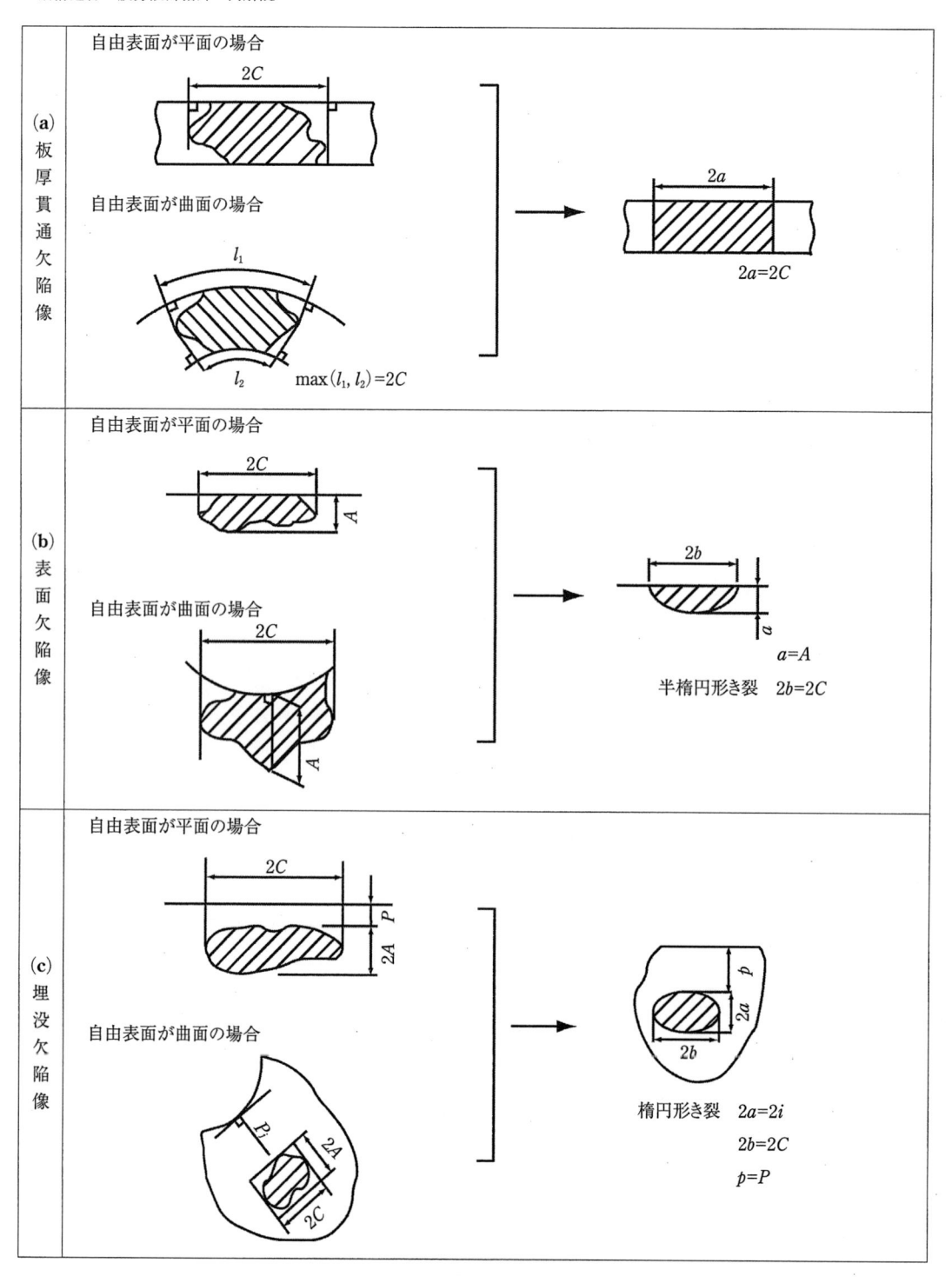

(a) 板厚貫通欠陥像	自由表面が平面の場合 $2C$ 自由表面が曲面の場合 l_1, l_2, $\max(l_1, l_2) = 2C$	→ $2a$, $2a = 2C$
(b) 表面欠陥像	自由表面が平面の場合 $2C$, A 自由表面が曲面の場合 $2C$, A	→ $2b$, a 半楕円形き裂 $a=A$, $2b=2C$
(c) 埋没欠陥像	自由表面が平面の場合 $2C$, $2A$, P 自由表面が曲面の場合 P_i, $2A$, $2C$	→ p, $2a$, $2b$ 楕円形き裂 $2a=2i$, $2b=2C$, $p=P$

図解 5.3 きずのき裂への置換え

第 5 章 疲労き裂進展解析を用いた疲労照査

合体前位置関係	干渉条件 (同一平面化条件)	合体処理
(a) 板厚貫通き裂と板厚貫通き裂	$d \leq d_0 = 2\max(a_1, a_2)$	
(b) 板厚貫通き裂と表面き裂	$d \leq d_0 = 2\max(a_1, a_2, b_2)$	
(c) 表面き裂と表面き裂	$d \leq d_0 = 2\max(a_1, a_2, b_1, b_2)$	
(d) 埋没(表面)き裂と埋没き裂	$d \leq d_0 = 2\max(a_1, a_2, b_1, b_2)$	

図解 5.4　複数のき裂の同一平面への置換え

合体前位置関係	干渉条件	合体処理
(a) 板厚貫通き裂と板厚貫通き裂 $2a_1$ $2a_2$	接する場合	$2a$ $2a=2a_1+2a_2$
(b) 表面き裂と表面き裂 a_1 a_2 $2b_1$ $2b_2$	接する場合	$2b=2b_1+2b_2$ $a=\max(a_1,a_2)$ a $2b$
(c) 板厚貫通き裂と表面き裂 a_2 $2a_1$ $2b_2$	接する場合	$2a=2a_1+2b_2$ $2a$
(d) 表面き裂と表面き裂(表裏対向位置) $2b_1$ a_1 a_2 $2b_2$ s_1	接する場合	$2a=2b_1+2b_2+s_1$ $2a$
(e) 埋没き裂と埋没き裂 $2b_1$ s_2 $2a_1$ $2a_2$ s_1 $2b_2$	接する場合	$2b$ $2a$ $2a=2a_1+2a_2+s_2,\quad 2b=2b_1+2b_2+s_1$
(f) 表面き裂と埋没き裂 $2b_2$ s_2 a_1 $2a_2$ $2b_1$ s_1	接する場合	a $2b$ $a=a_1+2a_2+s_2,\quad 2b=2b_1+2b_2+s_1$

(注) オーバーラップの場合, s_1 または s_2 は負の値とする.

図解 5.5 先端が接する複数のき裂の単一き裂への置換え

き裂が単独で存在するものとして評価する．

表面き裂または埋没き裂として分類されたきずの像に対して，近接する部材表面との位置関係からき裂の再分類を行う．その判定基準 r_0, p_0 は**図解 5.6** に従い評価する．

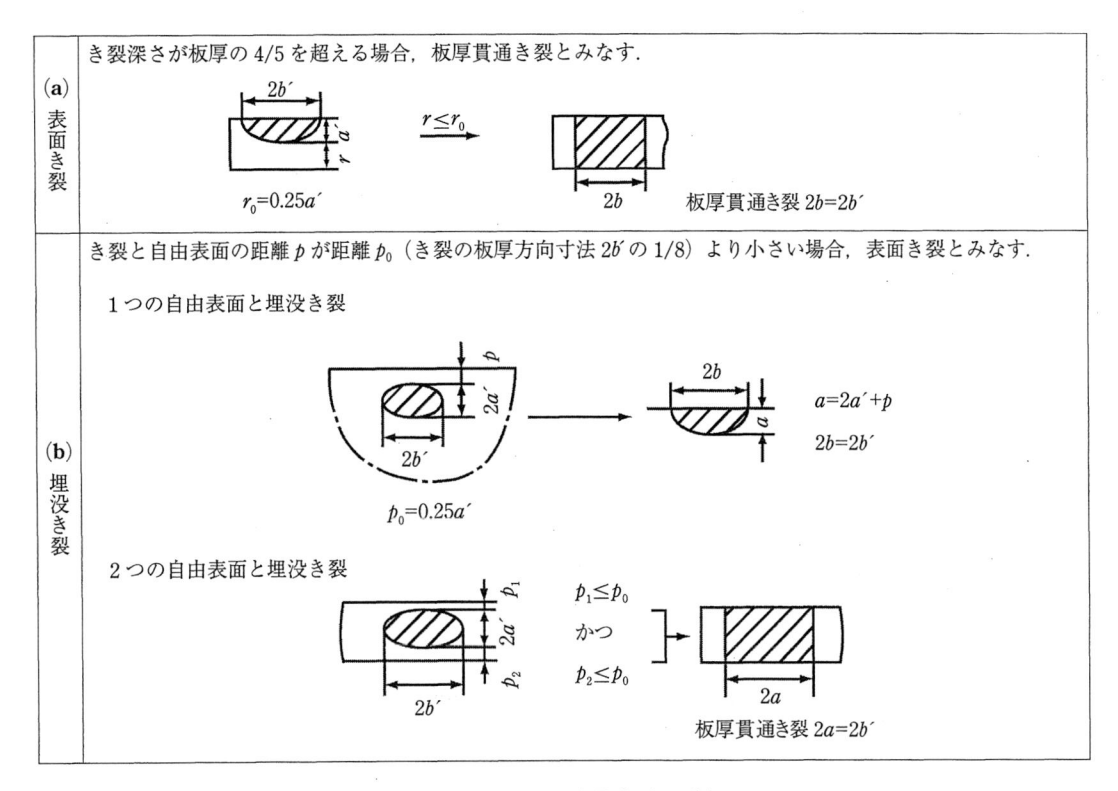

図解 5.6 き裂と部材表面の干渉

(1) 表面き裂

き裂端と部材裏面の最短距離 r が，**図解 5.6** で定義される r_0 より小さい場合は，その表面きずの像は板厚貫通き裂とする．ただし，**図解 5.5(b)** の手順に従い表面き裂として再定義された埋没きずの像には，この規定は適用しない．

(2) 埋没き裂

部材表面までの最短距離 p，または p_1 と p_2 が，**図解 5.6** で定義される p_0 より小さい場合には，その埋没きずの像は板厚貫通き裂または半楕円形表面き裂とする．

きずを含まない溶接止端からの破壊を想定して，疲労き裂進展解析により疲労強度・疲労寿命を評価する場合は，初期き裂として，溶接止端に深さ 0.1〜0.2 mm 程度の半円き裂を用いることを推奨する．ルート破壊を想定して疲労き裂進展解析により疲労強度や疲労寿命を評価する場合は，未溶着長さを初期き裂長さとする．

5.3.2 限界き裂

限界き裂は，繰返し荷重により疲労き裂が進展し，以下に示す他の破壊モードに移行するときの寸法のき裂として定義する．
1) 脆性破壊
2) 延性破壊
3) 部材の全断面降伏
4) き裂の板厚貫通

【解説】

脆性破壊や延性破壊に移行する限界状態は，日本溶接協会 WES2805：2008，BSI BS7910：2005 などの，溶接継手の破壊に対するきずの評価方法を定めた規格に従って判断するのがよい．

部材の全断面降伏あるいはき裂の板厚貫通の評価は，脆性破壊などに比べて評価が簡単であり，多くの場合に安全側の評価となるので，限界き裂を定義する方法として実用的である．

5.4 疲労き裂進展速度表示式

疲労き裂進展速度は次式で表示する．

$$\frac{da}{dN} = C(\Delta K^n - \Delta K_{th}^n) \tag{5.2}$$

C, n：定数

ΔK_{th}：下限界応力拡大係数範囲

$\Delta K \leq \Delta K_{th}$ では，$da/dN = 0$ である．

単位として da/dN に mm/cycle，ΔK に N/mm$^{3/2}$ を使用する場合，定数 C, n および下限界応力拡大係数範囲 ΔK_{th} は，**表** 5.1 に示す値とする．

表 5.1　疲労き裂進展の材料特性

	C	n	ΔK_{th}
最安全設計曲線	2.0×10^{-12}	2.75	63
平均設計曲線	1.1×10^{-12}	2.75	76

通常の計算では，最安全設計曲線の $C, n, \Delta K_{th}$ を用いる．平均的な疲労寿命あるいは疲労強度を求める場合には，平均設計曲線の $C, n, \Delta K_{th}$ を用いる．式(5.2)の適用限界は，$\Delta K \leq 3.0 \times 10^3 \text{N/mm}^{3/2}$ である．

【解説】

(1) 疲労き裂進展速度表示式

従来の疲労き裂進展設計曲線は，ΔK_{th} を考慮しないパリス則直線か，考慮する場合でもパリス則直線（または2直線近似）の下限打切りとしている．これらに比べて，本指針が採用した式（5.2）

はパリス則直線部と ΔK_{th} を連続的に結ぶ曲線を与えており，極低進展速度領域での厳密評価が可能である点に特徴がある．

疲労き裂進展速度の計算では，式(5.2)に代えて，パリス則

$$\frac{da}{dN} = C(\Delta K)^n \quad \Delta K \geq \Delta K_{th}$$

$$\frac{da}{dN} = 0 \quad \Delta K \leq \Delta K_{th} \tag{解 5.1}$$

あるいは，

$$\frac{da}{dN} = C(\Delta K)^n \tag{解 5.2}$$

を用いてもよい．式(解5.1)，(解5.2)を用いることは安全側の疲労寿命評価となる．

表5.1 の C, m, ΔK_{th} は，高い引張残留応力場を疲労き裂が進展する際の通常の溶接構造用鋼の試験データに基づいて設定したものである．式(5.2)および**表**5.1 の平均，最安全設計曲線の C, n, ΔK_{th} で与えられる $da/dN - \Delta K$ 関係を**図解**5.7 に示す．

(2) 疲労き裂進展速度の設計曲線

物質・材料研究機構（旧金属材料技術研究所）では，溶接構造用鋼について系統的な疲労き裂進展データの採取を行っている．これらのデータはデータベース化されている（金属材料技術研究所

表解 5.1 疲労き裂進展の材料特性の回帰計算結果

	C	N	ΔK_{th}
95%信頼区間上限	1.78×10^{-12}	2.74	65.8
平均曲線	1.15×10^{-12}	2.74	77.2

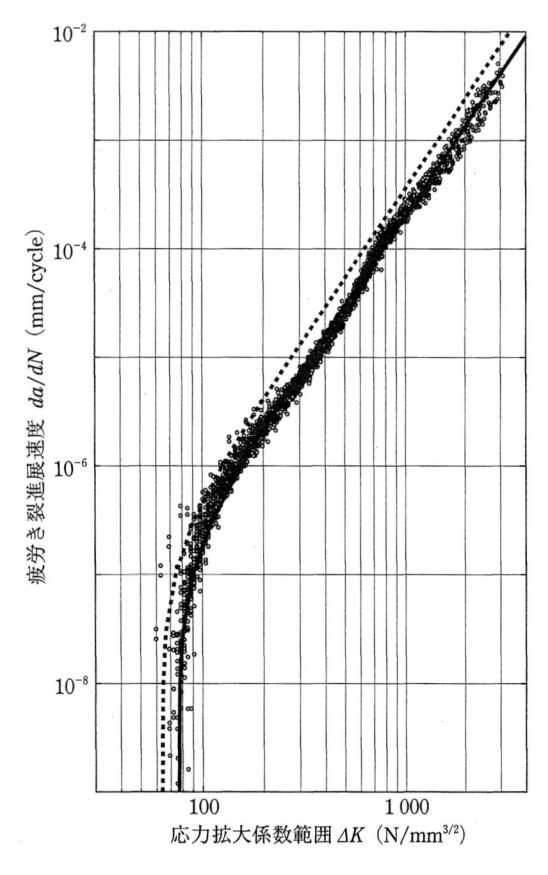

図解 5.7 提案線と実験データの $da/dN - \Delta K$ 関係の比較

疲れデータシート，No. 21, 31, 41, 46, 54）．このデータベースには，旧指針の疲労き裂進展速度の設計曲線の決定に使用されたデータに加えて，新たに追加されたデータも含まれている．この最新のデータベースより，溶接ままの突合せ継手（4鋼種：SB42，SM50B，SPV50，HT80の手溶接，ガスメタルアーク溶接，サブマージアーク溶接）の溶接金属と熱影響部に関する，応力比0のda/dN–ΔK関係全データに対して，重み付き残差法[2]法を用いて式(5.2)への回帰を行って，平均曲線と95％信頼区間上限（平均＋2×標準偏差）の曲線を求めた結果を**表解5.1**に示す．**表解5.1**の回帰結果と実験データのda/dN–ΔK関係を比較した結果を**図解5.8**に示す．

図解5.8によると，実験データがS字状に分布するため，下限界近傍で回帰結果の95％信頼区間上限の関係でも危険側となる実験データがいくつか存在する．そこで，本指針では設計曲線図が危険側の推定を与える場合がほとんど生じないように，**表解5.1**の95％信頼区間上限を与えるCとΔK_{th}を修正して，**表5.1**の設計曲線を与えた．**表5.1**の設計曲線と実験データのda/dN–ΔK関係を比較した結果を**図解5.7**に示す．

旧指針では応力拡大係数の単位にMPa$\sqrt{\mathrm{m}}$が用いられていたが，本指針で用いたN/mm$^{3/2}$とはMPa$\sqrt{\mathrm{m}}$＝31.6 N/mm$^{3/2}$の関係にある．き裂進展速度をm/cycleで，応力拡大係数範囲をMPa$\sqrt{\mathrm{m}}$で表した定数C, n, ΔK_{th}を**表解5.2**に示す．

なお，高い引張残留応力場が存在する溶接継手中を進展する疲労き裂の進展速度がここで示す結

表解5.2 m/cycle, MPa$\sqrt{\mathrm{m}}$で表した疲労き裂進展の材料特性

	C	n	ΔK_{th}
最安全設計曲線	2.7×10^{-11}	2.75	2.0
平均設計曲線	1.5×10^{-11}	2.75	2.4

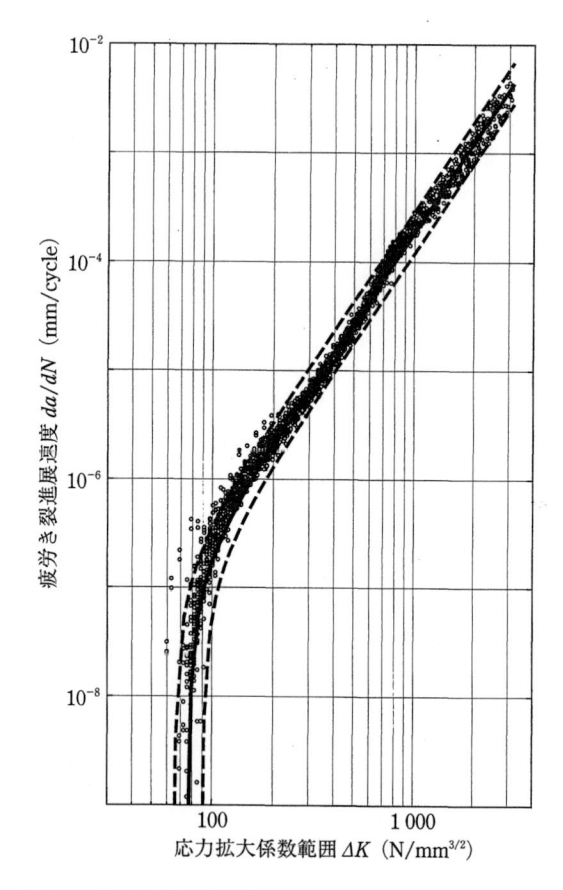

図解5.8 回帰結果と実験データのda/dN–ΔK関係の比較

果と異なることが実験的に証明されている鋼材については，C, ΔK_{th} を補正してもよい．また，非溶接継手については，次項を参考に応力比（死荷重による応力および拘束応力を含む）を考慮して C, ΔK_{th} を補正してもよい．

(3) 応力比の影響

応力比 R は大気中の疲労き裂進展特性に大きな影響を及ぼす．一般に，R が高くなるに従って同じ ΔK に対するき裂進展速度が高くなる傾向があり，その影響は低進展速度領域ほど顕著である．本指針のき裂進展設計曲線は R が高い場合に相当しており，R の値によらずこの設計曲線を用いるのは安全側であるが，構造物に作用する応力（外力，溶接残留応力，拘束応力など）の R が既知の場合は，それを考慮した評価も可能である．

疲労き裂進展速度に及ぼす応力比の影響に関する研究は数多く行われており[3)~5)]，これらを応用すれば，本指針のき裂進展設計曲線を任意の応力比に換算することができる．

(4) 変動振幅荷重，過大荷重の影響

一定振幅の定常繰返し荷重の後，ステップ状に荷重振幅を低下させると，一時的に疲労き裂進展速度が低下することがある．また，一定振幅の定常繰返し荷重中に，定常荷重より大きな荷重が単発的に負荷されると，定常荷重に戻った後に一時的にき裂進展速度の著しい低下（retardation）が起こる．このような場合のき裂進展挙動を，負荷サイクルごとにき裂先端に引張塑性域が成長し出す荷重（RPG 荷重：Re-tensile Plastic zone Generating load）を評価して解析する手法[6)] も提案されているが，そのような解析には多大な計算工数を必要とする．変動振幅荷重によるき裂進展速度の低下を無視して，本指針のき裂進展設計曲線を適用するのは安全側である．

一定振幅の定常繰返し荷重の後，ステップ状に荷重振幅を増大させると，一時的に疲労き裂進展速度が加速することがある．しかし，進展速度が増大する期間は全寿命に比較して極めて短く，寿命推定精度に及ぼす加速現象の影響は一般に小さい．

(5) 環境の影響

本指針は腐食環境を対象としていないが，一般に腐食環境は特に低 ΔK 領域で著しいき裂進展速度の加速をもたらす．腐食環境でなくても，水分が存在する場合や水素が鋼中に侵入する場合はかなり加速しうる．このような場合は，最安全設計曲線でも安全側の評価が得られるとは限らない．水素侵入環境下での一般的な疲労き裂進展則は確立されていないので，水素の影響が予想される場合には，その環境を模擬した試験によって疲労き裂進展速度を確認する必要がある．

(6) 設計曲線の適用上下限

本指針におけるき裂進展設計曲線の適用下限は $\Delta K = \Delta K_{th}$ である．安全側の仮定として $\Delta K_{th} = 0$ とした場合は，形式上 $\Delta K = 0$ まで適用可能であるが，一般に，微小き裂（き裂長が約 1 mm 以下）は，長大き裂に対して求められたき裂進展設計曲線を用いて推定した進展速度より速くなることもあるので，き裂進展解析でこの効果について考慮が必要になる．

設計曲線適用上限は特に規定しないが，線形破壊力学の適用が前提である．このため，き裂先端部の塑性域寸法が大きくなる状態には適用できない．設計曲線のもとになった実験データは，ΔK が $3.16 \times 10^3 \, \text{N/mm}^{3/2}$ 以下のデータであるので，この値が適用上限の目安である．しかし，ΔK が $3.16 \times 10^3 \, \text{N/mm}^{3/2}$ 以下であっても，き裂が大きくなり，残り断面が小さくなって，塑性変形の進展，延性破壊への移行などが生じる場合には適用できない．また，疲労荷重下で急速破壊を起こす K

値 K_{fC}, または破壊靱性値 K_{IC} が既知の場合には，K_{max} がそれらの値に達するときが適用上限となる．

5.5 応力拡大係数範囲

5.5.1 き裂の形状・寸法

き裂は，内部貫通き裂，片側貫通き裂，楕円形埋没き裂，半楕円形表面き裂，1/4楕円形表面き裂にモデル化する．表面き裂の寸法は，図解5.3〜5.6に示した深さ a および幅 b で代表させる．貫通き裂の寸法は長さ a で代表させる．

5.5.2 応力分布

軸方向応力の最大値と最小値の差を $\Delta\sigma_t$，曲げ応力の最大値および最小値の差を $\Delta\sigma_b$ とする．

5.5.3 応力拡大係数範囲

応力拡大係数範囲 ΔK は次式から求める．

$$\Delta K = (F_t \Delta\sigma_t + F_b \Delta\sigma_b)\sqrt{\pi a} \tag{5.3}$$

F_t：軸方向応力に対する形状補正係数
F_b：曲げ応力に対する形状補正係数
a：き裂寸法（表面き裂，埋没き裂の深さ a，または貫通き裂のき裂長 a）

形状補正係数 F_t, F_b は，き裂形状により付録IIに示す係数を用いることを原則とする．その他の ΔK の表示式や，FEM解析等により直接計算した値を用いてもよい．

【解説】

疲労き裂先端近傍の変形状態は，図解5.9に示すモードI（き裂開口モード），モードII（面内せ

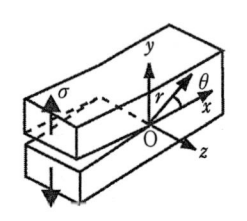

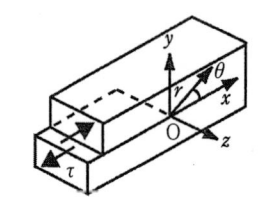

(a) モードI（開口型）　(b) モードII（面内せん断型）　(c) モードIII（面外せん断型）

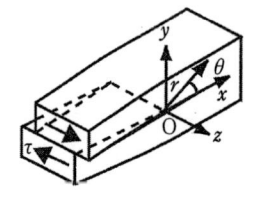

図解5.9　き裂先端近傍の変形状態

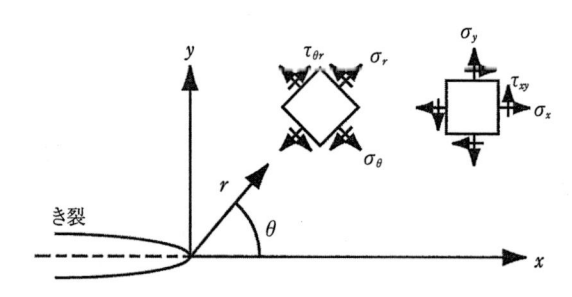

図解5.10　2次元き裂先端近傍の極座標系と応力状態

ん断モード），モードIII（面外せん断モード）に分類でき，これらのうち，ここでは主としてモードIの応力拡大係数を対象とする．

き裂端近傍の弾性応力場は，**図解5.10**の極座標系を用いて示されることが多い．この応力場は，き裂先端からの距離rの平方根の逆数に比例する特異性を有し，き裂寸法に比べてrが十分小さい範囲では，この特異項のみで応力分布が近似的に表され，各モードに対して以下の諸式で与えられている．

（モードI）
$$\begin{Bmatrix} \sigma_x \\ \sigma_y \\ \tau_{xy} \end{Bmatrix} = \frac{K_\mathrm{I}}{\sqrt{2\pi r}} \cos(\theta/2) \begin{Bmatrix} 1 - \sin(\theta/2)\sin(3\theta/2) \\ 1 + \sin(\theta/2)\sin(3\theta/2) \\ \sin(\theta/2)\cos(3\theta/2) \end{Bmatrix} \quad \text{(解 5.3)}$$

（モードII）
$$\begin{Bmatrix} \sigma_x \\ \sigma_y \\ \tau_{xy} \end{Bmatrix} = \frac{K_\mathrm{II}}{\sqrt{2\pi r}} \begin{Bmatrix} -\sin(\theta/2)[2+\cos(\theta/2)\cos(3\theta/2)] \\ \sin(\theta/2)\cos(\theta/2)\cos(3\theta/2) \\ \cos(\theta/2)[1-\sin(\theta/2)\sin(3\theta/2)] \end{Bmatrix} \quad \text{(解 5.4)}$$

（モードIII）
$$\begin{Bmatrix} \tau_{xz} \\ \tau_{yz} \end{Bmatrix} = \frac{K_\mathrm{III}}{\sqrt{2\pi r}} \begin{Bmatrix} -\sin(\theta/2) \\ \cos(\theta/2) \end{Bmatrix} \quad \text{(解 5.5)}$$

式(解5.3)〜(解5.5)において，K_I，K_II，K_IIIは（応力）×$[\sqrt{(\text{長さ})}]$の次元をもち，応力拡大係数と呼ばれる．以下，記号KをK_I，K_II，K_IIIの総称として用いる．

式(解5.3)〜(解5.5)より，き裂近傍の弾性応力場は，モードが決まるとKを係数とした相似形となる．Kは，外力と部材およびき裂の寸法形状が与えられると弾性解析により計算できる．応力拡大係数を求めることは弾性学の問題であり，解説書が多数出版されている[7]ので，詳細はそれらを参照されたい．また，各種の境界条件に対する解を集めた資料集[8]も刊行されている．

Kの最も基本的な形は，**図解5.11**に示す，長さ$2a$のき裂を有する無限板の無限遠方でき裂面に垂直な一様応力σが作用する場合である．この変形はモードIとなり，Kは次式で与えられる．

$$K = \sigma\sqrt{\pi a} \quad \text{(解 5.6)}$$

図解5.11と異なる形状の部材に，**図解5.11**と同じ寸法のき裂が生じている場合の一般的な平面状き裂のモードI変形でのKは，き裂面に垂直な方向の応力をσ，き裂寸法をaとして，

$$K = F\cdot\sigma\sqrt{\pi a} \quad \text{(解 5.7)}$$

で表される．ここで，Fは部材形状の影響を補正する係数である．

3次元部材に軸力と曲げが重畳した応力が作用する場合は，軸方向応力をσ_t，曲げ応力をσ_b，き裂寸法（2次元き裂ではき裂長さ，3次元表面き裂ではき裂深さ，など）をaとして，Kを次式で表す．

$$K = (F_t\sigma_t + F_b\sigma_b)\sqrt{\pi a} \quad \text{(解 5.8)}$$

F_tおよびF_bは，それぞれ引張応力および曲げ応力に対する部材形

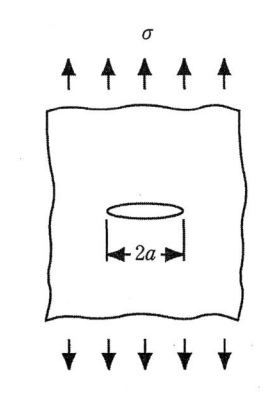

図解5.11 2次元き裂先端近傍の極座標系と応力状態

状の影響を補正する係数である．式(5.3)の応力拡大係数範囲 ΔK は，式(解5.8)の応力を応力範囲に置き換えることにより求められる．

一般的な溶接継手に対する補正係数 F_t および F_b は，有限要素解析などの数値解析により求めることができる．補正係数を求めるための解析解ならびに簡易式も数多く提案されており，これらを用いることが可能である．なお，研究者により補正係数の与え方が式(5.3)の形に一致していないことがあるので，適用にあたっては補正係数の意味や適用範囲について十分に注意する必要がある．

代表的なき裂形状に対する補正係数の解析解ならびに簡易式を付録Ⅱに示す．

5.6 疲労き裂進展の解析方法

5.6.1 進展解析の対象となるき裂面

進展解析は，き裂が進展する方向すべてについて行う．すなわち，楕円形き裂では4方向，半楕円形の表面き裂では3方向，内部貫通き裂および1/4楕円形表面き裂では2方向，表面貫通き裂では1方向のき裂進展を解析する．ただし，き裂進展に伴うき裂形状の変化が既知の場合には，1方向のみの解析でよい．

5.6.2 き裂進展式の積分

式(5.1)の積分は，適当な応力繰返し数ごとに5.5節で示した応力拡大係数範囲を，5.4節で示した疲労き裂進展速度表示式に代入してき裂進展量を計算することにより行う．

5.6.3 変動荷重下でのき裂進展量の計算

変動荷重下では，各負荷サイクルで逐次 ΔK を計算することにより，き裂進展解析を行う．また，以下に示す等価応力拡大係数範囲 ΔK_{eq} を ΔK に代えて，き裂進展解析を行ってもよい．

負荷サイクル数 N ($=\Sigma n_i$) で構成されるブロック荷重が，繰返し反復される変動応力を考える．各ブロックのステップ数を k とし，各ステップでの応力拡大係数範囲と負荷サイクル数が $(\Delta K_1, n_1)$，$(\Delta K_2, n_2)$，…，$(\Delta K_k, n_k)$ である場合，ΔK_{eq} は次式で与えられる．

$$\Delta K_{eq} = \left(\frac{\sum_{i=1}^{k} \Delta K_i^n n_i}{\sum_{i=1}^{k} n_i} \right)^{1/n} \qquad (5.4)$$

ただし，$\Delta K_i \leq \Delta K_{th}$ の場合には，$n_i = 0$ としてよい．

【解説】

疲労き裂進展寿命は，一般には式(5.1)の数値積分を実行することにより求められるが，例外的に，無限体内の円盤状き裂など，特定の形状を有するき裂については陽な形で積分を行うことができる．

数値積分の手法には以下の2つの方法がある．

(1) 荷重繰返し数に適当な増分 ΔN を与え，その間のき裂進展量 Δa を求めることにより，初期き裂寸法 a_0 とき裂長さの増分の和が限界き裂寸法 a_c に達するまでの荷重繰返し数を求める方法

(2) 疲労き裂寸法を，初期き裂寸法 a_i から微小量 Δa ずつ増大させることにより荷重繰返し数 N を求める方法

一般的な疲労き裂の形状は 2 次元的であるため，き裂寸法に関する変数が，き裂深さ a，き裂幅 b の 2 つあることになる．さらに，き裂形状変化の連続性を満足する必要性から，これらの 2 つの変数は独立に変化させることはできない．また，き裂進展寿命の大部分はき裂寸法が小さい間で費やされるため，方法(2)でき裂寸法の増分量を過大にとると，寿命推定結果に大きな誤差が生じる．このため，方法(2)より方法(1)の方が計算は容易であるといえる．

方法(1)による計算は，以下の手順で行う．

a) 荷重繰返し数増分 ΔN を設定する．
b) 第 j 回目の増分計算中のき裂寸法 a_j を定める．初回計算（$j=1$）のとき a_j は初期き裂寸法 a_i とし，$j>1$ の場合は第 $j-1$ 回増分終了時のき裂寸法とする．
c) き裂寸法が a_j であるとして，第 j 回増分計算中の応力拡大係数範囲 ΔK_j を計算する．
d) 第 j 回増分計算中のき裂進展量 Δa を次式で計算する．

$$\Delta a_j = \Delta N \cdot C(\Delta K_j)^n \tag{解 5.9}$$

e) 第 j 回増分終了時のき裂長を次式で計算する．

$$a = a_0 + \sum_{i=1}^{j}(\Delta a_i) \tag{解 5.10}$$

f) 式(解 5.7)のき裂長 a が限界き裂寸法 a_c を上まわるまで上記の計算を繰り返し，限界状態に達するまでの計算繰返し数 k を計算する．進展寿命 N は次式で計算される．

$$N_p = k \cdot \Delta N \tag{解 5.11}$$

式(5.4)による等価応力拡大係数範囲を用いる場合の，第 i ステップ応力拡大係数範囲 K_i の評価では，当該荷重ブロック負荷中は，き裂長がブロック荷重開始時（当該ブロック第 1 ステップ開始時）の寸法のまま不変であると近似して応力拡大係数を計算する．

5.7 疲労照査

疲労照査は疲労き裂進展寿命および安全係数を用いて行う．疲労照査では，式(5.5)が成り立つことを確かめる．

$$L \leq \frac{L_p}{(\gamma_b \cdot \gamma_w \cdot \gamma_i)^n} \tag{5.5}$$

L：設計寿命
L_p：N_p に対応する疲労寿命
n：疲労き裂進展速度表示式の指数 (2.75)
$\gamma_b, \gamma_w, \gamma_i$：安全係数

【解説】

疲労照査は，疲労き裂進展解析から求めた寿命 L_p が設計寿命 L 以上となることを確かめることにより行う．その際，第 3 章で示した安全係数を用いる．安全係数をき裂進展速度表示式の指数

(2.75) のべき乗としているのは，次元が応力ではなく，寿命としているためである．疲労き裂進展解析では，き裂進展寿命 N_p（応力繰返し数）が求められるが，設計で想定する単位期間当たりの応力繰返し数を適切に設定することにより，期間としての疲労寿命を求めることができる．

参考文献

1) 日本溶接協会：規格 WES2805，溶接継手のぜい性破壊発生及び疲労き裂進展に対する欠陥の評価方法，2007.
2) Ohta, A., Soya, I.,Nishijima, S. and Kosuge, M.：Statistical Evaluation of Fatigue Crack Propagation Properties Including Threshold Stress Intensity Factor，Engineering Fracture Mechanics, Vol.24, Issue 6, pp.789–802, 1986.
3) Forman, R.G., Kearney, V.E. and Engle, M.R.：Numerical Analysis of Crack Propagation in a Cyclic-Loaded Structure, Trans. ASME, J. Basic Eng., Vol. D89, No.3, pp.459–464, 1967.
4) Klesnila, M. and Lukáša, P.：Effect of Stress Cycle Asymmetry on Fatigue Crack Growth，Materials Science and Engineering, Vol.9, pp.231–240, 1972.
5) 太田昭彦，佐々木悦男，小菅通雄：疲労き裂伝ぱ速度におよぼす平均応力の影響，日本機械学會論文集，Vol.43, No.373, pp.3179–3191, 1977.
6) 豊貞雅宏，丹羽俊男：鋼構造物の疲労寿命予測，共立出版，2001.
7) 例えば，岡村弘之，線形破壊力学入門，培風館，1976.
8) 例えば，Murakami, Y. (ed.-in-Chief)，Stress Intensity Factors Handbook, Pergamon Press, 1987.

第6章 既設鋼構造物の疲労照査と点検・診断・対策

6.1 疲労照査

既設鋼構造物の疲労照査は，想定寿命を定めた上で，現時点までに対象部位が受けた応力範囲の頻度分布と，今後受けるであろう応力範囲の頻度分布を適切な方法で求め，3.3節に従って行う．

【解説】

既設鋼構造物の疲労照査は，点検実施前に行う場合と点検実施後に行う場合がある．点検実施結果に基づいて行う場合には，疲労き裂が検出されなかった場合と検出された場合に分けて行われる．さらに，補修や予防保全などの対策を行った場合を対象として行うこともある．ここでは，疲労き裂が検出されなかった，あるいは対策を講じた場合を対象とした疲労照査方法について示す．なお，疲労損傷が検出された場合の照査については，6.3節を参考にするとよい．

新設鋼構造物の疲労照査と既設構造物の疲労照査の違いは，疲労（設計）荷重の確度である．すなわち，新設構造物では疲労設計荷重をさまざまな仮定に基づいて定めなければならないのに対し，既設構造物では実際に作用している荷重を測定できることである．一般に，新設構造物の設計では，荷重の不確実さから実際よりも大きく，またその頻度も実際よりも多く設定されることが多い．したがって，疲労設計荷重を用いて既設構造物の疲労安全照査を行うと，安全側すぎる結果が得られる恐れが高い．

既設構造物では，実際に応力範囲頻度分布を測定することも可能である．また，設計段階では明確ではない溶接部の品質を確認できることも既設構造物の特徴であり，疲労強度等級の選定に役立つこともある．

既設構造物の疲労照査としては，以下の3段階の方法が考えられる．その流れを**図解6.1**に示す．

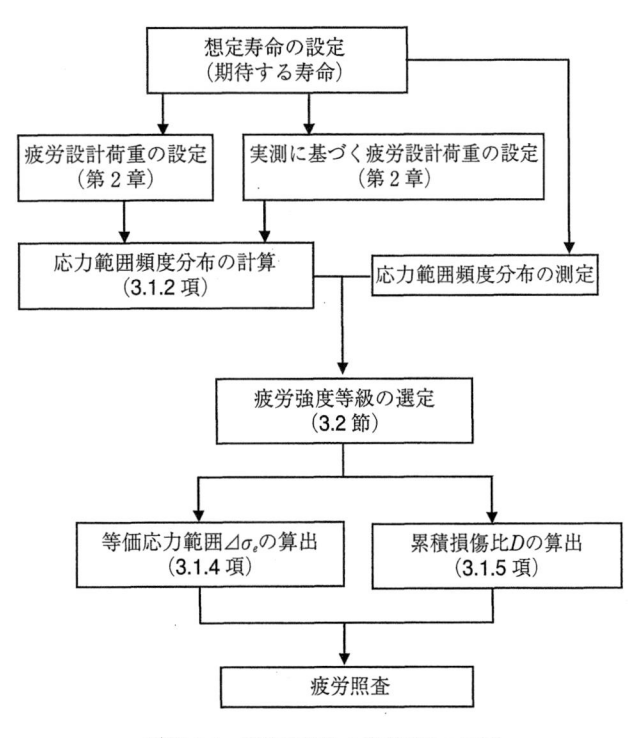

図解6.1 既設構造物の疲労照査の手順

(1) 疲労設計荷重を用いる方法

第2章に従って，対象とする構造物に適用すべき疲労設計荷重を定める．3.1節に示した方法で，疲労設計荷重による応力範囲とその頻度（応力範囲頻度分布）を求める．対象とする部位の疲労強度を表3.4に従って定める．その後，3.3節に従って疲労照査を行う．

(2) 実測結果に基づいた疲労荷重を用いる方法

構造物に作用する荷重を測定し，その結果に基づいて疲労荷重を定める．その際，測定期間をいかに定めるかが重要となる．橋梁では，3日間あるいは1週間などが提案されている．また，供用開始から現時点までの荷重が，現時点での測定結果と異なると予想される場合には，適切な方法で疲労荷重を補正するのが望ましい．現時点以降の疲労荷重についても同様である．その他は，疲労設計荷重を用いる方法と同じである．

(3) 応力範囲頻度分布測定結果を用いる方法

既設構造物では，直接応力範囲頻度分布を測定することが可能である．これを用いることにより，より精度の高い疲労照査が可能となる．応力範囲頻度分布の測定期間については，前項と同じである．また，供用開始から現時点までの，そして現時点以降の応力範囲頻度分布が，測定した応力範囲頻度分布と異なると予想される場合には，適切な方法で補正するのが望ましい．その他は，疲労設計荷重を用いる方法と同じである．

公称応力を求めるためのひずみセンサーの貼付位置にも注意する必要がある．例えば，溶接止端のごく近傍（例えば，5 mm）にひずみセンサーを取り付けた場合には，応力集中の影響で公称応力とみなされるものよりも，高い応力が測定される恐れが高い．この場合には，過度に安全側の疲労照査となる．対象継手に作用する主応力の方向が溶接ビードに対して，大きく傾くことが想定される場合には，3軸ゲージを用いて，応力測定を行う必要がある．ひずみゲージ位置の応力と着目位置の応力の関係が明らかな場合には，それを利用することも考えられる．

対象とする継手の形状が複雑な場合や複雑な応力状態にある場合には，公称応力を測定することは困難である．そのような場合には，4.2節のホットスポット応力を求めるための参照点の応力をひずみゲージで測定することで，疲労安全性を照査することができる．ひずみゲージにより参照点の応力を測定する際の留意点や用いるべき疲労強度等級については，第4章に示されている．

第3章で示したように，疲労照査は，設計供用期間内に着目部に生じる応力の変動履歴を応力範囲頻度分布として捉え，それを着目部の疲労強度と比較することにより行われる．式(解3.1)を書き直すと，疲労照査式（安全係数を考慮しない）として以下の式が得られる．

$$D = \sum \frac{n_i}{N_i} = \frac{\sum (\Delta\sigma_i^3 \cdot n_i)}{C_0} \leq 1 \qquad (解 6.1)$$

$\Delta\sigma_i$：応力範囲頻度分布を構成する応力範囲成分

n_i：$\Delta\sigma_i$の頻度

N_i：$\Delta\sigma_i$のみが作用した場合の疲労寿命

C_0：疲労強度等級を表すための定数

$\Delta\sigma$：応力範囲

N：疲労寿命

式(解6.1)は，$\sum(\Delta\sigma_i^3 \cdot n_i)$と$C_0$を比較することにより疲労照査が行われることを意味している．

$\Sigma(\Delta\sigma_i^3 \cdot n_i)$ は疲労損傷度と呼ばれており，これをモニターできれば，疲労に対して構造部材がどのような状態にあるかを知ることができ，点検時期の判断に有用な情報となる．この疲労損傷度を直接測定するのが疲労センサー[1]~[4]であり，センサー内のき裂の進展量を計測することで疲労損傷度を求めようとするものである．センサー内のき裂の進展量が疲労損傷度と線形関係にあることは，実験的にも解析的にも確かめられている．

6.2 点検

6.2.1 点検計画

疲労を対象とした点検に関する指針等を必要に応じて作成することが望ましい．

6.2.2 点検周期

疲労照査およびこれまでの経験により疲労き裂が発生しやすいと判断される部位については，供用期間中に点検計画に従って定期的な点検を行う．

疲労き裂の有無を確認するための点検周期は，想定した安全レベルを確保できるように設定する．その際，破壊力学を用いた疲労き裂進展解析が有効である．

荷重やその頻度が設計時に想定したものと著しく異なる場合には，その時点で新たに疲労照査を行い，それを点検周期に反映させる必要がある．また，部材の点検周期は，その破壊が構造物の機能や安全性に及ぼす影響も考慮して設定するのが望ましい．

6.2.3 点検方法

点検が必要と判断された箇所は，適切な方法で点検を行う．

【解説】

鋼構造物を疲労に対して安全かつ経済的に使用するためには，定期的な点検を実施することにより疲労き裂をできる限り早い段階で検出し，その進展性やき裂が進展した場合の構造物の安全性と機能を診断した上で，適切な対策を講じることが重要になる．

(1) 点検計画を作成する際には，疲労き裂が発生しやすい部位をこれまでの経験などに基づいて予測した上で，効率的な点検が実施できるように配慮することが望ましい．例えば，道路橋の点検計画を定めた「橋梁定期点検要領（案）」[5]は，点検作業に着手するための既往資料の調査，点検項目と方法，点検体制，現地踏査，管理者協議，安全対策，緊急連絡体制，緊急対応の必要性などの定期点検に必要な項目を含んでいる．鉄道橋の維持管理基準である「鉄道構造物等維持管理標準」[6]では，構造物が供用期間内において鉄道事業者の定める要求性能を満足するように，維持管理計画を策定するものとしている．この維持管理計画は，点検（検査）の方法および対策（措置）などが記されている．クレーンについては，吊上げ荷重が0.5 t以上の場合に定期自主検査が義務づけられており，事業者の責任において維持管理を行うこととされている[7]．定期自主検査における点検項目，点検方法と診断基準は，クレーンの定期自主検査指針[8]で定められている．なお，吊上げ荷重が3 t以上であるクレーンの使用有効期間を更新するためには，登録性能検査機関による性能検査が必要とされている[7]．また，経年クレーンに対しては，別途「経年クレーンの特別査定

指針」[9]が策定されており，本体構造部分の疲労き裂の検査や疲労損傷状態の確認を主体にした点検の方法等が規定されている．

(2) 点検周期を設定する際には，疲労き裂をできる限り小さい段階で早期に発見できるよう配慮することが望ましい．また，点検で疲労き裂の発生を見逃した場合でも，次の点検時までの期間に疲労き裂が著しく進展し，構造物に対して致命的な損傷とならないように配慮して，点検周期を設定する必要がある．例えば，道路橋の点検周期については，橋梁定期点検要領（案）において，供用後2年以内に初回を行うものとし，2回目以降は，原則として5年以内に行うものとしている[5]．鉄道橋については，2年を超えない期間を周期として定期検査を行うこととされている[10]．クレーンの定期自主検査は，年次点検と月例点検からなっている[8]．年次点検では構造部分の損傷が対象となり，月例点検ではワイヤロープ・吊りチェーンの損傷が対象とされる．

(3) 点検の方法には，1)疲労き裂の発見を目的とするもの，2)疲労き裂の発見後にき裂の形状・寸法の把握を目的とするもの，がある．1)の点検方法には，目視，磁粉探傷，渦流探傷，浸透探傷などがある．また，2)の点検方法には，磁粉探傷，超音波探傷などがある．

6.3 診 断

点検によって疲労き裂が検出された場合には，疲労設計で想定した安全性レベルを確保し，き裂への対策を適切なものとするために，検出されたき裂が構造物の安全性や機能に及ぼす影響を診断する．その際に，破壊力学解析や疲労き裂進展解析を用いることは有効である．場合によっては，経過観察という診断が可能な場合もある．

診断は，主として以下の項目について行う．
1) き裂の発生した部位が破壊した場合の構造物の安全性と機能
2) き裂の進展挙動（進展方向および進展速度）
3) 限界き裂長
4) その他

【解説】

疲労き裂を有する既設鋼構造部材の耐久性を評価する場合には，破壊力学解析やそれに基づく疲労き裂進展解析を行うことで，応急対策の必要性や脆性破壊の危険性などの判断の助けとなる．疲労き裂進展解析の詳細については，第5章を参照されたい．対象とする継手に作用する応力が複雑な場合については，進展解析に用いる応力について十分に検討する必要がある．

疲労き裂の進展性も重要な診断項目の一つである．部位によっては，き裂が進展することにより応力が解放され，進展が遅くなる，あるいは進展が停止することもある．ただし，き裂が進展することにより，き裂の進展モードが変化する，あるいは新たなき裂が誘発されることもある．そのため，補修・補強を行わないと判断した場合にも，定期的な経過観察が必要となることが多い．

6.4 対　策

6.4.1 疲労き裂発生前の対策

予防対策は，疲労き裂が発生する可能性が高いと考えられる部位に対して，疲労き裂の発生を未然に防ぐために行う．

6.4.2 疲労き裂発生後の対策

疲労き裂発生後の対策は，緊急対策，応急対策および恒久対策に分けられる．緊急対策は，発見された疲労き裂が重大事故の原因となるような場合の対策として実施される．応急対策は疲労き裂の更なる進展や脆性破壊が生じないために実施される．恒久対策である補修は，疲労き裂が発生する前の状態に回復すること，補強は疲労き裂が発生する前よりも疲労耐久性を向上させることを目的として実施される．

補修・補強を行う際には，疲労き裂の発生原因について十分に検討するとともに，き裂を放置した場合に予想される挙動などを考慮しなければならない．補修・補強を行う場合には，補修・補強後の構造を対象とした疲労照査を行う．

【解説】

（1）　予防保全対策には，疲労き裂の発生が懸念される溶接継手の止端部形状をグラインダーや再溶解処理（TIG処理）により滑らかにすることで，応力集中を低減させ，疲労き裂を予防する方法がある．また，ピーニング処理などを施すことにより，疲労き裂発生予想部に圧縮残留応力を付与することも考えられる．

すみ肉溶接のルート破壊に対しては，部分溶込みや完全溶込み溶接とすることで，未溶着部先端の応力集中を緩和・除去し，疲労き裂の発生を予防する方法がある．

（2）　構造物に疲労き裂が生じた場合の対策としては，緊急対策，応急対策，恒久対策（補修・補強）があげられる．緊急対策は，検出された疲労き裂が重大事故の引き金になる恐れが高い場合に，使用規制や仮受けなどの緊急的な対策として実施される．応急対策の一つに，疲労き裂の進展を防止することを目的としたストップホール法がある．ストップホールはき裂先端の高い応力集中を円孔で緩和するものであり，恒久対策と併用されることが多い．ストップホールによる効果をさらに高める方法として，ストップホールをボルト締めすることで，ストップホール壁の応力集中を緩和する方法がある[11]．

補修・補強を実施する際には，疲労き裂の発生原因について十分に検討する必要があり，極力排除する必要がある．疲労き裂の発生原因としては，製作時の溶接不具合，溶接継手部に発生する応力集中，疲労に対して不適切な構造詳細，設計上考慮されにくい部材変形挙動による2次応力，などがある．

恒久対策としての補修・補強方法は，1)溶接継手の作用応力を低減させる方法，2)溶接継手の疲労強度を向上させる方法，3)疲労損傷部位を除去する方法，に分けられる．

1)　溶接継手の作用応力を低減させる方法

溶接継手の作用応力を低減させる方法には，部材の板厚を増す方法や疲労損傷が生じる部位近傍

に応力集中を低減させるスリットをあける方法などがある．また，部材の剛性や荷重分配機能を向上させることで，損傷部位の作用応力を低減させる方法もある．これらの方法で溶接継手部の作用応力を低減することにより，疲労耐久性を向上することができる．

2) 溶接継手の疲労強度を向上させる方法

溶接継手自体の疲労強度を向上させる方法としては，溶接止端の形状をグラインダーやTIG処理で改善することにより応力集中を低減する方法がある．また，ピーニング処理により止端形状を改善するとともに，止端部に圧縮残留応力を導入することで，き裂発生・進展の要因となる変動応力の引張成分を低減する方法がある．これらの方法により，溶接継手の止端部の疲労強度を改善し，疲労耐久性を向上することができる．なお，溶接ルート部からき裂が発生・進展する場合には，疲労強度の向上効果は期待できない．

3) 疲労損傷しやすい部位を除去する方法

1)や2)の補修・補強方法で対処困難な場合には，疲労損傷が発生する，あるいは発生が懸念される部分自身を取り除く方法もある．例えば，鋼床版の垂直スチフナとデッキプレートの溶接接合部に生じる疲労き裂の防止方法として，この溶接部を取り除くことが考えられている．ただし，き裂発生部を取り除くことにより他の部分が新たな疲労き裂発生箇所となることもあるため，このような処置を行う場合には十分に注意すべきである．

補修・補強後の構造やその隣接部の疲労照査を十分な精度で行うことができない場合には，点検頻度を高め，補修・補強した構造や，それに隣接する部材や継手部に新たな疲労き裂が生じていないかを随時確認する必要がある．ボルト添接により補修・補強した構造については，疲労破壊起点を明らかにした上で，疲労照査を行う必要がある．

参考文献

1) 公門和樹，森猛，成本朝雄，平山繁幸，阿部允：亀裂を有する極薄ステンレス鋼板を用いた疲労損傷度モニタリングセンサーの開発，土木学会論文集，No.738, pp.245-255, 2003.
2) 森猛，公門和樹，小高弘行，成本朝雄，阿部允：疲労損傷度モニタリングセンサーの高感度化，土木学会論文集，No.766, pp.357-362, 2004.
3) 﨑野良比呂，金裕哲，堀川浩甫：薄鋼板による疲労損傷パラメータ推定法の提案，構造工学論文集，Vol.51A, pp.1005-1013, 2005.
4) 仁瓶寛太：経年した溶接構造物の疲労センサによる寿命診断，溶接技術，2009.
5) 国土交通省国道・防災課：橋梁定期点検要領（案），2004.
6) 鉄道総合技術研究所：鉄道構造物等維持管理標準・同解説（構造物編）鋼・合成構造物，丸善，2007.
7) 厚生労働省：クレーン等安全規則，2001.
8) 例えば，日本クレーン協会：天井クレーンの定期自主検査指針・同解説，2006.
9) 日本クレーン協会：経年クレーンの特別査定指針，JCAS 1102-2007, 2007.
10) 国土交通省鉄道局監修：解説鉄道に関する技術基準（土木編），日本鉄道施設協会，p.653, 2002.
11) 例えば，森猛，内田大介：ボルト締めストップホール法で補修した面外ガセット溶接継手の疲労強度，鋼構造論文集，Vol.8, No.29, pp.15-26, 2001.

【付録Ⅰ】 応力範囲計数法のプログラム

レインフロー法

応力の時系列データが入っているシーケンシャルファイルを読み込み，レインフロー法によって波数を計数し，ヒストグラムデータを出力するプログラムである．Fortran90で記述しており，"!"（感嘆符）以降の文字はコメントである．

ユーザーは次の4つの変数を設定し，プログラムを実行すればよい．

  SMax：想定される応力範囲の最大値
  SDiv：1本の柱の幅（応力範囲の刻み幅）
  FIN：入力ファイル名
  FOUT：出力ファイル名

SMaxとSDivの意味は図に示すとおりである．柱の幅（SDiv）は一定値しか取り扱えない．例えば，想定される応力範囲の最大値が210 N/mm^2 で，それを10 N/mm^2 に区切ったヒストグラムデータを得たいなら，次のようにする．

  SMax = 210.0
  SDiv = 10.0

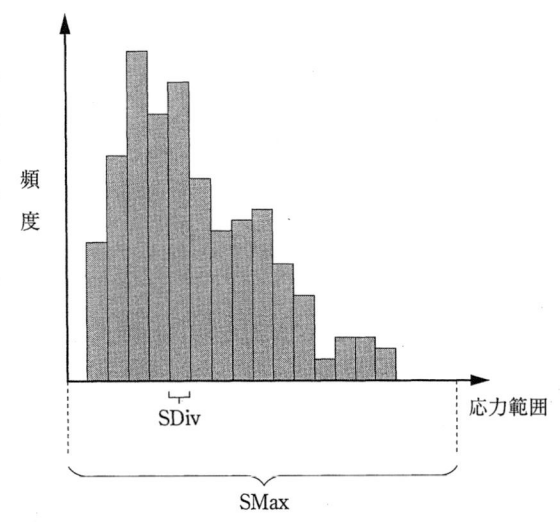

図付Ⅰ.1 変数の説明

この場合，210/10 = 21本の柱状図データが得られる．もし計数の過程で最大値として指定したSMaxよりも大きな応力範囲が観測されたときには，出力ファイルに注意書きが示される．

レインフロー法は，取得したデータを逐次処理し，不要なデータをそのつど消去できることに利点がある．本プログラムは，すべての応力時系列データを一度ファイルに保存し，それを再度読み込んで処理を行う仕様になっており，この利点が活かせるものになっていない．これは，データ取得コマンドが使用機器に応じて異なり，一概にプログラムを示すことが不可能なためである．しかし，逐次処理を行うプログラムに改変するためには，入力機器との接続・切断に関するコマンドと，データを読み込むためのコマンドを使用機器に応じて変えるのみでよい．

```
!レインフロー法による計数プログラム
!
!   FIN    : 入力ファイル名
!   FOUT   : 出力ファイル名
!   SMax   : ヒストグラムの最大値（整数型）
!   SDiv   : 1本の柱の幅（整数型）
!   上記4変数を適宜セットして実行．
!
      program Rainflow
      implicit none
      character*255        :: FIN, FOUT       ! 入力ファイル名，出力ファイル名
      real                 :: SMax            ! 想定される応力範囲の最大値
      real                 :: SDiv            ! 一本の柱の幅

      integer              :: NS              ! 柱の数
      real                 :: S
      real                 :: S1, S2, S3      ! 連続する3つのデータ
      integer              :: IP              ! 検出された極値の数
      integer              :: PMax            ! 極値の数の上限
      real, allocatable    :: Peak(:)         ! 検出された極値の値
      integer(2), allocatable :: NSr(:)       ! 応力頻度
      integer(4)           :: NTot            ! 総繰返し数
      real                 :: SEq             ! 等価応力範囲（3乗平均値）
      integer              :: I, J, ID        ! 作業用変数
      real                 :: Sr              ! 作業用変数
      logical              :: RainDrop
      logical              :: Over            ! SMaxを超えれば．True．

! ユーザー設定変数
      SMax = 210.0              ! 想定される応力範囲の最大値（整数型）
      SDiv = 10.0               ! 一本の柱の幅（整数型）
      FIN = 'test.dat'          ! 入力ファイル名
      FOUT = 'result.dat'       ! 出力ファイル名

!配列の割り当てと初期化
      NS = Int(SMax/SDiv)
      allocate(NSr(NS))
      NSr(:) = 0
      PMax = 500
      allocate(Peak(PMax))
      Peak(:) = 0.0
      IP = 0
      ID = 0
      Over = .False.

!データ入力機器の接続
      Open(5,file=FIN)

!一つずつデータを読み込み，ファイル末まで連続処理．
      Do
          read(5,*,end=100) S           ! 一つデータを取り込む

          IF(ID.eq.0) Then               ! 先頭のデータの処理
              S1 = S
              IP = 1
              Peak(IP) = S
              ID = 1
          ElseIf(ID.eq.1) Then           ! 2番目のデータの処理
              S2 = S
              ID = 2
          Else                           ! 3番目以降のデータの処理（レインフロー法）
              S3 = S
              If((S2.gt.S1.And.S2.gt.S3).Or. &
                 (S2.lt.S1.And.S2.lt.S3)) Then
                  IP = IP + 1                                          ! もしS2が極値だったら
                  If(IP.eq.PMax) Stop 'PMaxが小さすぎます'              ! IPを一つ増やし，
                  Peak(IP) = S2                                        ! 配列のチェックをして，
                  Do While (RainDrop(IP, Peak, PMax, Sr))              ! Peak()に登録
                      Call HCount(Sr, SDiv, NSr, NS, Over)             ! Rainflow法の条件を満たしたら
                      Peak(IP - 2) = Peak(IP); IP = IP - 2             ! カウント
                  End do                                               ! 計数した極値の部分を削除
              End If                                                   ! 前に遡ってチェック
              S1 = S2;   S2 = S3                                       ! データを一つずつ前送り
          End If
      End Do

! データ入力機器の切断
```

付録I　応力範囲計数法のプログラム

```
100     endfile(5)
        Close(5)
! 最後のデータは強制的に極値として登録し，レインフロー法をかける．
        IP = IP + 1
        Peak(IP) = S
        If(RainDrop(IP, Peak, PMax, Sr)) Call HCount(Sr, SDiv, NSr, NS, Over)
! 残った波形を大きい順に並び替え
        Do
            J = 0
            Do I = 1, IP - 1
                If(Peak(I).lt.Peak(I + 1)) Then
                    Sr = Peak(I)
                    Peak(I) = Peak(I + 1)
                    Peak(I + 1) = Sr
                    J = 1
                End If
            End Do
            IF(J.eq.0) Exit
        End Do
! 絶対値の大きいものどうしを組み合わせ，計数
        Do I = 1, Int(IP / 2)
            Sr = Peak(I) - Peak(IP + 1 - I)
            If(Sr.gt.0.0) Call HCount(Sr, SDiv, NSr, NS, Over)
        End Do
! 等価応力の計算
        NTot = 0; SEq = 0.0
        Do I = 1, NS
            Sr = I * SDiv - SDiv / 2
            NTot = NTot + NSr(I)
            SEq = SEq + Sr ** 3 * NSr(I)
        End Do
        SEq = (SEq / NTot) ** (1.0/3.0)
! 出力
        Open(6,File=FOUT)
        write(6,201)
        Do I = 1, NS
            S1 = (I-1)*SDiv
            S2 = I*SDiv
            If(Over.And.(I.eq.NS)) Then
                write(6,208) I, S1, NSr(I)
            Else
                write(6,202) I, S1, S2, NSr(I)
            Endif
        End Do
        if(Over) write(6,209)
        write(6,203) NTot
        write(6,204) SEq
201     Format(13x,'応力(Min)',9x,'応力(Max)',10x,'繰返し数')
202     Format(i5,5x,e15.5,' - ',e15.5,i15)
208     Format(i5,5x,e15.5,' - ',15x    ,i15)
203     Format(' 総繰返し数    ',i15)
204     Format(' 等価応力範囲',e15.5)
209     Format(' SMaxを超える値が検出されました． &
        SMaxを大きくして再計算することをお勧めします．')
        Close(6)

end program

Logical Function RainDrop(IP, P, n, Rng)
!計数条件を満たせばその応力範囲の値をRngにセットし，TRUEを返す．
implicit none
integer     :: IP
integer     :: n
real        :: P(n)
real        :: Rng
    RainDrop = .False.
    If(IP.lt.4) Then
        Rng = 0.0
        Return
    End If
    If(P(IP - 3).le.P(IP - 2).And.P(IP - 2).ge.P(IP - 1).And. &
        P(IP - 1).le.P(IP).And. &
        P(IP - 3).le.P(IP - 1).And.P(IP - 2).le.P(IP)) Then
```

```
            Rng = P(IP - 2) - P(IP - 1)
            If(Rng.gt.0.0) RainDrop = .True.
        End If
        If(P(IP - 3).ge.P(IP - 2).And.P(IP - 2).le.P(IP - 1).And. &
           P(IP - 1).ge.P(IP).And. &
           P(IP - 3).ge.P(IP - 1).And.P(IP - 2).ge.P(IP)) Then
            Rng = P(IP - 1) - P(IP - 2)
            If(Rng.gt.0.0) RainDrop = .True.
        End If
End Function

Subroutine HCount(Sr, SDiv, NSr, NS, Over)
!ヒストグラムへ登録.
implicit none
real       :: Sr, SDiv
integer    :: NS
Integer(2) :: NSr(NS)
integer    :: n
logical    :: Over
    n = Int(Sr / SDiv) + 1   ! 配列内の位置決め
    If(n.gt.NS) Then         ! もし応力範囲が最大値を超えていれば
        Over = .True.        ! Overを.True.にセット
        n = NS
    End If
    NSr(n) = NSr(n) + 1      ! カウント
End Subroutine
```

入力ファイルの例

```
43.16498
7.019044
16.69891
-44.19188
-41.59092
57.69542
-102.0563
54.75195
66.04291
43.89796
-95.47592
-18.05313
76.15006
61.0008
-26.5574
97.01016
```

出力ファイルの例

Result.dat

	応力(Min)		応力(Max)	繰返し数
1	0.00000E+00	-	0.10000E+02	91
2	0.10000E+02	-	0.20000E+02	95
3	0.20000E+02	-	0.30000E+02	89
4	0.30000E+02	-	0.40000E+02	75
5	0.40000E+02	-	0.50000E+02	84
6	0.50000E+02	-	0.60000E+02	88
7	0.60000E+02	-	0.70000E+02	86
8	0.70000E+02	-	0.80000E+02	66
9	0.80000E+02	-	0.90000E+02	67
10	0.90000E+02	-	0.10000E+03	66
11	0.10000E+03	-	0.11000E+03	81
12	0.11000E+03	-	0.12000E+03	80
13	0.12000E+03	-	0.13000E+03	63
14	0.13000E+03	-	0.14000E+03	79
15	0.14000E+03	-	0.15000E+03	77
16	0.15000E+03	-	0.16000E+03	85
17	0.16000E+03	-	0.17000E+03	88
18	0.17000E+03	-	0.18000E+03	80
19	0.18000E+03	-	0.19000E+03	75
20	0.19000E+03	-	0.20000E+03	81
21	0.20000E+03	-	0.21000E+03	77

総繰返し数　　　　　1679
等価応力範囲　0.13167E+03

【付録Ⅱ】 代表的なき裂に対する応力拡大係数の表示式

表付Ⅱ.1 応力拡大係数の補正係数

き裂形状と応力状態	応力拡大係数の計算式
1．貫通き裂 (1) 片側き裂 [1),2)]	$K = \{\sigma_t F_{t1}(\xi) + \sigma_b F_{b1}(\xi)\}\sqrt{\pi c}$ $F_{t1}(\xi) = 0.256(1-\xi)^4 + (0.857 + 0.265\xi)/(1-\xi)^{3/2}$ $F_{b1}(\xi) = \sqrt{\dfrac{2}{\pi\xi}\tan\dfrac{\pi\xi}{2}} \cdot \dfrac{0.923 + 0.199\{1 - \sin(\pi\xi/2)\}^4}{\cos(\pi\xi/2)}$ $\xi = c/W$ 誤差：$F_{t1}(\xi)$　$\xi < 0.2$ で1%以下，$\xi \geq 0.2$ で0.5%以下 　　　$F_{b1}(\xi)$　$0 \leq \xi < 1$ で0.5%以下
(2) 中央き裂 [1),2)]	$K = \sigma_t \sqrt{\pi c} \cdot F_{t2}(\xi)$ $F_{t2}(\xi) = (1 - 0.025\xi^2 + 0.06\xi^4)\sqrt{\sec(\pi\xi/2)}$ $\xi = 2c/W$ 誤差：0.2%以下
(3) 偏心き裂 [1),3)]	左図のA,B各点について次式より計算． A点 $K = \sigma_t\sqrt{\pi c} \cdot F_{t2}(\xi) \cdot F_{t3}(\lambda, \xi)$ $F_{t3}(\lambda, \xi) = \sqrt{\sin(2\lambda\xi)/2\lambda\xi}$ $\lambda = 2e/W,\ \xi = c/h$ 誤差：$0.1 \leq \xi < 0.9$，$0 \leq \lambda < 0.04$ および $0.1 \leq \xi < 0.7$，$0 \leq \xi < 1$ で3%以下 B点 $K = \begin{cases} \sigma_t\sqrt{\pi c} \cdot F_{t2}(\xi) & (\lambda \leq 0.1) \\ 1/2\,\sigma_t\sqrt{\pi c} \cdot \{1 + F_{t3}(\lambda, \xi)\}F_{t2}(\xi) & (\lambda > 0.1) \end{cases}$

2. 半楕円表面き裂 [1),4)]

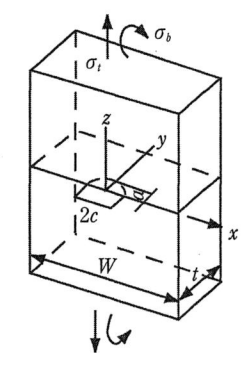

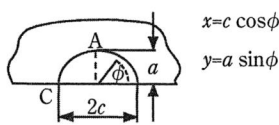

$K = (\sigma_t F_t + \sigma_b F_b)\sqrt{\pi a}$

$F_t = F_0/\Phi, \quad F_b = H \cdot F_0/\Phi$

$F_0 = \left\{ M_1 + M_2 \left(\dfrac{a}{t}\right)^2 + M_3 \left(\dfrac{a}{t}\right)^4 \right\} g \cdot f_\phi \cdot f_W$

$H = H_1 + (H_2 - H_1)\sin^p \phi$

$f_W = \left[\sec\left\{ \dfrac{\pi c}{W}\left(\dfrac{a}{t}\right)^{1/2} \right\} \right]^{1/2}$

$x = c \cos\phi$
$y = a \sin\phi$

ϕ の定義

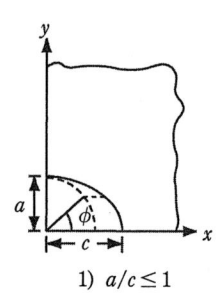

1) $a/c \leq 1$

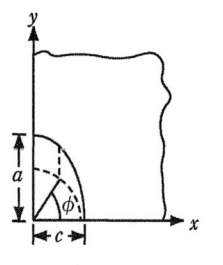

2) $a/c > 1$

1) $0 < a/c \leq 1, \ 0 < a/t \leq 1, \ 2c/W < 0.5, \ 0 \leq \phi < \pi$ の場合

$f_\phi = \left\{ \sin^2\phi + \left(\dfrac{a}{c}\right)^2 \cos^2\phi \right\}^{1/4}$

$M_1 = 1.13 - 0.09\left(\dfrac{a}{c}\right), \quad M_2 = -0.54 + 0.89/(0.2 + a/c)$

$M_3 = 0.5 - 1.0/(0.65 + a/c) + 14(1.0 - a/c)^{24}$

$g = 1 + \left\{ 0.1 + 0.35\left(\dfrac{a}{t}\right)^2 \right\}(1 - \sin\phi)^2$

$p = 0.2 + a/c + 0.6(a/t)$

$H_1 = 1 - 0.34\dfrac{a}{t} - 0.11\dfrac{a}{c}\left(\dfrac{a}{t}\right), \quad H_2 = 1 + G_1\dfrac{a}{t} + G_2\left(\dfrac{a}{t}\right)^2$

$G_1 = -1.22 - 0.12\dfrac{a}{c}, \quad G_2 = 0.55 - 1.05\left(\dfrac{a}{c}\right)^{0.75} + 0.47\left(\dfrac{a}{c}\right)^{1.5}$

$\Phi = \left\{ 1 + 1.464\left(\dfrac{a}{c}\right)^{1.65} \right\}^{1/2}$

2) $1 < a/c \leq 2, \ 0 < a/t \leq 1, \ 2c/W < 0.5, \ 0 \leq \phi < \pi$ の場合

$f_\phi = \left\{ \left(\dfrac{c}{a}\right)^2 \sin^2\phi + \cos^2\phi \right\}^{1/4}$

$M_1 = \left(\dfrac{c}{a}\right)^{1/2}\left(1 + 0.04\dfrac{c}{a}\right), \quad M_2 = 0.2\left(\dfrac{c}{a}\right)^4$

$M_3 = -0.11\left(\dfrac{c}{a}\right)^4$

$g = 1 + \left\{ 0.1 + 0.35\left(\dfrac{c}{a}\right)\left(\dfrac{a}{t}\right)^2 \right\}(1 - \sin\phi)^2$

$p = 0.2 + c/a + 0.6(a/t)$

$H_1 = 1 + G_{11}\left(\dfrac{a}{t}\right) + G_{12}\left(\dfrac{a}{t}\right)^2, \quad H_2 = 1 + G_{21}\left(\dfrac{a}{t}\right) + G_{22}\left(\dfrac{a}{t}\right)^2$

付録Ⅱ　代表的なき裂に対する応力拡大係数の表示式

	$G_{11} = -0.04 - 0.41\left(\dfrac{c}{a}\right)$,　$G_{12} = 0.55 - 1.93\left(\dfrac{c}{a}\right)^{0.75} + 1.38\left(\dfrac{c}{a}\right)^{1.5}$ $G_{21} = -2.11 + 0.77\left(\dfrac{c}{a}\right)$,　$G_{22} = 0.55 - 0.72\left(\dfrac{c}{a}\right)^{0.75} + 0.14\left(\dfrac{c}{a}\right)^{1.5}$ $\varPhi = \left\{1 + 1.464\left(\dfrac{c}{a}\right)^{1.65}\right\}^{1/2}$
3．埋没楕円き裂 [1),4),5)] 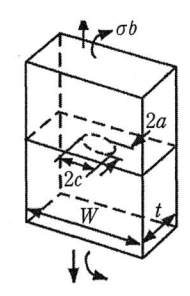 1) 板厚中心に存在する埋没裂（引張応力）[4)] 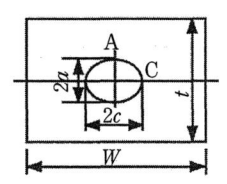 2) 偏心する埋没き裂 [1),5)] 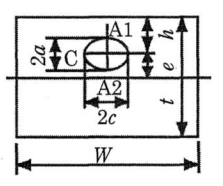	1)　板厚中心に存在する埋没楕円き裂（引張応力） $K = \sigma_t \cdot F_t \sqrt{\pi a}$ $F_t = F_0 / \varPhi$ $F_0 = \left\{M_1 + M_2\left(\dfrac{a}{t}\right)^2 + M_3\left(\dfrac{a}{t}\right)^4\right\} g \cdot f_\phi \cdot f_W$ $f_W = \left[\sec\left\{\dfrac{\pi c}{W}\left(\dfrac{a}{t}\right)^{1/2}\right\}\right]^{1/2}$ i)　$0 < a/c \leq 1$,　$0 < a/t \leq 1$,　$2c/W < 0.5$ $M_1 = 1$,　$M_2 = \dfrac{0.05}{0.11(a/c)^{3/2}}$,　$M_3 = \dfrac{0.29}{0.23(a/c)^{3/2}}$ $\varPhi = \left[1 + 1.464\left(\dfrac{a}{c}\right)^{1.65}\right]^{1/2}$ 評価点 A における応力拡大係数 $K = K_A$ $g = 1$,　$f_\phi = 1$ 評価点 C における応力拡大係数 $K = K_C$ $g = 1 - \dfrac{(a/t)^4 (2.6 - 2 \cdot a/t)^{1/2}}{1 + 4 \cdot (a/c)}$,　$f_\phi = \sqrt{\dfrac{a}{c}}$ ii)　$1 < a/c \leq 2$,　$0 < a/t \leq 1$,　$2c/W < 0.5$ $M_1 = \sqrt{\dfrac{c}{a}}$,　$M_2 = \dfrac{0.05}{0.11(a/c)^{3/2}}$,　$M_3 = \dfrac{0.29}{0.23(a/c)^{3/2}}$ $\varPhi = \left[1 + 1.464\left(\dfrac{c}{a}\right)^{1.65}\right]^{1/2}$ 評価点 A における応力拡大係数 $K = K_A$ $g = 1$,　$f_\phi = \sqrt{\dfrac{c}{a}}$ 評価点 C における応力拡大係数 $K = K_C$ $g = 1 - \dfrac{(a/t)^4 (2.6 - 2 \cdot a/t)^{1/2}}{1 + 4 \cdot (a/c)}$,　$f_\phi = 1$ 2)　偏心する埋没楕円き裂 　文献1),5)などを参照のこと．

4. 完全溶込み溶接継手の止端部表面き裂 [1),6)]

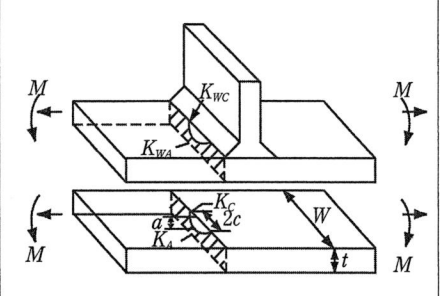

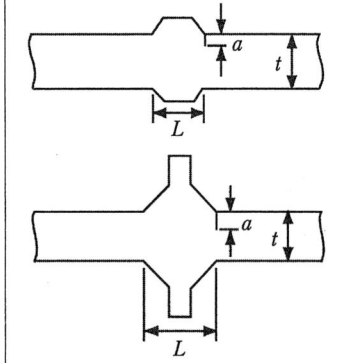

$$\sigma_t = \frac{P}{Wt}$$

$$\sigma_b = \frac{6M}{Wt^2}$$

$$K_{WC} = M_{kC} \cdot K_C$$
$$K_{WA} = M_{kA} \cdot K_A$$
$$M_{kC} = M_{kA} \cdot M_{k(C-A)}$$
$$M_{kA} = \alpha (a/t)^{\beta} \quad (M_{kA} \geq 1)$$
$$M_{k(C-A)} = 1.15\exp(-9.74 a/t)$$

K_{WC}：溶接止端部き裂表面 K 値
K_{WA}：溶接止端部き裂最深部 K 値
K_C：平滑材き裂表面 K 値
K_A：平滑材き裂最深部 K 値
　　　　（K_C, K_A は表面き裂の K 値解より算出）
a：き裂深さ，t：板厚
α, β：定数（下表参照）

負荷様式	$\left[\dfrac{L}{t}\right]$	$\dfrac{a}{t}$	α	β
引張	≤ 2	$\leq 0.05\left[\dfrac{L}{t}\right]^{0.55}$	$0.51\left[\dfrac{L}{t}\right]^{0.27}$	-0.31
		$> 0.05\left[\dfrac{L}{t}\right]^{0.55}$	0.83	$-0.15\left[\dfrac{L}{t}\right]^{0.46}$
	>2	≤ 0.073	0.615	-0.31
		>0.073	0.83	-0.20
曲げ	≤ 1	$\leq 0.03\left[\dfrac{L}{t}\right]^{0.55}$	$0.45\left[\dfrac{L}{t}\right]^{0.21}$	-0.31
		$>0.03\left[\dfrac{L}{t}\right]^{0.55}$	0.68	$-0.19\left[\dfrac{L}{t}\right]^{0.21}$
	>1	≤ 0.03	0.45	-0.31
		>0.03	0.68	-0.19

5. 荷重伝達型十字溶接継手の止端部表面き裂 [1),7)]

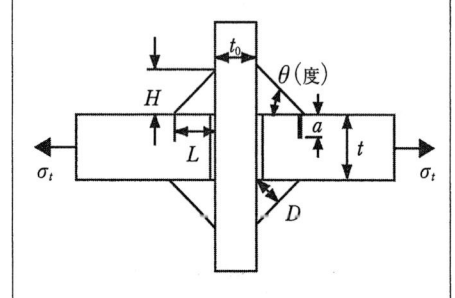

適用範囲		
変数	最小	最大
θ	$15°$	$60°$
D/t	0.175	0.8
t_0/t	0.5	10

$$K = M_k F_{t1}(\xi)\sigma_t \sqrt{\pi a} \quad (F_{t1}(\xi)\text{は片側貫通き裂の式を利用})$$

$$M_k = \alpha\left(\frac{a}{t}\right)^{\beta} \quad M_k > 1$$

1) $0.2 < H/t < 0.5$ かつ $0.2 < L/t < 0.5$ かつ $a/t < 0.07$ の場合

$$\alpha = 2.0175 - 0.8056\left(\frac{H}{t}\right) - 1.2856\left(\frac{L}{t}\right)$$

$$\beta = -0.3586 - 0.4062\left(\frac{H}{t}\right) + 0.4654\left(\frac{L}{t}\right)$$

2) $0.2<H/t<0.5$ かつ $0.2<L/t<0.5$ かつ $a/t>0.07$ の場合

$$\alpha = 0.2916 - 0.0620\left(\frac{H}{t}\right) + 0.69421\left(\frac{L}{t}\right)$$

$$\beta = -1.1146 - 0.2132\left(\frac{H}{t}\right) + 1.4319\left(\frac{L}{t}\right)$$

3) $0.5<H/t<1.5$ かつ $0.5<L/t<1.5$ の場合

$$\alpha = 0.9055 - 0.4369\left(\frac{H}{t}\right) + 0.1753\left(\frac{H}{t}\right)^2 + 0.0665\left(\frac{L}{t}\right)^2$$

$$\beta = -0.2307 - 0.5470\left(\frac{H}{t}\right) + 0.2167\left(\frac{H}{t}\right)^2 + 0.2223\left(\frac{L}{t}\right)$$

6. 角回し溶接継手の止端部表面き裂 [1],[7]

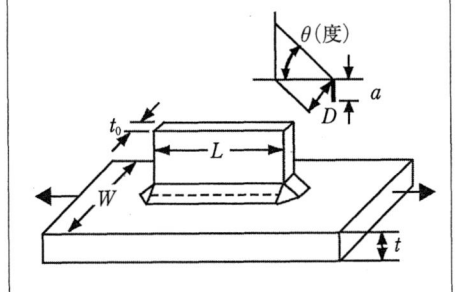

適用範囲

変数	最小	最大
L/t	5	40
W/t	2.5	40
$\theta/45°$	0.670	1.33
t_0/t	0.25	2

ただし, $D = 0.7 t_0$

$K = M_k F_{\mathrm{n}}(\xi)\sigma_t\sqrt{\pi a}$ ($F_{\mathrm{n}}(\xi)$ は片側貫通き裂の式を利用)

$M_k = \alpha\left(\dfrac{a}{t}\right)^{\beta},\quad M_k \geq 1$

$$\alpha = 0.9089 - 0.2357\left(\frac{t_0}{t}\right) + 0.0249\left(\frac{L}{t}\right) - 0.00038\left(\frac{L}{t}\right)^2$$
$$+ 0.0186\left(\frac{W}{t}\right) + 0.1414\left(\frac{\theta}{45°}\right)$$

$$\beta = -0.02285 + 0.0167\left(\frac{t_0}{t}\right) - 0.3863\left(\frac{\theta}{45°}\right) + 0.1230\left(\frac{\theta}{45°}\right)^2$$

参考文献

1) 日本溶接協会：WES 2805, 溶接継手のぜい性破壊発生及び疲労き裂進展に対する欠陥の評価方法, 2007.
2) Tada, H., Paris, P. and Irwin, G.：The Stress Analysis of Cracks Handbook, Del Research Corporation, 1973.
3) Ishida, M.：Journal of Applied Mechanics, Vol.33-3, pp.674–675, 1966.
4) Newman, J. C. and Raju, I. S.：NASA Technical Memorandum 86793, 1984.
5) Ishida, M. and Noguchi, H.：Engineering Fracture Mechanics, Vol.20, No.3, pp.387–408, 1984.
6) Maddox, S. J. and Andrews, R. M.：Proc. 1st International Conference on Computer-aided Assessment and Control of Localized Damage, Vol.2, pp.329–342, 1990.
7) Hobbacher, A.：Engineering Fracture Mechanics, Vol.46, No.2, pp.173–182, 1993, Corrigendum, Vol.49, No.2, p.323, 1994.

設計例

設計例 A　道路橋
　　設計例 A-1　3径間連続非合成 I 桁橋（多主桁形式）
　　設計例 A-2　3径間連続合成 2 主 I 桁橋（少数主桁形式）
　　設計例 A-3　3径間連続非合成 2 主箱桁橋

設計例 B　鉄道橋（下路トラス橋）

設計例 C　クレーン構造物
　　設計例 C-1　アンローダ・バックステイ
　　設計例 C-2　天井クレーン走行桁
　　設計例 C-3　クラブトロリー式天井クレーンガーダー

設計例 D　船舶（ばら積み貨物船）

設計例 E　海洋構造物（大型浮体空港）

設計例 F　圧力容器（疲労き裂進展評価）

設計例 G　鉄道車両の台車枠

設計例 H　補修・補強（道路橋）

設計例 A　道路橋

1. はじめに

(1) 照査対象
疲労照査の対象は，比較的大型車交通量の多い2車線の道路橋とした．構造形式は，多主I桁橋（A-1），少数主桁橋（A-2），箱桁橋（A-3）の3種類である．

(2) 照査要領
実際の疲労照査はすべての断面について行う必要があるが，いくつかの代表的な断面のみを例にとった．照査方法は公称応力を用いた疲労照査とし，一定振幅応力に対する応力範囲の打切り限界に対する簡便な疲労照査を行い，照査式を満足しなかった場合について，累積疲労損傷比を用いた疲労照査を行う．

(3) 照査範囲
本例では，疲労損傷により構造的な問題が大きくなる主桁に着目し，そこに含まれるいくつかの継手を対象として疲労照査を行う．

2. 設計荷重

鋼道路橋の疲労設計指針[1]では，代表荷重としてT荷重（図A.1）を用いることとしている．そして，疲労設計にT荷重を用いるにあたり，実測された最大重量の大きさや1軸と多軸の交通車両の差異，複数の車両が同時に載荷されることによる応力の増分を考慮するための係数として，活荷重補正係数 γ_T が示されている．道路橋の設計例としてとりあげる3橋は，支間長の等しい3径間連続梁であるため，活荷重補正係数 γ_T の値は同一であり，以下のように算出される．

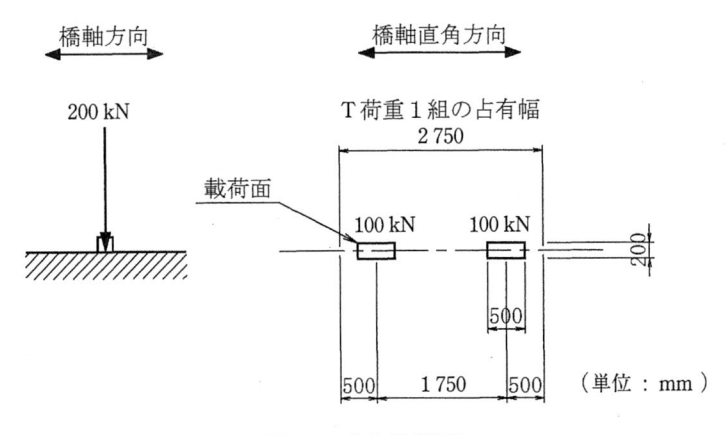

図A.1　代表荷重単位

設計例

〈活荷重補正係数 γ_T〉

$$\gamma_T = \gamma_{T1} \times \gamma_{T2}$$

γ_{T1}：T荷重補正係数

$$\gamma_{T1} = \log(L_{B1}) + 1.5 \quad (2.0 \leq \gamma_{T1} \leq 3.0)$$

L_{B1}：着目する部材位置に対する影響線の基線長（影響線波形の縦距が0から0の区間の長さ）のうち縦距が最大のもの（m）

設計対象橋梁では，

 A1～P1 間，P2～A2 間：L_{B1} = 40 m，$\log(L_{B1}) + 1.5 = 3.10$ となり，$\gamma_{T1} = 3.0$

 P1～P2 間   ：L_{B1} = 50 m，$\log(L_{B1}) + 1.5 = 3.20$ となり，$\gamma_{T1} = 3.0$

 γ_{T2}：同時載荷係数

影響線が正負交番する3径間連続梁のため，同時載荷係数 $\gamma_{T2} = 1.0$

以上より，設計対象橋梁では径間によらず，活荷重補正係数 $\gamma_T = \gamma_{T1} \times \gamma_{T2} = 3.0 \times 1.0 = 3.0$

ここで，活荷重補正係数を算出する際のT荷重補正係数は，設計で考慮する期間にその橋に載荷される可能性のある最重量級の影響も含まれた係数であることを考えると，T荷重にT荷重補正係数を乗じた荷重は，本指針の定める最大荷重単位に該当する．

なお，鋼道路橋の疲労設計指針では，T荷重に活荷重補正係数を乗じた値，すなわち最大荷重単位による一定振幅応力に対する応力範囲の打切り限界を用いた疲労照査（簡便な疲労照査）を満足しなかった場合に，累積損傷を考慮した疲労照査を実施することとしている．累積損傷を用いた疲労照査を行う際の荷重は最大単位荷重であるが，大型車交通量に対し，この荷重が通過する頻度を考慮するための頻度補正係数 γ_n が乗じられる．頻度補正係数の標準値は 0.03 とされており，疲労設計曲線の傾きを表す係数 $m = 3$ として等価荷重を算出すれば，最大荷重単位をT荷重補正係数で除した値とほぼ同じになる．

3. 断面力の算出法

鋼道路橋の設計における断面力の算出には，鉛直方向の変位と部材軸方向の回転のみを考慮した変位法（変形法）[2]，すなわち2自由度系の平面問題とした骨組構造解析が適用されていたが，昨今では6自由度系の骨組構造解析も実施されることが多い．

骨組構造解析では，主桁と横桁のみで格子を組み，床版についてはその荷重分配効果を期待せず，モデル化しない．なお，床版の剛性を期待する合成桁については，床版の有効幅[3]を考慮した剛性を主桁の剛性へ付加することにより考慮している．ここに示す設計例を作成するにあたっては，MSC NASTRAN2008 の3次元ビーム要素を用いて格子を組み，断面力を算出した．

■設計例 A-1 3径間連続非合成 I 桁橋（多主桁形式）

1. 設計条件

構造形式：3径間連続非合成4主 I 桁橋（多主桁）
設計荷重：B活荷重
構造概要：支間長 40.0 m ＋ 50.0 m ＋ 40.0 m（直橋）
設計寿命：100 年
計画交通量：1方向1車線当たりの日大型車設計交通量：3 000 台
構造計算適用示方書：
・道路橋示方書・同解説（日本道路協会，平 14.3）
・鋼道路橋設計便覧（日本道路協会，昭 55.8）

2. 一 般 図

設計対象とする4主 I 桁橋の形状・寸法を図 A-1.1 に示す．

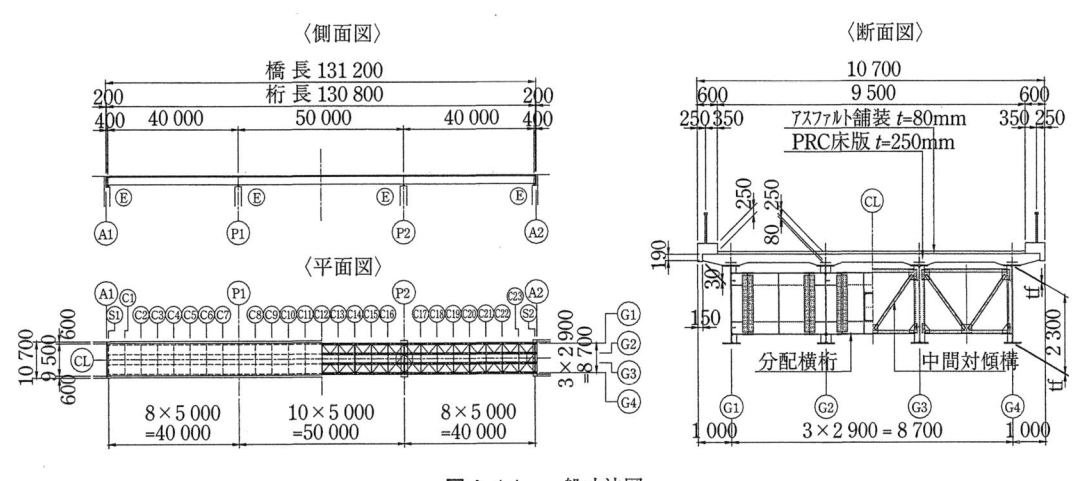

図 A-1.1 一般寸法図

3. 荷　　重

荷重単位としては，代表荷重単位と最大荷重単位を用いる．

(1) 代表荷重単位

代表荷重単位は図 A.1 に示した，道路橋示方書に規定される自動車荷重（T荷重）とする．T荷重は車線中央を走行するものとし，走行回数は日大型車交通量とする．車両の同時載荷の影響や動的影響は，以下に示すように，鋼道路橋の疲労設計指針[1]に示された同時載荷係数 γ_{T2} と衝撃係数

i_f により考慮する.

a. 同時載荷係数 γ_{T2}

影響線が正負交番する 3 径間連続梁のため,同時載荷係数 $\gamma_{T2}=1.0$ である.

b. 衝撃係数 i_f

道路橋示方書の定める衝撃係数の値の 1/2 を考慮する.

$$i_f = \frac{10}{50+L}$$

L:衝撃係数を求めるときの支間長(m)

本橋梁では,

　A1～P1 間,P2～A2 間:$L=40$ m,$i_f=0.11$

　P1～P2 間　　　　　　:$L=50$ m,$i_f=0.10$

(2) 最大荷重単位

前述のように,代表荷重単位に鋼道路橋の疲労設計指針に規定される T 荷重補正係数 γ_{T1}(本橋梁では =3.0)を乗じた値を最大荷重単位とする.

(3) 設計計算応力補正係数

設計計算応力補正係数は 0.8 とする.道路橋の設計において一般的に行われている,梁理論や格子解析で得られる設計応力は,実際の発生応力に対して安全側になっている場合が多いとされ,鋼道路橋の疲労設計指針では,構造解析係数を考慮することにより設計計算応力を補正している.この値は,一般的なコンクリート床版を有する鋼桁の疲労設計にあたって,骨組解析または格子解析により応力範囲を算出する場合には 0.8 を見込んでよいとされている.

設計例A　道路橋

4. 疲労照査の手順

疲労照査のフローチャートを図A-1.2に示す.

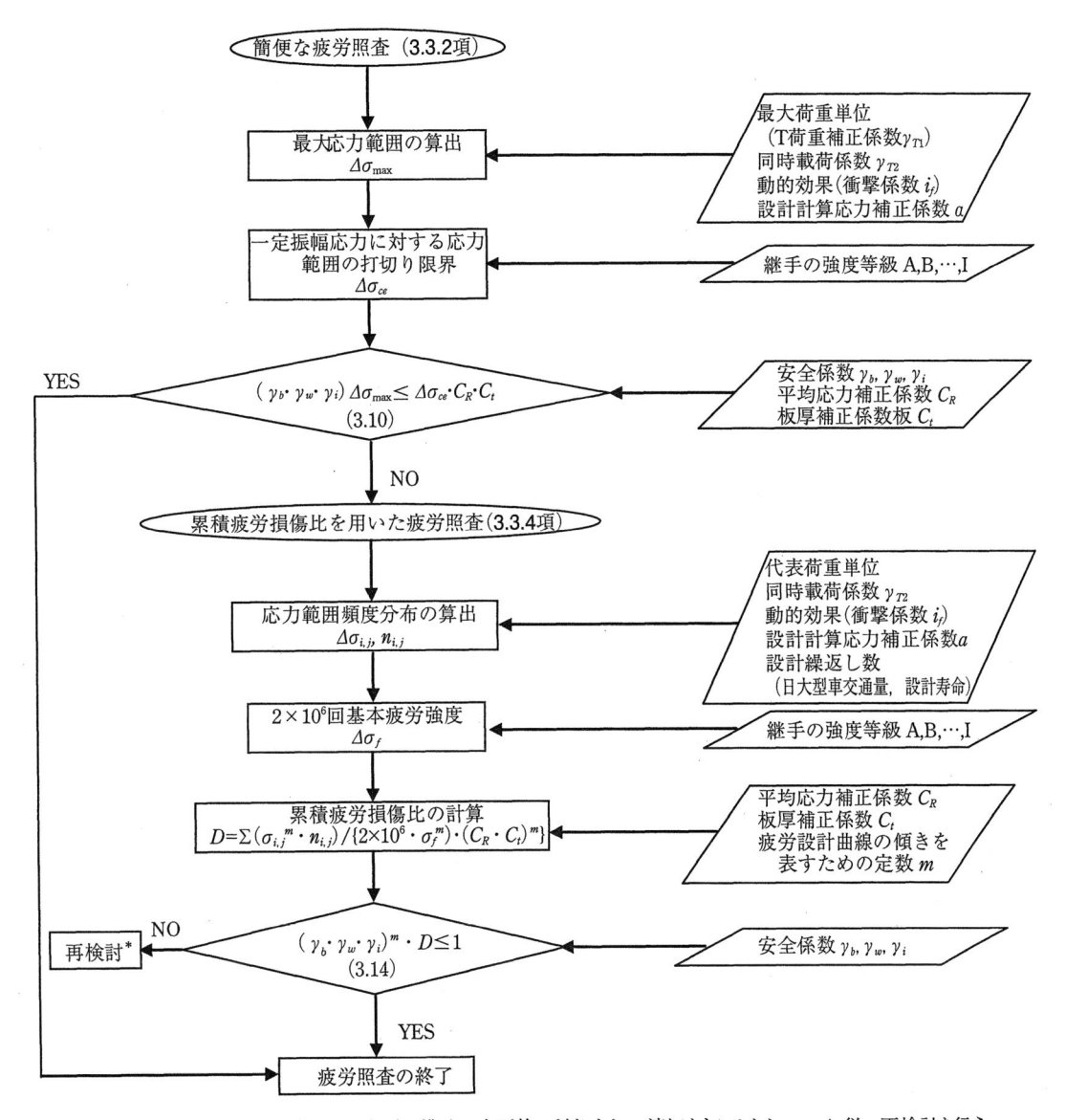

```
        ┌─────────────────────────┐
        │ 簡便な疲労照査 (3.3.2項) │
        └─────────────────────────┘
                    ↓
        ┌─────────────────────┐      ┌─────────────────────────┐
        │ 最大応力範囲の算出  │ ←─── │ 最大荷重単位            │
        │ $\Delta\sigma_{max}$│      │ (T荷重補正係数$\gamma_{T1}$) │
        └─────────────────────┘      │ 同時載荷係数 $\gamma_{T2}$ │
                    ↓                │ 動的効果(衝撃係数 $i_f$) │
                                     │ 設計計算応力補正係数 $a$ │
                                     └─────────────────────────┘
        ┌─────────────────────────┐
        │ 一定振幅応力に対する応力│      ┌──────────────────────┐
        │ 範囲の打切り限界        │ ←─── │ 継手の強度等級 A,B,…,I │
        │ $\Delta\sigma_{ce}$     │      └──────────────────────┘
        └─────────────────────────┘
                    ↓
YES    ╱─────────────────────────────╲    ┌────────────────────────┐
 ←────╱ $(\gamma_b\cdot\gamma_w\cdot\gamma_i)\Delta\sigma_{max}\leq\Delta\sigma_{ce}\cdot C_R\cdot C_t$ ╲ ←── │ 安全係数 $\gamma_b,\gamma_w,\gamma_i$ │
      ╲         (3.10)              ╱    │ 平均応力補正係数 $C_R$ │
       ╲───────────────────────────╱     │ 板厚補正係数板 $C_t$   │
                    ↓ NO                 └────────────────────────┘
        ┌─────────────────────────────────┐
        │ 累積疲労損傷比を用いた疲労照査(3.3.4項) │
        └─────────────────────────────────┘
                    ↓
        ┌─────────────────────┐      ┌──────────────────────────┐
        │ 応力範囲頻度分布の算出 │ ←─── │ 代表荷重単位             │
        │ $\Delta\sigma_{i,j}, n_{i,j}$ │      │ 同時載荷係数 $\gamma_{T2}$ │
        └─────────────────────┘      │ 動的効果(衝撃係数 $i_f$) │
                    ↓                │ 設計計算応力補正係数 $a$ │
                                     │ 設計繰返し数             │
                                     │ (日大型車交通量,設計寿命)│
                                     └──────────────────────────┘
        ┌─────────────────────┐      ┌──────────────────────┐
        │ $2\times 10^6$回基本疲労強度 │ ←─── │ 継手の強度等級 A,B,…,I │
        │ $\Delta\sigma_f$    │      └──────────────────────┘
        └─────────────────────┘
                    ↓
        ┌─────────────────────────────────────┐      ┌──────────────────────┐
        │ 累積疲労損傷比の計算                │      │ 平均応力補正係数 $C_R$ │
        │ $D=\Sigma(\sigma_{i,j}^m\cdot n_{i,j})/\{2\times 10^6\cdot\sigma_f^m)\cdot(C_R\cdot C_t)^m\}$ │ ←── │ 板厚補正係数 $C_t$   │
        └─────────────────────────────────────┘      │ 疲労設計曲線の傾きを │
                    ↓                                │ 表すための定数 $m$   │
                                                     └──────────────────────┘
  NO   ╱─────────────────────────╲    ┌────────────────────────┐
┌────┐ ╱ $(\gamma_b\cdot\gamma_w\cdot\gamma_i)^m\cdot D\leq 1$ ╲ ←── │ 安全係数 $\gamma_b,\gamma_w,\gamma_i$ │
│再検討*│╲      (3.14)               ╱    └────────────────────────┘
└────┘  ╲───────────────────────────╱
  │                 ↓ YES
  │       ┌─────────────────┐
  └──────→│ 疲労照査の終了  │
          └─────────────────┘
```

（注）　＊　継手の変更，継手位置の変更，構造の変更等の対処をし，適切なところからフローに従い再検討を行う．

図A-1.2　疲労照査のフローチャート

設計例

5. 疲労照査

5.1 疲労照査位置および疲労強度等級

多主I桁橋の主桁に用いられる代表的な継手とその疲労強度等級を，図 A-1.3 と表 A-1.1 に示す．

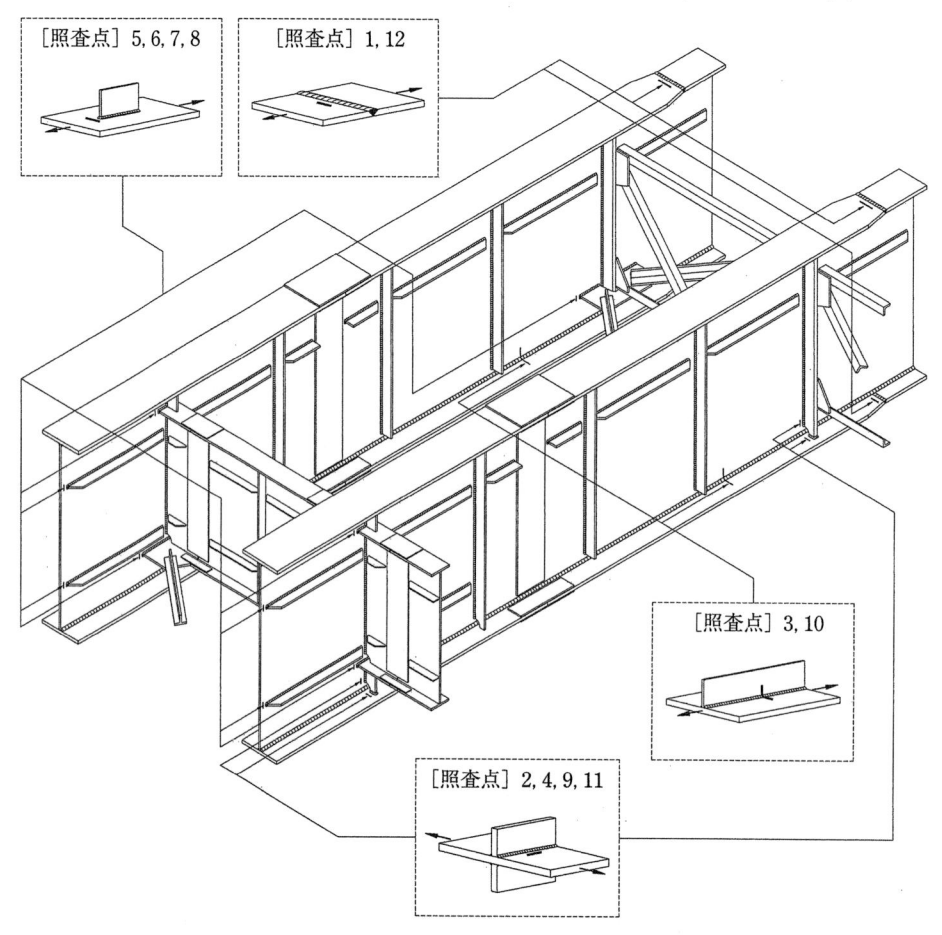

図 A-1.3 多主桁橋の主桁に用いられる継手

表 A-1.1 多主桁橋の主桁に用いられる継手に疲労強度

照査点	照査位置	強度等級	継手の種類
1	上フランジ突合せ溶接部	B,C,D	横突合せ溶接継手
2	上フランジと垂直補剛材	D,E	すみ肉溶接による荷重非伝達型十字溶接継手
3	上フランジと主桁ウェブ	D	縦方向溶接継手（すみ肉溶接継手）
4	主桁ウェブ（上端部）と垂直補剛材	D,E	すみ肉溶接による荷重非伝達型十字溶接継手
5	主桁ウェブと水平補剛材（上側）	E,F,G	面外ガセット溶接継手
6	主桁ウェブと横桁上フランジ	E,F,G	面外ガセット溶接継手
7	主桁ウェブと横桁下フランジ	E,F,G	面外ガセット溶接継手
8	主桁ウェブと水平補剛材（下側）	E,F,G	面外ガセット溶接継手
9	主桁ウェブ（下端部）と垂直補剛材	D,E	すみ肉溶接による荷重非伝達型十字溶接継手
10	下フランジと主桁ウェブ	D	縦方向溶接継手（すみ肉溶接継手）
11	下フランジと垂直補剛材	D,E	すみ肉溶接による荷重非伝達型十字溶接継手
12	下フランジ突合せ溶接部	B,C,D	横突合せ溶接継手

5.1.1 疲労照査位置

G2桁に着目することとし，照査位置は図 A-1.4 に示す①〜⑤とする．照査位置の継手の種類を表 A-1.2 に示す．

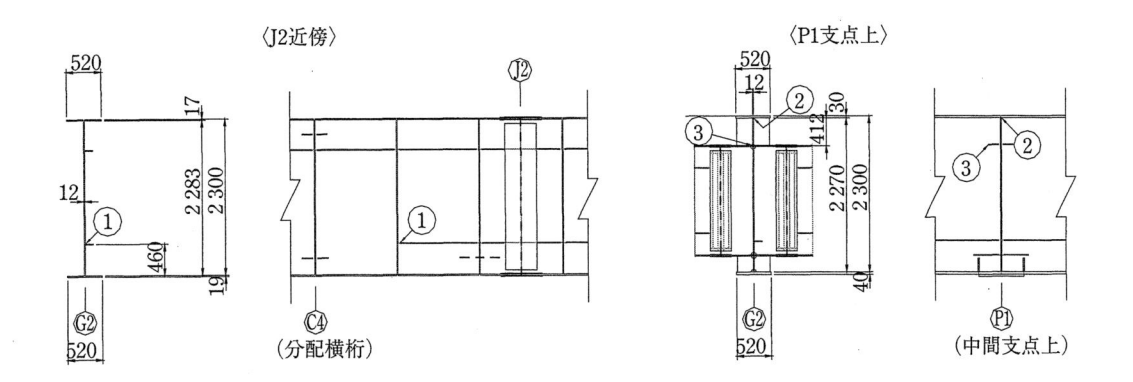

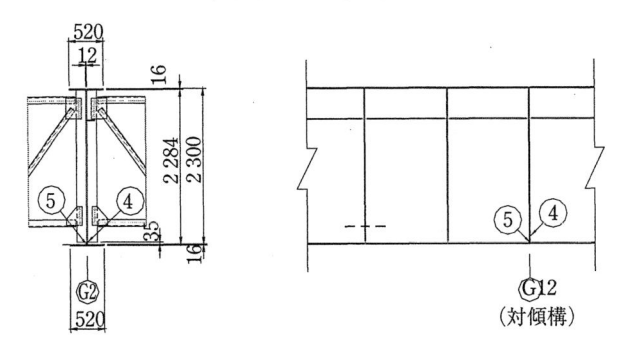

図 A-1.4　照査位置

表 A-1.2　照査位置の疲労強度等級と継手の種類

照査点	照査位置	疲労強度等級 (N/mm²)	継手の種類	指針
①	水平補剛材端	G(50)	ガセット溶接継手 – 面外ガセット – すみ肉溶接継手（$l>100$ mm）	表3.4(e)3.
②	垂直補剛材フランジ溶接部	E(80)	十字溶接継手 – 荷重非伝達型 – 非仕上げのすみ肉溶接継手	表3.4(d)3.
③	横桁連結ガセット端	G(50)	ガセット溶接継手 – 面外ガセット – すみ肉溶接継手（$l>100$ mm）	表3.4(e)3.
④	垂直補剛材下端	E(80)	十字溶接継手 – 荷重非伝達型 – 非仕上げのすみ肉溶接継手	表3.4(d)3.
⑤	フランジ首溶接部	D(100)	縦方向溶接継手 – すみ肉溶接継手	表3.4(c)3.

設計例

5.1.2 断面力および応力範囲の算定

(1) 断面力の算定要領

図 A-1.5 に示す幅員構成と断面方向の荷重位置を考慮し，図 A-1.6 に示す格子モデルで車線ごとに最大荷重単位を橋軸方向へ順次移動して着目部材の作用力を求める．

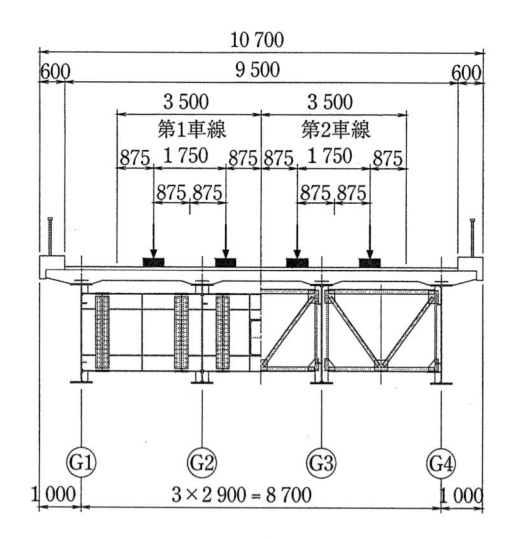

図 A-1.5 幅員構成と荷重位置

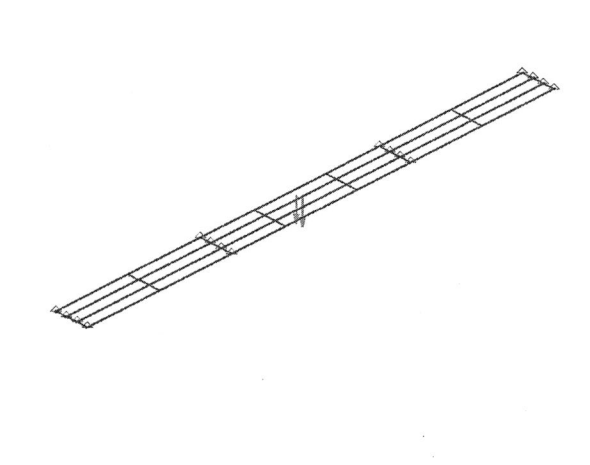

図 A-1.6 断面力算定モデル

(2) 応力範囲の算出

ウェブに接合された継手である照査点①,③,④は，直応力とせん断応力が同時に作用する継手として評価を行う．応力算出結果を表 A-1.3 に示す．応力値は着目する G2 桁に生じる作用力が大きくなる，第1車線に荷重を載荷したケースの結果である．せん断応力はウェブ内の分布を考慮して算出した．なお，ウェブ内の分布を考慮した場合と，平均せん断応力の差は3%未満であった．また，本橋梁は3径間連続桁のため，疲労設計荷重の通過により，図 A-1.7 に示すような2つの応力振幅が生じるが，ここでは最大の応力範囲に着目する．

表 A-1.3 断面力と応力の計算結果（第1車線載荷）

照査点				①	②	③	④	⑤
断面力 (M:N·mm, Q:N)	死荷重		曲げモーメント M_D	2.29×10^9	-6.36×10^9	-6.36×10^9	2.62×10^9	2.62×10^9
			せん断力 Q_D	-2.19×10^5	7.24×10^5	7.24×10^5	0.0	0.0
	活荷重 (補正，衝撃考慮)	設計応力最小時	曲げモーメント M_T	-5.15×10^8	-6.78×10^8	-6.78×10^8	-2.63×10^8	-2.63×10^8
			せん断力 Q_T	-3.33×10^5	-1.01×10^5	-1.01×10^5	-2.19×10^5	-2.19×10^5
		設計応力最大時	曲げモーメント M_T	1.71×10^9	1.25×10^8	1.25×10^8	2.49×10^9	2.49×10^9
			せん断力 Q_T	3.84×10^5	1.16×10^5	1.16×10^5	2.19×10^5	2.19×10^5
応力 (N/mm²)	死荷重＋活荷重	設計応力最小時	直応力 σ	32.0	145.5	91.9	73.2	75.6
			せん断応力 τ	-7.2	29.3	29.3	-0.7	-0.7
		設計応力最大時	直応力 σ	72.0	128.9	81.4	158.9	164.2
			せん断応力 τ	-11.7	26.8	26.8	0.0	0.0

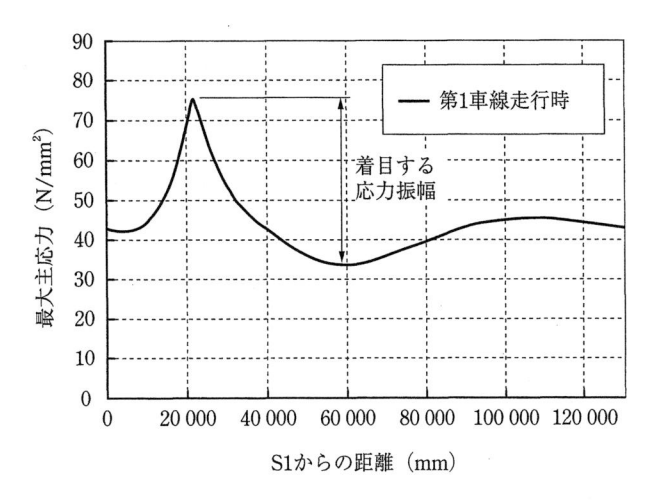

図 A-1.7　断面力算定モデル

5.1.3　疲労照査

(1)　簡便な疲労照査

照査点①,③,④は，直応力とせん断応力が同時に作用する継手として扱い，以下の式より主応力の大きさの範囲を算出する．なお，算出される最大あるいは最小主応力のうち，応力範囲が卓越した方を評価応力とする．

$$\sigma_p = \frac{\sigma_m}{2} \pm \sqrt{\left(\frac{\sigma_m}{2}\right)^2 + \tau^2}$$

σ_p：主応力
σ_m：直応力
τ：せん断応力

簡便な疲労照査結果を表 A-1.4 に示す．この結果より，照査点①，④については，累積疲労損傷比を用いた疲労照査を実施する．

表 A-1.4　簡便な疲労照査結果

照査点		①	②	③	④	⑤
設計計算応力補正係数 a		0.8	0.8	0.8	0.8	0.8
設計応力の最大応力範囲 $\Delta\sigma_{max}$		40.3	16.6	11.0	85.7	88.5
応力範囲の打切り限界（一定振幅応力）		32	62	32	62	84
平均応力補正係数 C_R		1.0	1.0	1.0	1.0	1.0
板厚補正係数 C_t		1.0	1.0	1.0	1.0	1.0
安全係数	γ_b	1.0	1.0	1.0	1.0	1.0
	γ_i	1.0	1.0	1.0	1.0	1.0
	γ_w	1.0	1.0	1.0	1.0	1.0
簡便な照査		NG	OK	OK	NG	OK

(2) 累積疲労損傷比を用いた疲労照査

a. 応力範囲頻度分布の算出

各車線に代表荷重単位を移動載荷した際,着目部に生じる応力範囲 $\Delta\sigma_{i,j}$ を求める.

i:車線番号(当該橋梁では = 1,2)

j:疲労設計荷重一組の移動載荷によって得られる応力範囲の番号

一例として,**図 A-1.8** に照査点①の主応力の影響線を示す.応力範囲は本文 **3.1.2** 項の解説にある方法を適用すると,漸減波のため,図中に示す $\Delta\sigma_{i,j}$ となる.

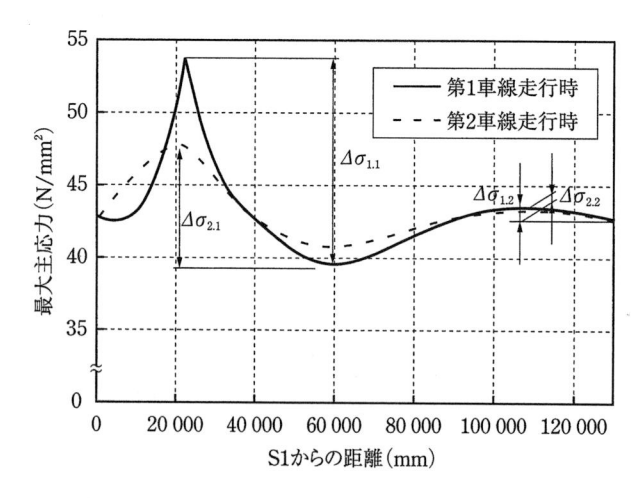

図 A-1.8 照査点①の主応力の影響線と応力範囲 $\Delta\sigma_{i,j}$

照査点①,④における応力範囲 $\Delta\sigma_{i,j}$ の算出結果を**表 A-1.5** に示す.

表 A-1.5 照査点①,④における応力範囲 $\Delta\sigma_{i,j}$
(N/mm²)

照査点	①	④
$\Delta\sigma_{1,1}$	14.0	28.1
$\Delta\sigma_{1,2}$	0.8	2.6
$\Delta\sigma_{2,1}$	6.9	8.8
$\Delta\sigma_{2,2}$	0.5	1.8

b. 疲労照査

疲労照査結果を**表 A-1.6** に示す.④照査点は許容値を満足していないため,ディテールを改良して疲労照査を行う.

c. ディテール改良後の疲労照査

照査点④(主桁ウェブの垂直補剛材を取り付ける荷重非伝達型十字溶接継手)に対し,指針の**図解 3.14** に示した要領でグラインダー処理による止端仕上げを実施して疲労強度等級を E 等級から D 等級へ上げることとし,累積疲労損傷比を用いた疲労照査を実施する.疲労照査結果を**表 A-1.7** に示す.これにより,照査点④も許容値を満足した.

表 A-1.6 累積疲労損傷比を用いた疲労照査結果

照査点	①	④
設計計算応力補正係数 a	0.8	0.8
疲労強度等級	G	E
2×10^6 回基本許容応力範囲 $\Delta\sigma_f$ (N/mm^2)	50.0	80.0
設計繰返し数 n_t	1.1×10^8	1.1×10^8
平均応力補正係数 C_R	1.0	1.0
板厚補正係数 C_t	1.0	1.0
累積疲労損傷比	1.34	2.45
安全係数 γ_b	1.0	1.0
安全係数 γ_i	1.0	1.0
安全係数 γ_w	1.0	1.0
累積疲労損傷比を用いた疲労照査	OK	NG

表 A-1.7 累積疲労損傷比を用いた疲労照査結果
（ディテール改良後）

照査点	④
設計計算応力補正係数 a	0.8
疲労強度等級	D
2×10^6 回基本許容応力範囲 $\Delta\sigma_f$ (N/mm^2)	100.0
設計繰返し数 n_t	1.1×10^8
平均応力補正係数 C_R	1.0
板厚補正係数 C_t	1.0
累積疲労損傷比	1.26
安全係数 γ_b	1.0
安全係数 γ_i	1.0
安全係数 γ_w	1.0
累積疲労損傷比を用いた疲労照査	OK

6. まとめ

ここで行った疲労照査では，設計寿命100年を満足しない箇所もあったが，構造ディテールを改良することにより満足した．

設計例

■設計例 A-2 ３径間連続合成２主 I 桁橋（少数主桁形式）

1. 設計条件

構造形式：３径間連続合成２主 I 桁橋（少数主桁）
設計荷重：B 活荷重
構造概要：支間長 40.0 m＋50.0 m＋40.0 m（直橋）
設計寿命：100 年
計画交通量：１方向１車線当たりの日大型車設計交通量：3 000 台
構造計算適用示方書：
・道路橋示方書・同解説（日本道路協会，平 14.3）
・鋼道路橋設計便覧（日本道路協会，昭 55.8）
・鋼道路橋設計ガイドライン（案）（国土交通省，平 10.5）

2. 一 般 図

設計対象とする２主 I 桁橋の形状・寸法を図 A-2.1 に示す．

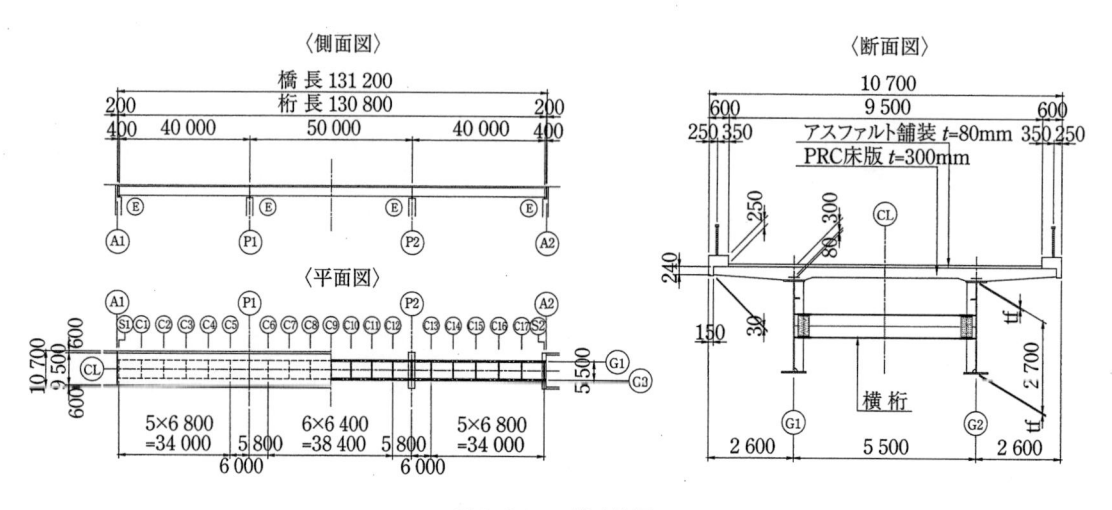

図 A-2.1 一般寸法図

3. 荷 重

荷重単位としては，代表荷重単位と最大荷重単位を用いる．
（1） 代表荷重単位
設計例 A-1 と同じ．

(2) 最大荷重単位

設計例 A-1 と同じ．

(3) 設計計算応力補正係数

設計計算応力補正係数は 1.0 とする．鋼道路橋の疲労設計指針では，少数主桁に対しては，補正係数に関する適切な検討事例がないため，1.0 とする．

4. 疲労照査の手順

設計例 A-1 と同じ（図 A-1.2）．

5. 疲労照査

5.1 疲労照査位置および疲労強度等級

少数主桁橋の主桁に用いられる代表的な継手とその疲労強度等級を，図 A-2.2 と表 A-2.1 に示す．

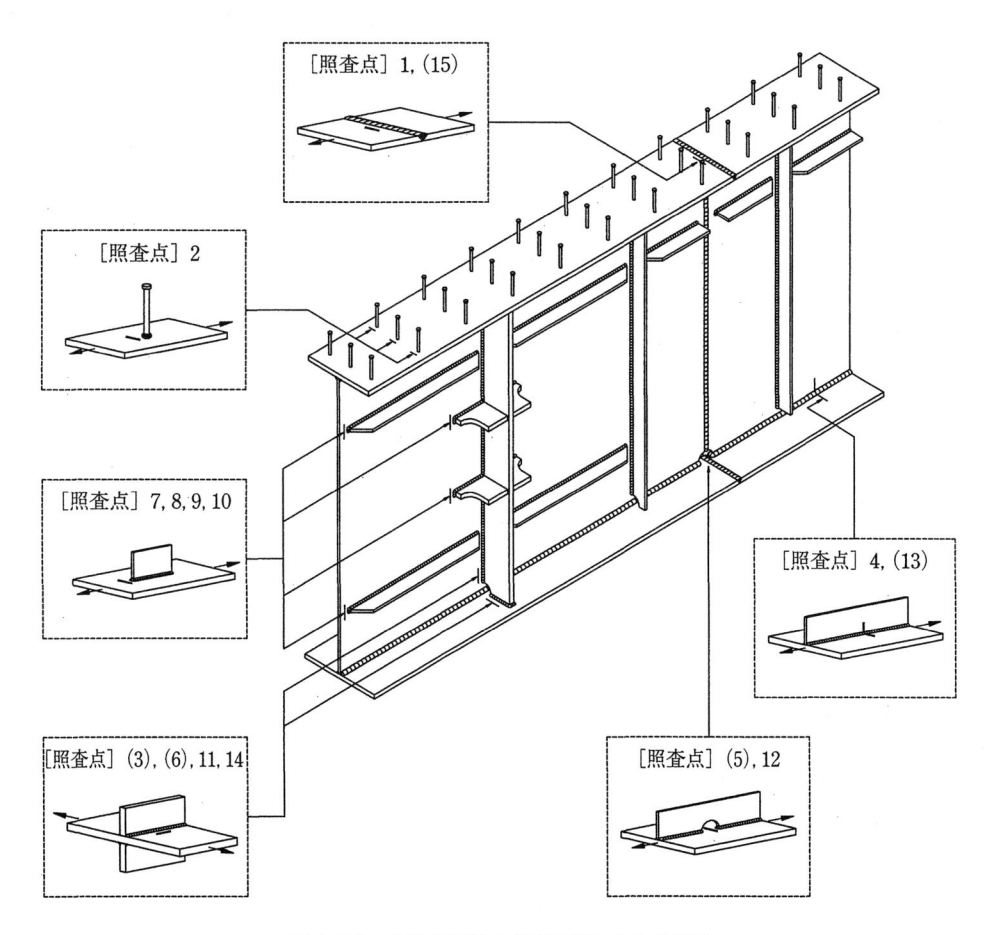

図 A-2.2 少数主桁橋の主桁に用いられる継手

設計例

表 A-2.1 少数主桁橋の主桁に用いられる継手の疲労強度等級

照査点	照査位置	強度等級	継手の種類
1	上フランジ突合せ溶接部	B,C,D	横突合せ溶接継手
2	上フランジとスタッド	E	スタッドを溶接した継手（主板断面）
3	上フランジと垂直補剛材	D,E	すみ肉溶接による荷重非伝達型十字溶接継手
4	上フランジと主桁ウェブ	D	縦方向溶接継手（すみ肉溶接継手）
5	主桁ウェブスカラップ部（上側）	G	縦方向溶接継手（スカラップを含む溶接継手）
6	主桁ウェブ（上端部）と垂直補剛材	D,E	すみ肉溶接による荷重非伝達型十字溶接継手
7	主桁ウェブと水平補剛材（上側）	E,F,G	面外ガセット溶接継手
8	主桁ウェブと横桁上フランジ	E,F,G	面外ガセット溶接継手
9	主桁ウェブと横桁下フランジ	E,F,G	面外ガセット溶接継手
10	主桁ウェブと水平補剛材（下側）	E,F,G	面外ガセット溶接継手
11	主桁ウェブ（下端部）と垂直補剛材	D,E	すみ肉溶接による荷重非伝達型十字溶接継手
12	主桁ウェブスカラップ部（下側）	G	縦方向溶接継手（スカラップを含む溶接継手）
13	下フランジと主桁ウェブ	D	縦方向溶接継手（すみ肉溶接継手）
14	下フランジと垂直補剛材	D,E	すみ肉溶接による荷重非伝達型十字溶接継手
15	下フランジ突合せ溶接部	B,C,D	横突合せ溶接継手

5.1.1 疲労照査位置

G1桁に着目することとし，照査位置は図 A-2.3 に示す①〜⑦とする．照査位置の継手の種類を表 A-2.2 に示す．

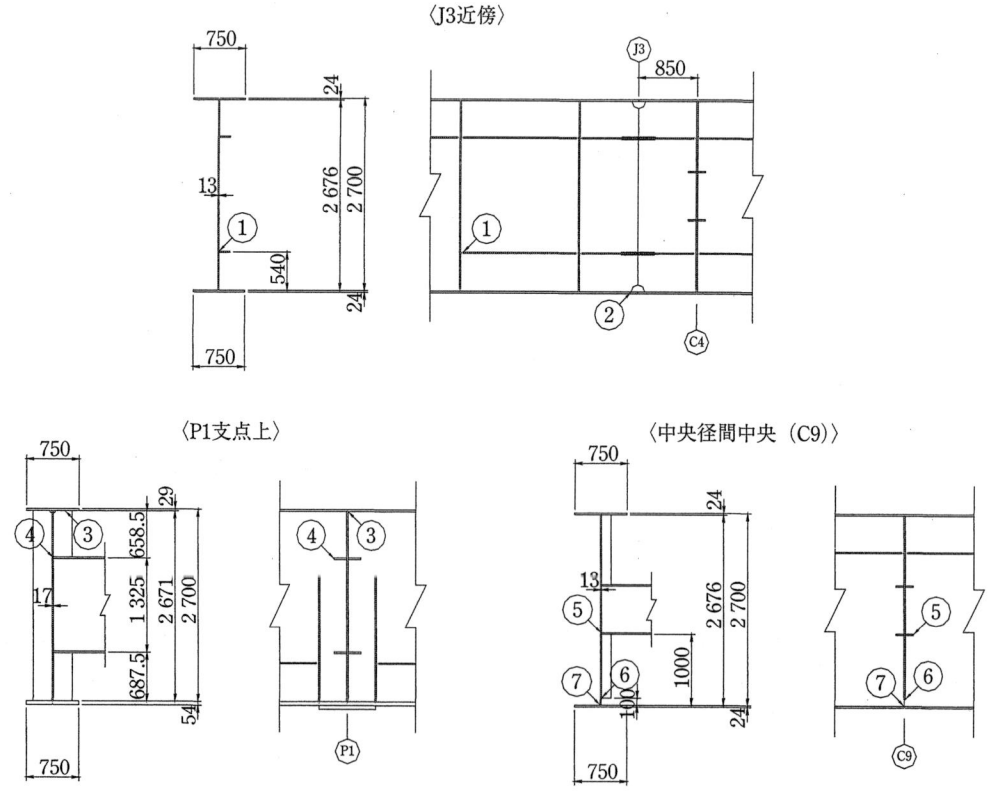

図 A-2.3 照査位置

表 A-2.2　照査位置の疲労強度等級と継手の種類

照査点	照査位置	疲労強度等級 (N/mm^2)	継手の種類	指針
①	水平補剛材端	G(50)	ガセット溶接継手－面外ガセット－すみ肉溶接継手（$l>100$ mm）	表3.4(e)3.
②	主桁ウェブスカラップ	G(50)	縦方向溶接継手－スカラップを含む溶接継手－非仕上げ	表3.4(c)6.
③	垂直補剛材フランジ溶接部	E(80)	十字溶接継手－荷重非伝達型－非仕上げのすみ肉溶接継手	表3.4(d)3.
④, ⑤	横桁連結ガセット端	G(50)	ガセット溶接継手－面外ガセット－すみ肉溶接継手（$l>100$ mm）	表3.4(e)3.
⑥	垂直補剛材下端	E(80)	十字溶接継手－荷重非伝達型－非仕上げのすみ肉溶接継手	表3.4(d)3.
⑦	フランジ首溶接部	D(100)	縦方向溶接継手－すみ肉溶接継手	表3.4(c)3.

5.1.2　断面力および応力範囲の算定

(1)　断面力の算定要領

図 A-2.4 に示す幅員構成と断面方向の荷重位置を考慮し，図 A-2.5 に示す格子モデルで車線ごとに最大荷重単位を橋軸方向へ順次移動して着目部材の作用力を求める．

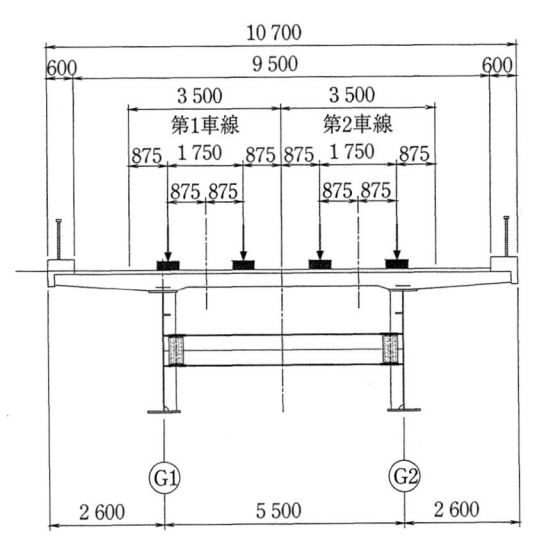

図 A-2.4　幅員構成と荷重位置　　　　図 A-2.5　断面力算定モデル

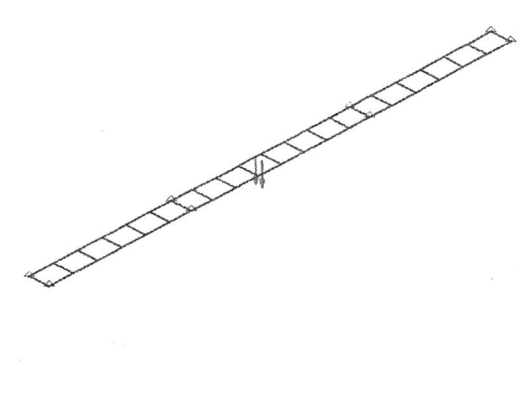

(2)　応力範囲の算出

ウェブ付きの継手である照査点①，④，⑤，⑥は，直応力とせん断応力が同時に作用する継手として，照査点②については主桁ウェブに生じるせん断応力範囲を考慮した評価を行う．各照査点の断面を図 A-2.6 に，応力算出結果を表 A-2.3 に示す．応力値は着目する G1 桁に生じる作用力が大きくなる，第1車線に荷重を載荷したケースの結果である．せん断応力はウェブ内の分布を考慮して算出している．なお，本橋梁は3径間連続桁のため，疲労設計荷重の通過により，2つの応力振幅が生じるが，ここでは最大の応力範囲に着目する．

設計例

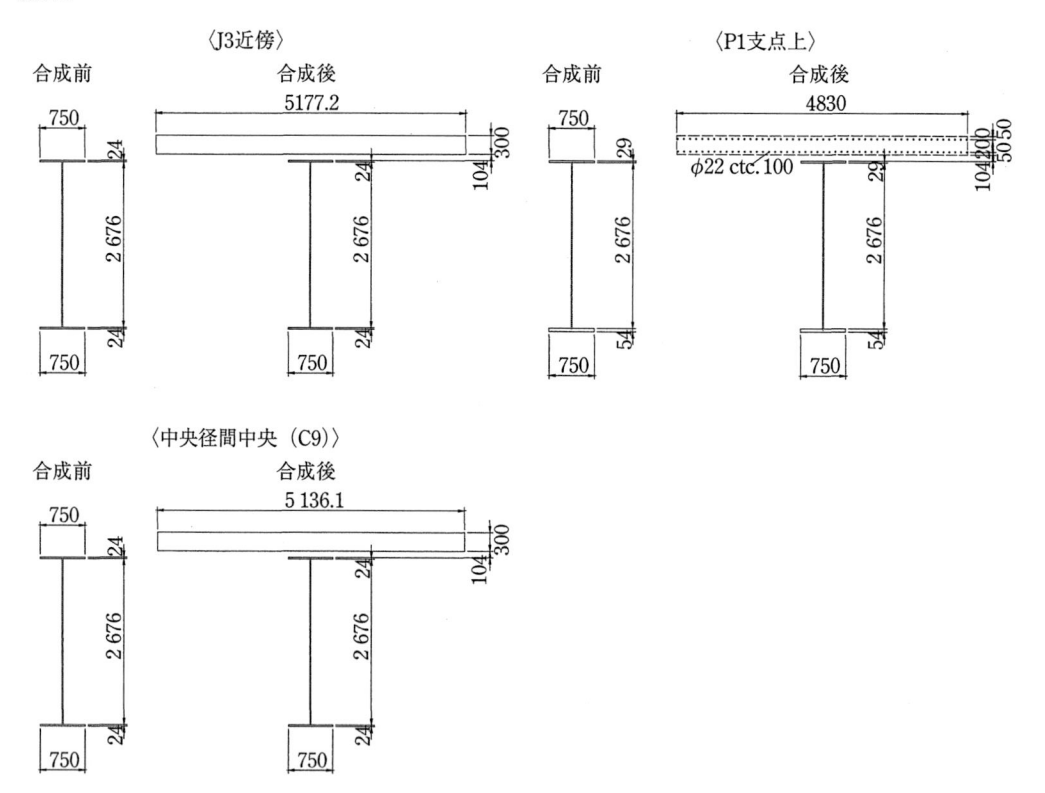

図 A-2.6 各照査点の断面

表 A-2.3 断面力と応力の計算結果（第1車線載荷）

	照査点		①	②	③	④	⑤	⑥	⑦
断面力 (M:N·mm, Q:N)	合成前死荷重	曲げモーメント M_{D1}	4.32×10^9	2.14×10^9	-1.15×10^{10}	-1.15×10^{10}	5.51×10^9	5.51×10^9	5.51×10^9
		せん断力 Q_{D1}	-3.80×10^5	-6.70×10^5	—	-9.60×10^5	0.0	0.0	—
	合成後死荷重	曲げモーメント M_{D2}	7.32×10^8	4.25×10^8	-1.56×10^9	-1.56×10^9	9.83×10^8	9.83×10^8	9.83×10^8
		せん断力 Q_{D2}	-5.32×10^4	-9.70×10^4	—	-1.40×10^5	0.0	0.0	—
	活荷重 （補正，衝撃考慮）	設計応力 最小時 曲げモーメント M_T	-1.30×10^9	-1.46×10^9	-5.79×10^6	-1.10×10^9	-4.29×10^8	-4.29×10^8	-4.29×10^8
		設計応力 最小時 せん断力 Q_T	6.23×10^4	6.23×10^4	—	-1.44×10^5	-3.00×10^4	-3.00×10^4	—
		設計応力 最大時 曲げモーメント M_T	3.89×10^9	3.51×10^9	3.19×10^8	3.19×10^8	2.91×10^9	2.91×10^9	2.91×10^9
		設計応力 最大時 せん断力 Q_T	8.35×10^4	5.96×10^4	—	1.16×10^4	-1.31×10^5	-1.31×10^5	—
応力 (N/mm²)	死荷重 ＋活荷重	設計応力 最小時 直応力 σ	34.8	20.1	189.2	95.9	25.4	85.0	91.6
		設計応力 最小時 せん断応力 τ	-10.6	-15.1	—	-34.3	-0.7	-0.5	—
		設計応力 最大時 直応力 σ	81.3	78.0	195.5	94.7	48.4	121.5	129.6
		設計応力 最大時 せん断応力 τ	-10.1	-15.1	—	-30.4	-3.3	-2.2	—

5.1.3 疲労照査

(1) 簡便な疲労照査

照査点①,④,⑤,⑥は,直応力とせん断応力が同時に作用する継手として扱い,以下の式より主応力の大きさの範囲を算出する.なお,算出される最大あるいは最小主応力のうち,応力範囲が卓越した方を評価応力とする.

$$\sigma_p = \frac{\sigma_m}{2} \pm \sqrt{\left(\frac{\sigma_m}{2}\right)^2 + \tau^2}$$

σ_p:主応力

σ_m:直応力

τ:せん断応力

照査点②については,主桁ウェブに生じるせん断応力範囲を考慮した評価応力として,以下の式(指針・同解説の式解(3.9))を用いて評価応力を算出する.当該箇所の応力範囲の変動は直応力が卓越しているため,直応力範囲の変動を基準とする.

$$\Delta\sigma = \Delta\sigma_m + \frac{3}{4}\Delta\tau$$

$\Delta\sigma_m$:直応力範囲

$\Delta\tau$:せん断応力範囲

簡便な疲労照査結果を**表 A-2.4** に示す.この結果より,照査点①,②については,累積疲労損傷比を用いた疲労照査を実施する.

表 A-2.4 簡便な疲労照査結果

照査点		①	②	③	④	⑤	⑥	⑦
設計計算応力補正係数 a		1	1	1	1	1	1	1
設計応力の最大応力範囲 $\Delta\sigma_{max}$		44.8	57.8	6.3	3.3	23.2	36.5	38.0
応力範囲の打切り限界(一定振幅応力)		32	32	62	32	32	62	84
平均応力補正係数 C_R		1.0	1.0	1.0	1.0	1.0	1.0	1.0
板厚補正係数 C_t		1.0	1.0	1.0	1.0	1.0	1.0	1.0
安全係数	γ_b	1.0	1.0	1.0	1.0	1.0	1.0	1.0
	γ_i	1.0	1.0	1.0	1.0	1.0	1.0	1.0
	γ_w	1.0	1.0	1.0	1.0	1.0	1.0	1.0
簡便な照査		NG	NG	OK	OK	OK	OK	OK

(2) 累積疲労損傷比を用いた疲労照査

a. 応力範囲頻度分布の算出

各車線に代表荷重単位を移動載荷した際に,着目部に生じる応力範囲 $\Delta\sigma_{i,j}$ を求める.

i:車線番号(当該橋梁では=1,2)

j:疲労設計荷重一組の移動載荷によって得られる応力範囲の番号

一例として,**図 A-2.7** に照査点①の主応力の影響線を示す.応力範囲は指針 3.1.2 項の解説にある方法を適用すると,漸減波のため,図中に示す $\Delta\sigma_{i,j}$ となる.

設計例

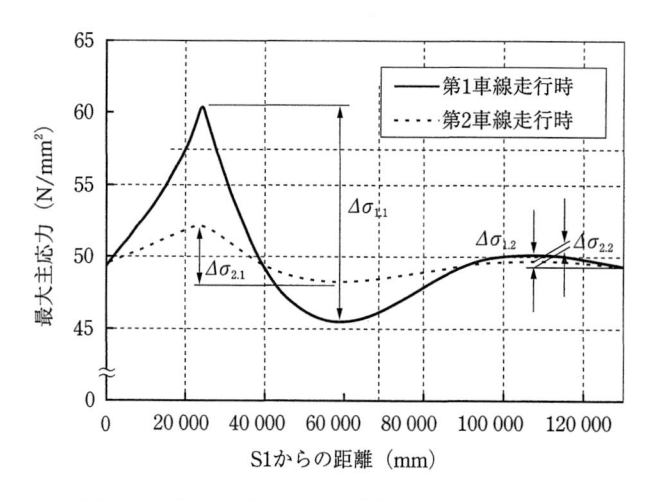

図 A-2.7　照査点①の主応力の影響線と応力範囲 $\Delta\sigma_{i,j}$

照査点①，②における応力範囲 $\Delta\sigma_{i,j}$ の算出結果を**表 A-2.5**に示す．

表 A-2.5　照査点①，②における応力範囲 $\Delta\sigma_{i,j}$
(N/mm²)

照査点	①	②
$\Delta\sigma_{1,1}$	15.5	19.0
$\Delta\sigma_{1,2}$	0.8	1.2
$\Delta\sigma_{2,1}$	3.9	5.1
$\Delta\sigma_{2,2}$	0.3	0.4

b. 疲労照査

疲労照査結果を**表 A-2.6**に示す．両照査点ともに許容値を満足していないため，ディテールを改良して疲労照査を行う．

表 A-2.6　累積疲労損傷比を用いた疲労照査結果

照査点		①	②
設計計算応力補正係数 a		1	1
疲労強度等級		G	G
2×10^6 回基本疲労強度 $\Delta\sigma_f$ (N/mm²)		50.0	50.0
設計繰返し数 n_t		1.1×10^8	1.1×10^8
平均応力補正係数 C_R		1.0	1.0
板厚補正係数 C_t		1.0	1.0
累積疲労損傷比		1.66	3.07
安全係数	γ_b	1.0	1.0
	γ_i	1.0	1.0
	γ_w	1.0	1.0
累積疲労損傷比を用いた疲労照査		NG	NG

c. ディテール改良後の疲労照査

照査点①,②(主桁ウェブの水平補剛材とスカラップを含む溶接継手)に対し,**図解 3.14** に示した要領でグラインダー処理による止端仕上げを実施して疲労強度等級を G 等級から F 等級へ上げることとし,累積疲労損傷比を用いた疲労照査を実施する.疲労照査結果を**表 A-2.7** に示す.照査点①は許容値を満足したが,照査点②については許容値を満足していない.

表 A-2.7 累積疲労損傷比を用いた疲労照査結果
(ディテール改良後)

照 査 点		①	②
設計計算応力補正係数 a		1	1
疲労強度等級		F	F
2×10^6 回基本疲労強度 $\Delta\sigma_f$ (N/mm²)		65.0	65.0
設計繰返し数 n_t		1.1×10^8	1.1×10^8
平均応力補正係数 C_R		1.0	1.0
板厚補正係数 C_t		1.0	1.0
累積疲労損傷比		0.75	1.40
安全係数	γ_b	1.0	1.0
	γ_i	1.0	1.0
	γ_w	1.0	1.0
累積疲労損傷比を用いた疲労照査		OK	NG

6. まとめ

今回行った疲労照査では,簡便な疲労照査で主桁ウェブの水平補剛材とスカラップを含む溶接継手について,累積疲労損傷比を用いた疲労照査が必要と判断された.当該個所は累積疲労損傷比を用いた疲労照査でも許容値を満足しなかったため,止端仕上げを行うこととして,再度累積疲労損傷比を用いた疲労照査を行った.結果,主桁ウェブの水平補剛材部については疲労照査を満足したが,主桁ウェブのスカラップを含む溶接継手では,疲労照査を満足しなかった.スカラップを含む溶接継手に対しては,疲労強度向上が確認された新しいスカラップディテールへの変更やスカラップ部の埋戻しのほか,溶接継手の高力ボルト継手へ変更等から適切な対策を選択する必要がある.ここで,本設計例ではディテール改良後に累積疲労損傷比を用いた疲労照査を実施したが,簡便な疲労照査を実施しても同様の結果が得られる.なお,少数主桁形式の橋梁では,板厚が大きいためにボルト列数の制限から溶接接合が採用され,スカラップが設けられることがあるが,板厚の小さい多主桁では,高力ボルト継手を採用すれば,このような問題は生じない.

設計例

■設計例 A-3 3径間連続非合成2主箱桁橋

1. 設計条件

構造形式：3径間連続非合成2主箱桁橋
設計荷重：B活荷重
構造概要：支間長 40.0 m＋50.0 m＋40.0 m（直橋）
設計寿命：100年
計画交通量：1方向1車線当たりの日大型車設計交通量：3 000台
構造計算適用示方書：
・道路橋示方書・同解説（日本道路協会，平14.3）
・鋼道路橋設計便覧（日本道路協会，昭55.8）

2. 一 般 図

設計対象とする2箱桁橋の形状・寸法を図 A-3.1 に示す．

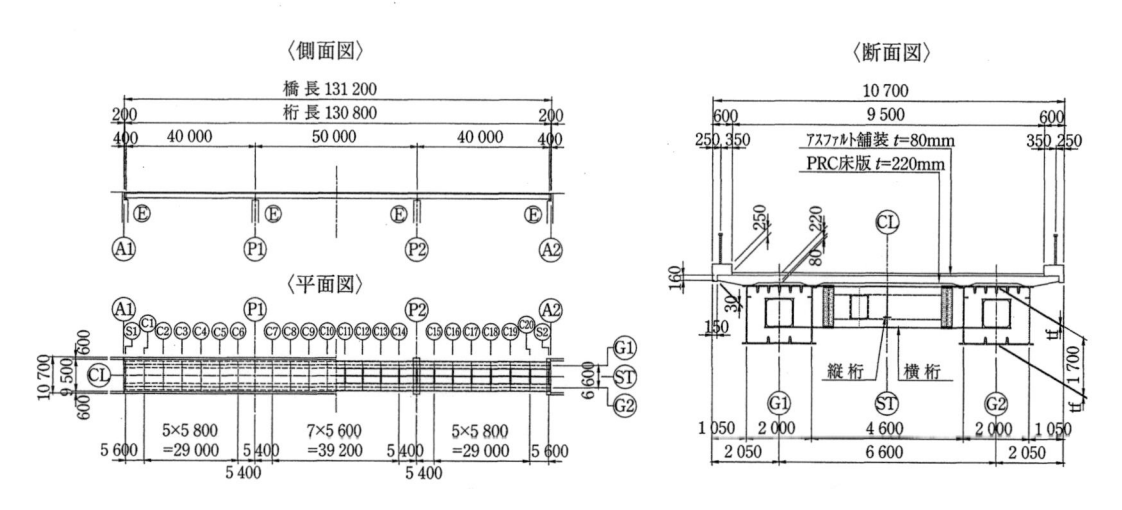

図 A-3.1 一般寸法図

3. 荷 重

荷重単位としては，代表荷重単位と最大荷重単位を用いる．
(1) 代表荷重単位
設計例 A-1 と同じ．
(2) 最大荷重単位
設計例 A-1 と同じ．

(3) 設計計算応力補正係数

設計例 A-1 と同様，一般的なコンクリート床版を有する鋼桁を対象として格子解析で断面力を算出しているため，道路橋の疲労設計指針の構造解析係数を参考として，設計計算応力補正係数は 0.8 とする．

4. 疲労照査の手順

設計例 A-1 と同じ（図 A-1.2）．

5. 疲労照査

5.1 疲労照査位置および疲労強度等級

箱桁橋の主桁に用いられる代表的な継手とその疲労強度等級を，**図 A-3.2** と**表 A-3.1** に示す．

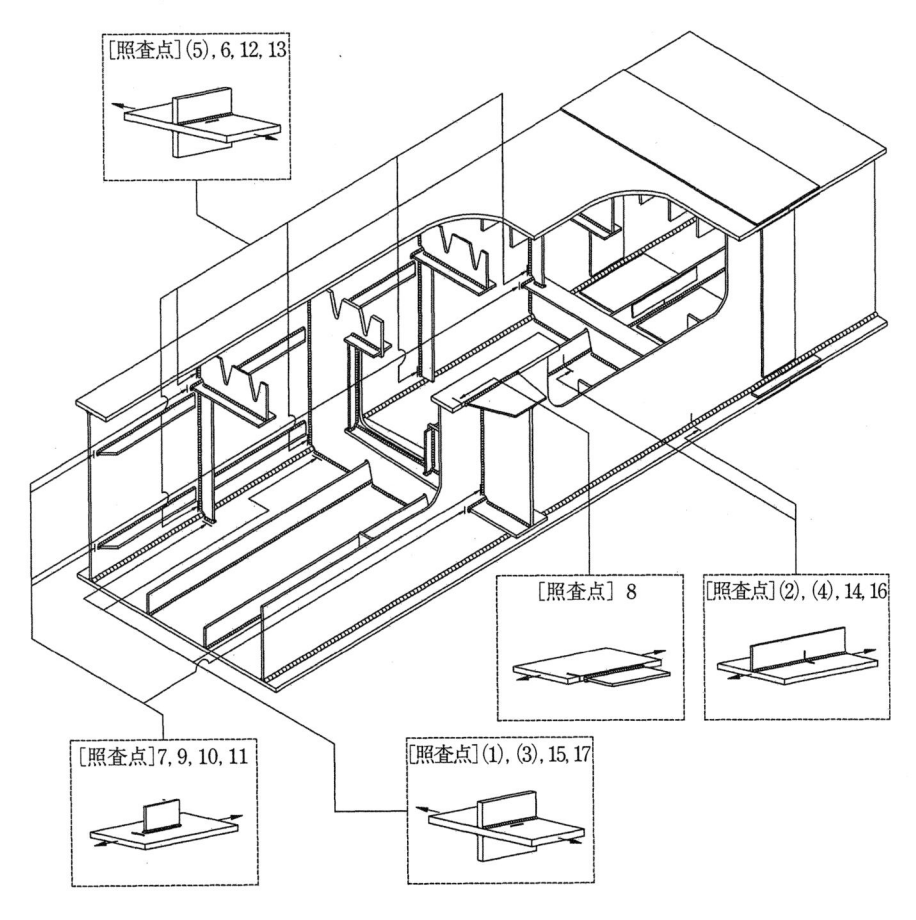

図 A-3.2 箱桁橋の主桁に用いられる継手

設計例

表 A-3.1 箱桁橋の主桁に用いられる継手の疲労強度等級

照査点	照査位置	強度等級	継手の種類
1	上フランジと垂直補剛材	D,E	すみ肉溶接による荷重伝達型十字溶接継手
2	上フランジと主桁ウェブ	D	縦方向溶接継手（すみ肉溶接継手）
3	上フランジとダイヤフラム（横リブウェブ）	D,E	すみ肉溶接による荷重非伝達型十字溶接継手
4	上フランジと縦リブ	D	縦方向溶接継手（すみ肉溶接継手）
5	主桁ウェブ（上端部）と垂直補剛材	D,E	すみ肉溶接による荷重伝達型十字溶接継手
6	主桁ウェブ（上端部）とダイヤフラム（横リブウェブ）	D,E	すみ肉溶接による荷重非伝達型十字溶接継手
7	主桁ウェブと水平補剛材（上側）	E,F,G	面外ガセット溶接継手
8	主桁ウェブと横桁上フランジ	D,E,F,G,H	面内ガセット溶接継手
9	主桁ウェブと横リブフランジ	E,F,G	面外ガセット溶接継手
10	主桁ウェブと横桁下フランジ	E,F,G	面外ガセット溶接継手
11	主桁ウェブと水平補剛材（下側）	E,F,G	面外ガセット溶接継手
12	主桁ウェブ（下端部）とダイヤフラム（横リブウェブ）	D,E	すみ肉溶接による荷重伝達型十字溶接継手
13	主桁ウェブ（下端部）と垂直補剛材	D,E	すみ肉溶接による荷重非伝達型十字溶接継手
14	下フランジと縦リブ	D	縦方向溶接継手（すみ肉溶接継手）
15	下フランジとダイヤフラム（横リブウェブ）	D,E	すみ肉溶接による荷重非伝達型十字溶接継手
16	下フランジと主桁ウェブ	D	縦方向溶接継手（すみ肉溶接継手）
17	下フランジと垂直補剛材	D,E	すみ肉溶接による荷重非伝達型十字溶接継手

5.1.1 疲労照査位置

G1桁に着目することとし，照査位置は図A–3.3に示す①〜⑦とする．照査位置の継手の種類を表A–3.2に示す．

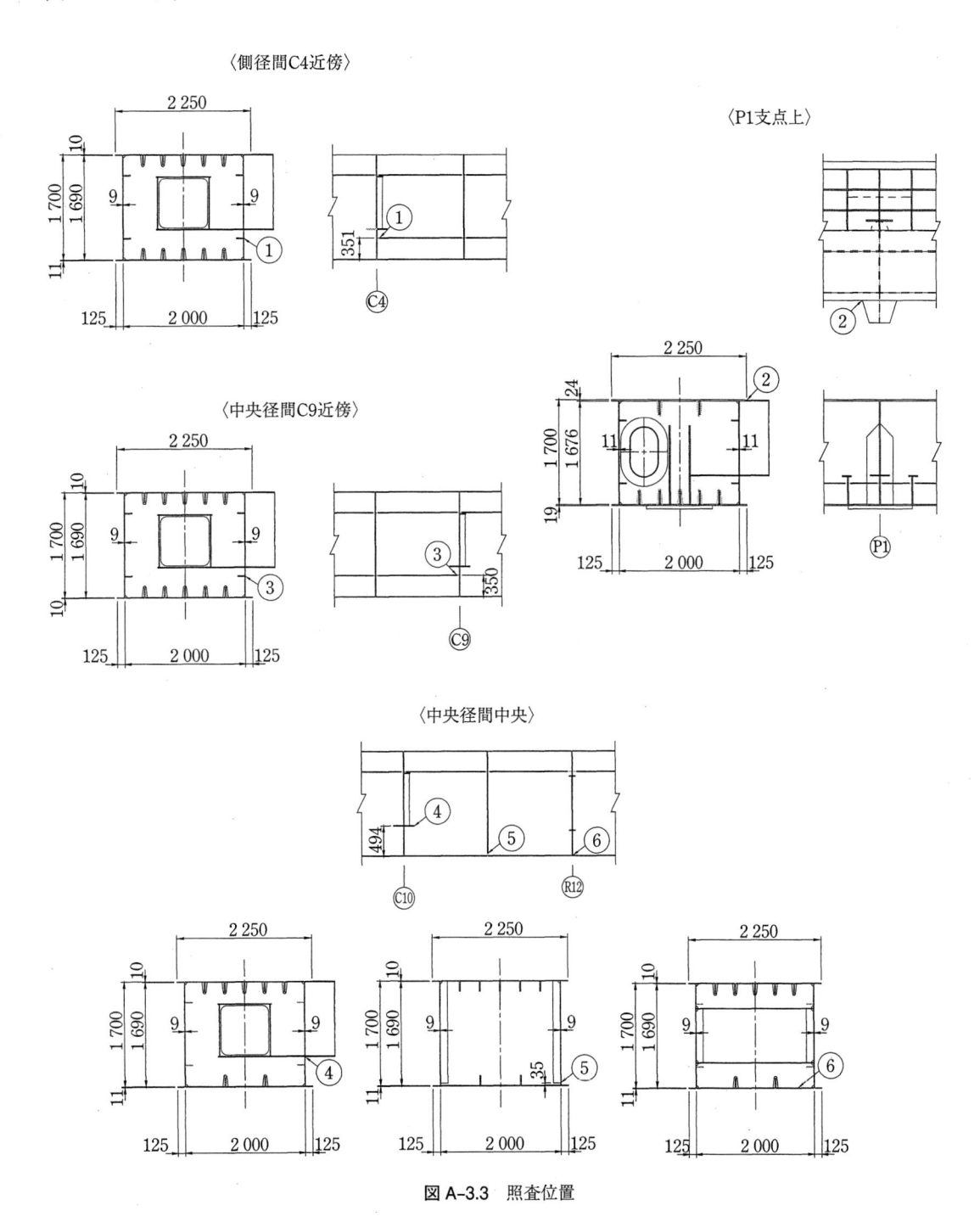

図A–3.3 照査位置

設計例

表 A-3.2　照査位置の疲労強度等級と継手の種類

照査点	照査位置	疲労強度等級 (N/mm^2)	継手の種類	指針
①, ③	水平補剛材端	G(50)	ガセット溶接継手－面外ガセット－すみ肉溶接継手（$l>100$ mm）	表 3.4(e)3.
②	横桁連結ガセット端	G(50)	ガセット溶接継手－面内ガセット－ガセットを開先溶接した継手止端仕上げ	表 3.4(e)7.(1)
④	横桁連結ガセット端	G(50)	ガセット溶接継手－面外ガセット－すみ肉溶接継手（$l>100$ mm）	表 3.4(e)3.
⑤	垂直補剛材下端	E(80)	十字溶接継手－荷重非伝達型－非仕上げのすみ肉溶接継手	表 3.4(d)3.
⑥	横リブウェブ溶接部	E(80)	十字溶接継手－荷重非伝達型－非仕上げのすみ肉溶接継手	表 3.4(d)3.

5.1.2　断面力および応力範囲の算定

(1)　断面力の算定要領

図 A-3.4 に示す幅員構成と断面方向の荷重位置を考慮し，図 A-3.5 に示す格子モデルで車線ごとに最大荷重単位を橋軸方向へ順次移動して着目部材の作用力を求める．

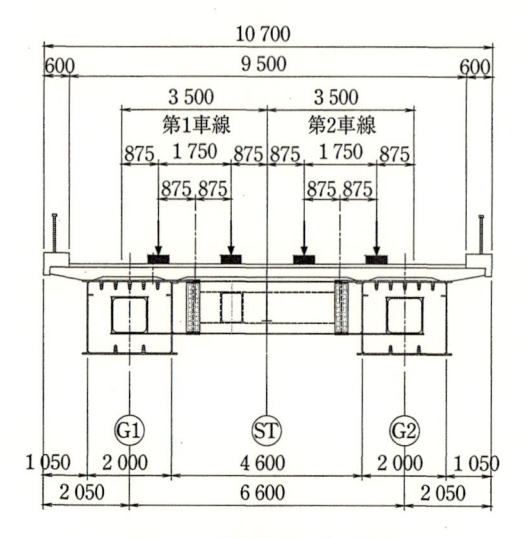

図 A-3.4　幅員構成と荷重位置　　　　　図 A-3.5　断面力算定モデル

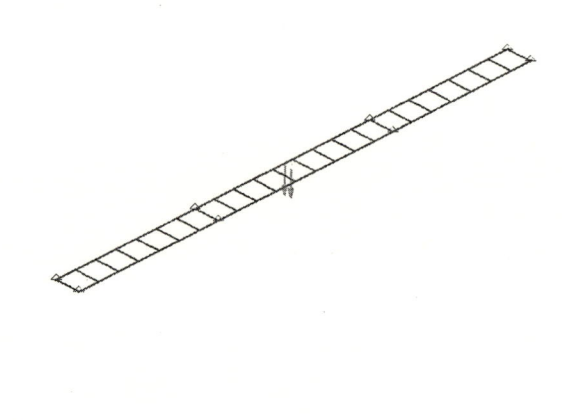

(2)　応力範囲の算出

ウェブ付きの継手である照査点①, ③, ④, ⑤は，直応力とせん断応力が同時に作用する継手として評価を行う．各照査点の断面を図 A-3.6 に，応力算出結果を表 A-3.3 に示す．応力値は着目するG1桁に生じる作用力が大きくなる，第1車線に荷重を載荷したケースの結果である．せん断応力はウェブ内の分布を考慮して算出している．なお，本橋梁は3径間連続桁のため，疲労設計荷重の通過により，2つの応力振幅が生じるが，ここでは最大の応力範囲に着目する．

設計例A　道路橋

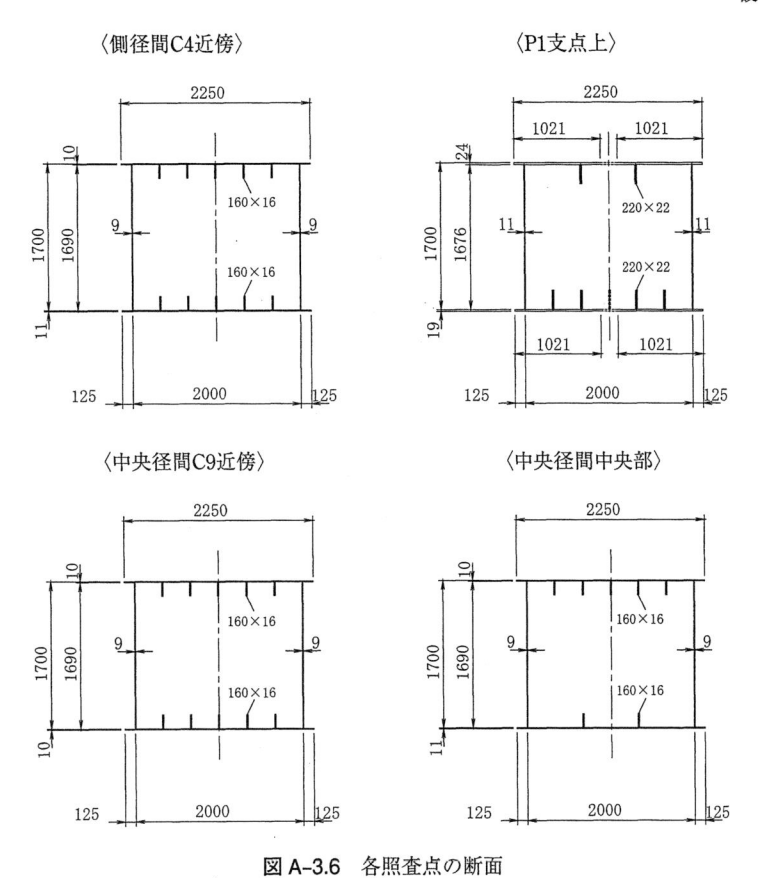

〈側径間C4近傍〉　　　　　〈P1支点上〉

〈中央径間C9近傍〉　　　　〈中央径間中央部〉

図A-3.6　各照査点の断面

表A-3.3　断面力と応力の計算結果（第1車線載荷）

	照査点			①	②	③	④	⑤	⑥
断面力 (M:N·mm, Q:N)	死荷重		曲げモーメント M_{D1}	4.09×10^9	-1.30×10^{10}	3.39×10^9	5.25×10^9	5.71×10^9	6.17×10^9
			せん断力 Q_{D1}	-5.02×10^5	—	4.96×10^5	1.65×10^5	8.25×10^4	—
	活荷重（補正、衝撃考慮）	設計応力最小時	曲げモーメント M_T	-6.22×10^8	2.85×10^8	-5.12×10^8	-3.78×10^8	-5.18×10^8	-4.68×10^8
			せん断力 Q_T	2.99×10^4	—	-2.43×10^4	-2.37×10^4	-3.56×10^4	—
		設計応力最大時	曲げモーメント M_T	1.91×10^9	-1.28×10^9	1.87×10^9	2.09×10^9	3.01×10^9	3.01×10^9
			せん断力 Q_T	7.09×10^4	—	1.07×10^5	1.37×10^5	1.50×10^4	—
応力 (N/mm²)	死荷重＋活荷重	設計応力最小時	直応力 σ	29.8	119.9	26.5	37.9	84.8	97.0
			せん断応力 τ	-15.8	—	15.7	4.8	1.3	—
		設計応力最大時	直応力 σ	51.5	134.6	48.4	57.1	142.4	156.1
			せん断応力 τ	-14.4	—	20.1	10.3	2.8	—

5.1.3　疲労照査

(1)　簡便な疲労照査

　照査点①，④，⑤，⑥は，直応力とせん断応力が同時に作用する継手として扱い，以下の式より主応力の大きさの範囲を算出する．なお，算出される最大あるいは最小主応力のうち，応力範囲が卓越した方を評価応力とする．

設計例

$$\sigma_p = \frac{\sigma_m}{2} \pm \sqrt{\left(\frac{\sigma_m}{2}\right)^2 + \tau^2}$$

σ_p：主応力
σ_m：直応力
τ：せん断応力

簡便な疲労照査結果を表 A-3.4 に示す．すべての照査点で許容値を満足している．

表 A-3.4　簡便な疲労照査結果

照査点		①	②	③	④	⑤	⑥
設計計算応力補正係数 a		0.8	0.8	0.8	0.8	0.8	0.8
設計応力の最大応力範囲 $\Delta\sigma_{max}$		15.0	11.8	17.5	16.3	46.1	47.3
応力範囲の打切り限界（一定振幅応力）		32	32	32	32	62	62
平均応力補正係数 C_R		1.0	1.0	1.0	1.0	1.0	1.0
板厚補正係数 C_t		1.0	1.0	1.0	1.0	1.0	1.0
安全係数	γ_b	1.0	1.0	1.0	1.0	1.0	1.0
	γ_i	1.0	1.0	1.0	1.0	1.0	1.0
	γ_w	1.0	1.0	1.0	1.0	1.0	1.0
簡便な照査		OK	OK	OK	OK	OK	OK

6. まとめ

ここで行った疲労照査では，すべての照査点で簡便な疲労照査を満足した．

参考文献

1) 日本道路協会：鋼道路橋の疲労設計指針，丸善，2002.
2) 日本道路協会：鋼道路橋設計便覧，丸善，1979.
3) 日本道路協会：道路橋示方書（Ⅰ共通編・Ⅱ鋼橋編）・同解説，丸善，2002.

設計例 B　鉄道橋（下路トラス橋）

1. はじめに

(1) 照査対象
照査対象橋梁は，開床式の床組みを有する鉄道橋（下路トラス橋）である．

(2) 照査要領
照査は，公称応力を用いることとし，一定振幅に対する応力範囲の打切り限界に対する簡便な疲労照査を実施した．そして，照査を満足しなかった場合には，累積疲労損傷比を用いた疲労照査を実施した．

(3) 照査範囲
実際の照査は，すべての断面について行う必要があるが，本照査では，支間中央部の横桁の溶接部を例にとることとした．

2. 設計条件

　　　構造形式　：単純下路トラス橋（無道床）
　　　設計荷重　：EA-17
　　　構造概要　：支間長 62.4 m（直橋）
　　　設計寿命　：100 年
　　　列車本数　：19 本/日
　　　適用示方書：鉄道総合技術研究所：鉄道構造物等設計標準・同解説（鋼・合成構造物）[1]

設計例

3. 一般図

設計対象とする鉄道橋（下路トラス橋）の一般形状を図 B.1 に示す．

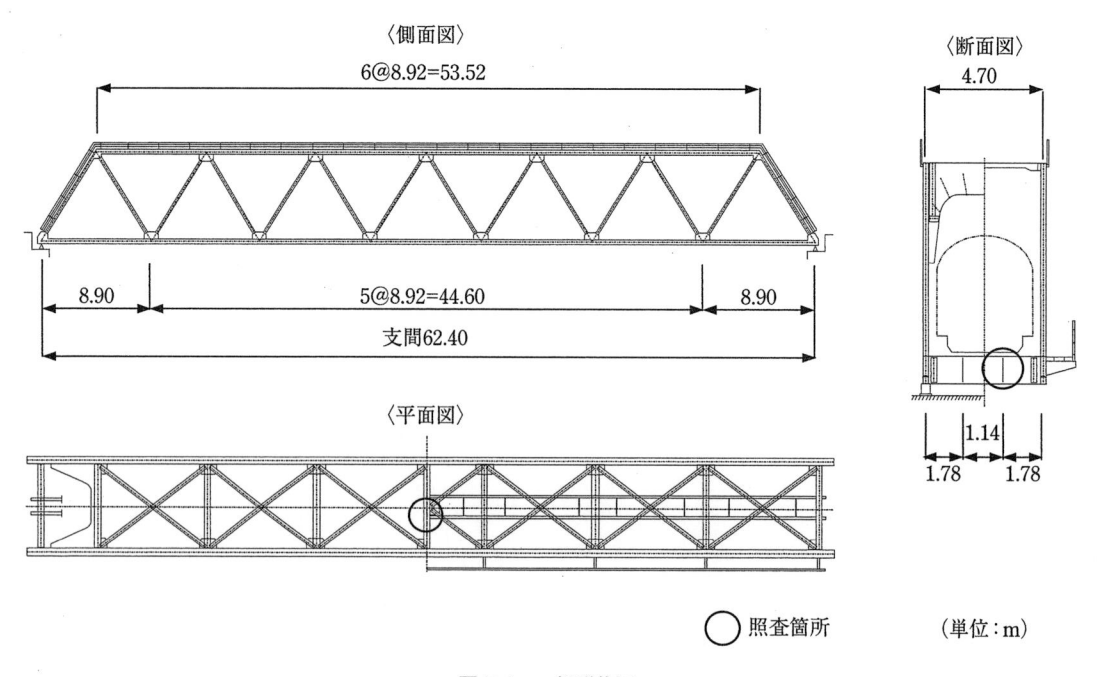

〈側面図〉
6@8.92=53.52
8.90　5@8.92=44.60　8.90
支間62.40

〈平面図〉

〈断面図〉
4.70
1.14
1.78　1.78

○ 照査箇所　　（単位：m）

図 B.1　一般形状図

4. 荷　重

列車荷重は EA-17 とする．軸重と軸配置は図 B.2 のとおりである．

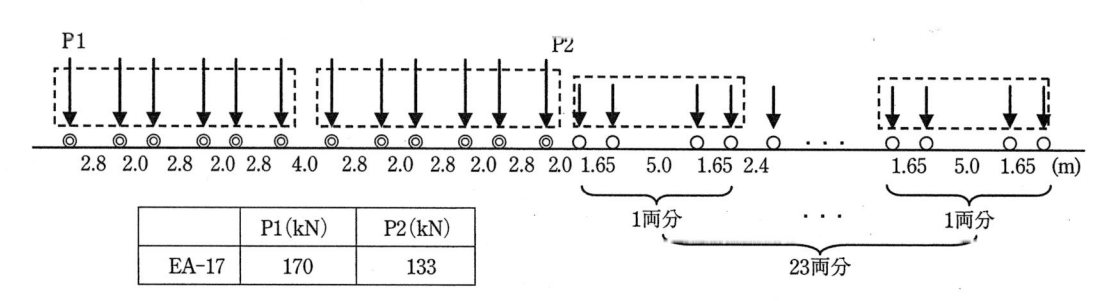

P1　　　　　　　　　　　P2
2.8 2.0 2.8 2.0 2.8 4.0 2.8 2.0 2.8 2.0 2.8 2.0 1.65 5.0 1.65 2.4　　1.65 5.0 1.65 (m)
　　　　　　　　　　　　　　　　　　　　　　　1両分　　　　　　　1両分
　　　　　　　　　　　　　　　　　　　　　　　　　　23両分

	P1(kN)	P2(kN)
EA-17	170	133

図 B.2　列車荷重

累積疲労損傷比を用いた疲労照査に用いる設計衝撃係数は，上記の値の 3/4 とする．

5. 疲労照査の手順

疲労照査のフローチャートを図 B.3 に示す.

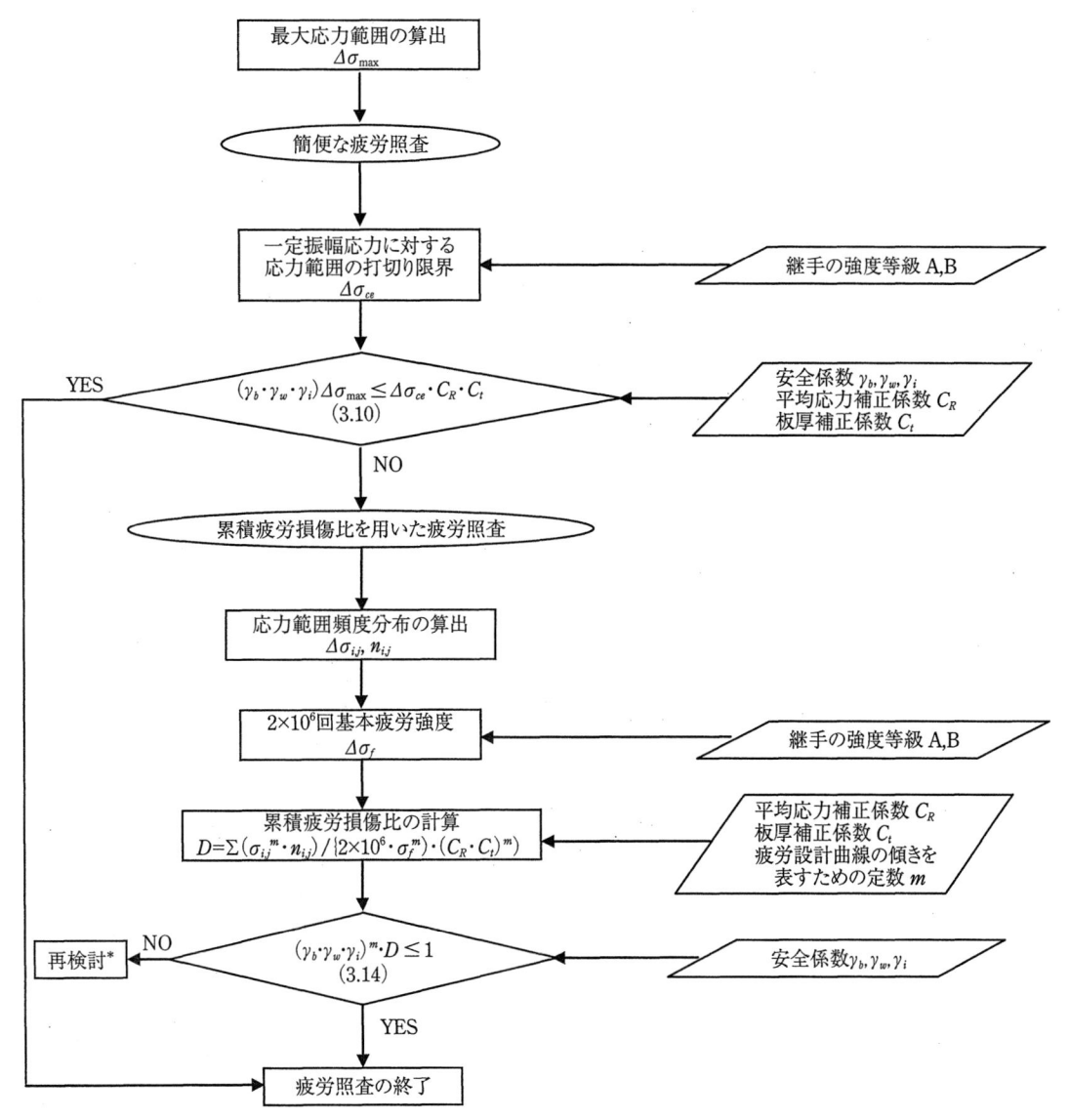

```
          ┌─────────────────┐
          │ 最大応力範囲の算出 │
          │   Δσ_max        │
          └────────┬────────┘
                   ↓
          ╭─────────────────╮
          │  簡便な疲労照査  │
          ╰────────┬────────╯
                   ↓
          ┌─────────────────┐       ┌───────────────┐
          │ 一定振幅応力に対する │ ←──  │ 継手の強度等級 A,B │
          │ 応力範囲の打切り限界 │       └───────────────┘
          │    Δσ_ce        │
          └────────┬────────┘
                   ↓
YES    ◇ (γ_b·γ_w·γ_i)Δσ_max ≤ Δσ_ce·C_R·C_t ◇ ←── 安全係数 γ_b, γ_w, γ_i
 ←────            (3.10)                         平均応力補正係数 C_R
                   │NO                           板厚補正係数 C_t
                   ↓
          ╭───────────────────────╮
          │ 累積疲労損傷比を用いた疲労照査 │
          ╰────────┬──────────────╯
                   ↓
          ┌─────────────────┐
          │ 応力範囲頻度分布の算出 │
          │   Δσ_i,j, n_i,j  │
          └────────┬────────┘
                   ↓
          ┌─────────────────┐       ┌───────────────┐
          │ 2×10^6 回基本疲労強度 │ ←──  │ 継手の強度等級 A,B │
          │   Δσ_f          │       └───────────────┘
          └────────┬────────┘
                   ↓
          ┌──────────────────────────────┐     平均応力補正係数 C_R
          │   累積疲労損傷比の計算        │ ←── 板厚補正係数 C_t
          │ D=Σ(σ_i,j^m·n_i,j)/{2×10^6·σ_f^m}·(C_R·C_t)^m │    疲労設計曲線の傾きを
          └────────┬─────────────────────┘     表すための定数 m
                   ↓
  再検討* ←NO──◇ (γ_b·γ_w·γ_i)^m·D ≤ 1 ◇ ←── 安全係数 γ_b, γ_w, γ_i
                        (3.14)
                   │YES
                   ↓
          ┌─────────────────┐
          │  疲労照査の終了  │
          └─────────────────┘
```

(注)　＊　継手の変更, 継手位置の変更構造の変更等の対処をし, 適切なところからフローに従い再検討を行う.

図 B.3　疲労照査のフローチャート

設計例

6. 疲労照査

6.1 疲労照査位置および疲労強度等級

本照査における疲労照査位置と疲労強度等級を図 B.4 と表 B.1 に示す．

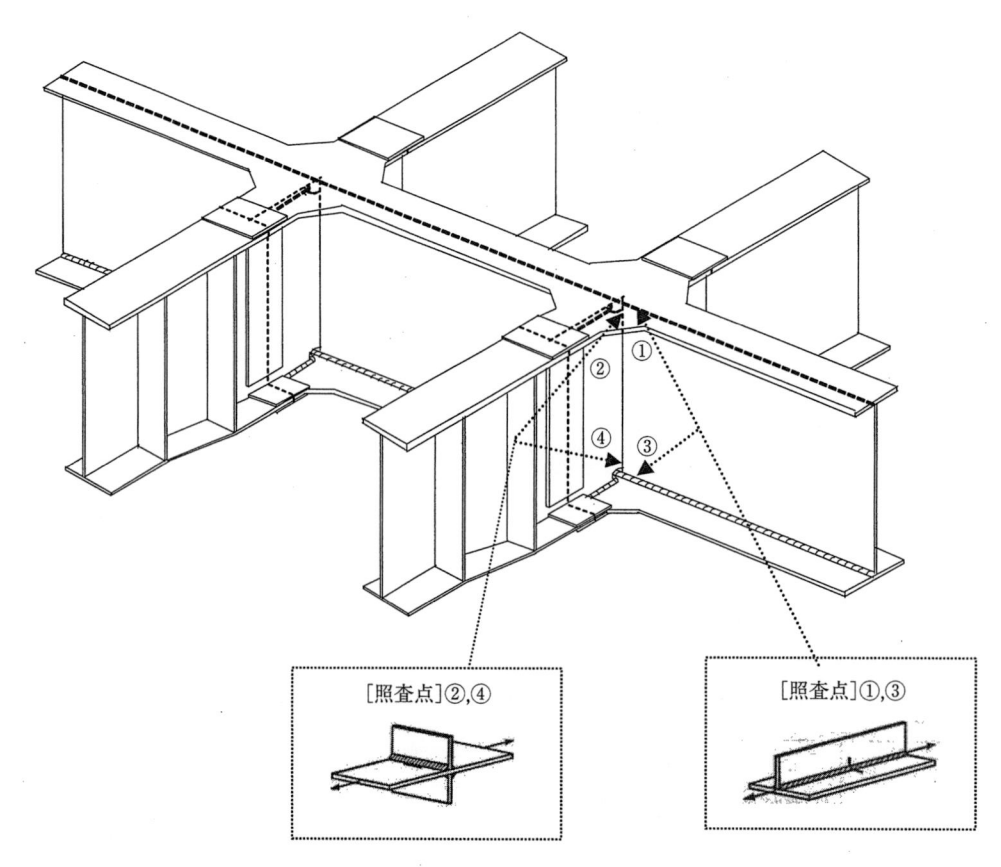

図 B.4 トラスの床組みに用いられる継手

表 B.1 横桁の照査に用いられる継手の疲労強度

照査点	詳細位置	疲労強度等級 (N/mm^2)	継手の種類
①	横桁上フランジとウェブ	C* (125)	縦方向溶接継手（すみ肉溶接継手）
②	横桁ウェブと垂直補剛材	E (80)	荷重非伝達型十字溶接継手（非仕上げの溶接継手）
③	横桁上フランジとウェブ	E (80)	荷重非伝達型十字溶接継手（非仕上げの溶接継手）
④	横桁ウェブと垂直補剛材	C* (125)	縦方向溶接継手（すみ肉溶接継手）

（注） ＊ 溶接工の技量検定や施工試験によって，内在する溶接きずが小さくなると確認されていることを前提に，C 等級としている．

6.2 疲労照査

(1) 簡便な疲労照査

照査式　　$\gamma_i \cdot \dfrac{\Delta\sigma_{fud}}{\Delta\sigma_{cod}'} \leq 1.0$

　　γ_i：構造物係数　1.00

　　$\Delta\sigma_{fud}$：作用応力範囲

　　$\Delta\sigma_{cod}'$：補正した垂直応力の一定振幅応力に対する応力範囲の打切り限界

　　　　　　$\Delta\sigma_{cod}' = \Delta\sigma_{cod} \cdot C_R \cdot C_t$

　　$\Delta\sigma_{cod}$：一定振幅応力に対する応力範囲の打切り限界

　　C_R：平均応力に関する補正係数

$$\phi = \dfrac{\sigma_{\min}}{\sigma_{\max} - \sigma_{\min}} \quad \begin{cases} \varphi \geq -0.5 & C_R = 1.0 \\ -0.5 > \varphi \geq -1.0 & C_R = 13/(16 + 6\varphi) \\ \varphi \geq -1.0 & C_R = 1.3 \end{cases}$$

　　C_t：板厚に関する補正係数

　　　　$t > 25$ mm　　$C_t = \sqrt[4]{25/t}$

　　　　$t \leq 25$ mm　　$C_t = 1.0$

簡便な疲労照査の結果を**表 B.2**に示す.

表 B.2　簡便な疲労照査結果

照査点	①	②	③	④
作用応力範囲　$\Delta\sigma_{fud}$	107.6	107.6	126.0	126.0
応力範囲の打切り限界　$\Delta\sigma_{cod}'$（補正後）	115	62	62	115
平均応力補正係数　C_R	1.30	1.30	1.00	1.00
板厚補正係数　C_t	1.00	1.00	1.00	1.00
応力範囲の打切り限界　$\Delta\sigma_{cod}$（一定振幅応力）	149.5	80.6	115.0	62.0
安全係数　$\gamma_b, \gamma_w, \gamma_i$	1.00	1.00	1.00	1.00
簡便な疲労照査結果	0.720	1.335	1.096	2.032
簡便な疲労照査	OK	NG	NG	NG

上記の結果より，照査点②,③,④については，累積疲労損傷比を用いた疲労照査を実施する.

設計例

(2) 累積疲労損傷比を用いた疲労照査
a. 応力範囲頻度分布の算出

列車荷重を移動載荷させた際に着目部に生じる断面力の変化を図 B.5 に示す.

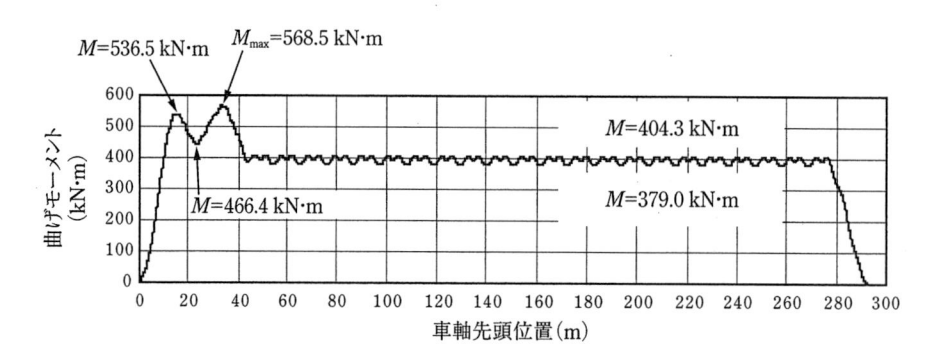

図 B.5 列車荷重による横桁の変動モーメント

照査式　　$\gamma_i^m \cdot D \leq 1.0$

D：累積疲労損傷比

m：疲労設計曲線の傾きを表す定数

　　垂直応力を受ける継手では $m=3$, せん断力を受ける継手では $m=5$

γ_i：構造物係数で, 一般に 1.0

$$D = \sum_i \frac{n_i}{N_i}$$

n_i：i 番目の応力範囲

　　$\Delta\sigma_{id}$ もしくは $\Delta\tau_{id}$ の設計耐用期間における繰返し数

N_i：疲労設計曲線によって算出した,

　　応力範囲 $\Delta\sigma_{id}$ もしくは $\Delta\tau_{id}$ に対応する疲労寿命

　　$N_i = C_0/\Delta\sigma_{id}^m$ または　$N_i = D_0/\Delta\tau_{id}^m$

$\Delta\sigma_{id}, \Delta\tau_{id}$：$i$ 番目の設計応力範囲

C_0, D_0：疲労設計曲線を表すための定数

n_i：$n_{0i} \times N_t \times 365 \times T_{dy}$

n_{0i}：応力範囲 $\Delta\sigma_{id}$ もしくは $\Delta\tau_{id}$ の 1 列車当たりの繰返し数

N_t：1 日の列車本数　EA-17　19 本

T_{dy}：設計耐用期間（年）　100 年

着目点④に関して，レインフロー法より求めた応力度範囲と繰返し数を表B.3に示す．

表B.3 列車通過時の応力度範囲と繰返し数（着目点④の場合）

i	曲げモーメントの範囲と回数		応力範囲頻度分布における一応力範囲成分 $\Delta\sigma_{id}$ (N/mm²)	耐用年数内の繰返し数 n_i (回)	疲労設計曲線より求められる $\Delta\sigma_{id}$ に対応する疲労寿命 N_i (回)	疲労損傷比 n_i/N_i
	ΔM (kN·m)	回数				
1	1.18	1	0.2	6.935×10^5	1.380×10^{14}	0.000
2	1.32	1	0.2	6.935×10^5	9.857×10^{13}	0.000
3	1.70	3	0.3	2.081×10^6	4.614×10^{13}	0.000
4	6.03	1	1.0	6.935×10^5	1.034×10^{12}	0.000
5	9.95	22	1.6	1.526×10^7	2.301×10^{11}	0.000
6	23.43	1	3.9	6.935×10^5	1.763×10^{10}	0.000
7	25.35	21	4.2	1.456×10^7	1.392×10^{10}	0.001
8	89.90	1	14.9	6.935×10^5	3.120×10^8	0.002
9	568.48	1	94.0	6.935×10^5	1.234×10^6	0.562

累積疲労損傷比を用いた照査結果を表B.4に示す．

表B.4 累積疲労損傷比を用いた疲労照査結果

照査点	②	③	④
疲労強度等級	E	C	E
2×10^6 回基本許容応力範囲 $\Delta\sigma_{fd}$ (N/mm²)	80	125	80
打切り限界 $\Delta\sigma_{vod}$ (N/mm²)	29	53	29
衝撃係数 $I\times3/4$ （$0.411\times3/4$）	0.308	0.308	0.308
応力範囲頻度分布における一応力範囲成分 $\Delta\sigma_{id}$	80.3	110.6	94.0
耐用年数内の繰返し数 Σn_i （1回×19本/日×365日/年×100年）	6.935×10^5	6.935×10^5	6.935×10^5
平均応力補正係数 C_R	1.30	1.00	1.30
板厚補正係数 C_t	1.00	1.00	1.00
疲労設計曲線より求められる $\Delta\sigma_{id}$ に対応する疲労寿命 ΣN_i （$2.0\times10^6\times\Delta\sigma_{fd}{}^3\times(C_R\times C_t)^3 / \Delta\sigma_i{}^3$）	4.344×10^6	3.358×10^6	1.234×10^6
安全係数 $\gamma_b, \gamma_w, \gamma_i$	1.00	1.00	1.00
累積疲労損傷比を用いた疲労照査 D	0.160	0.207	0.562
累積疲労損傷比を用いた照査	OK	OK	OK

7. まとめ

本設計例は，「鋼構造物の疲労設計指針・同解説」に従って，下路トラス橋の支間中央部の横桁における疲労の照査の一例を示したものである．実際に照査を行う際には，安全係数の取扱いや疲労強度など，鉄道の基準と解釈が異なる部分があるため，別途，鉄道構造物等設計標準・同解説（鋼・合成構造物），および，鉄道橋の照査例等を参考にして検討を進めることが重要である．

参考文献
1) 鉄道総合技術研究所：鉄道構造物等設計標準・同解説（鋼・合成構造物），2009.

設計例C　クレーン構造物

■設計例C-1　アンローダ・バックステイ

1. はじめに

　橋型クラブトロリー式アンローダにおいて，荷重を支える重要な部材であるバックステイ（図C-1.2）について疲労に対する健全性の確認を行う．本計算例では，橋型アンローダの解析データをもとにした疲労照査の方法を示す．

　橋型クラブトロリー式アンローダとは，レール上を走行する脚をもつ桁に，荷をつかむためのクラブであるトロリーをもつ，ばら物陸揚げ専用のクレーンである（図C-1.1）．

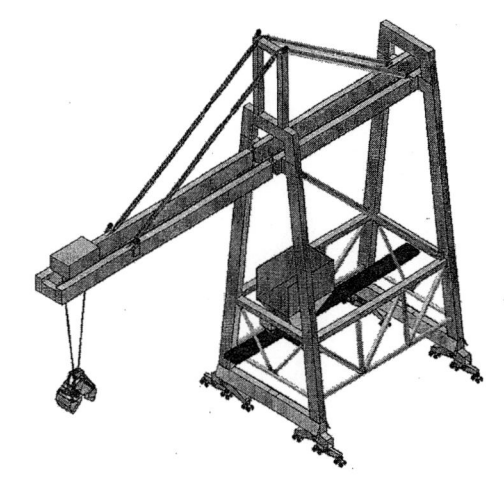

図C-1.1　橋型クラブトロリー式アンローダ鳥瞰図

2. 設計条件

- 構造形式——橋型クラブトロリー式アンローダの全体構造を図C-1.2に示す．照査対象部位であるバックステイは，図C-1.3に示すようにボックス構造をしており，内部には仕切り板が適宜配置されている．
- 設計荷重——本設計例は，定格荷重をもとにして製作されたアンローダについて，解析データから求められる等価応力範囲を求め，疲労強度と比較することで疲労の健全性評価を行うもの

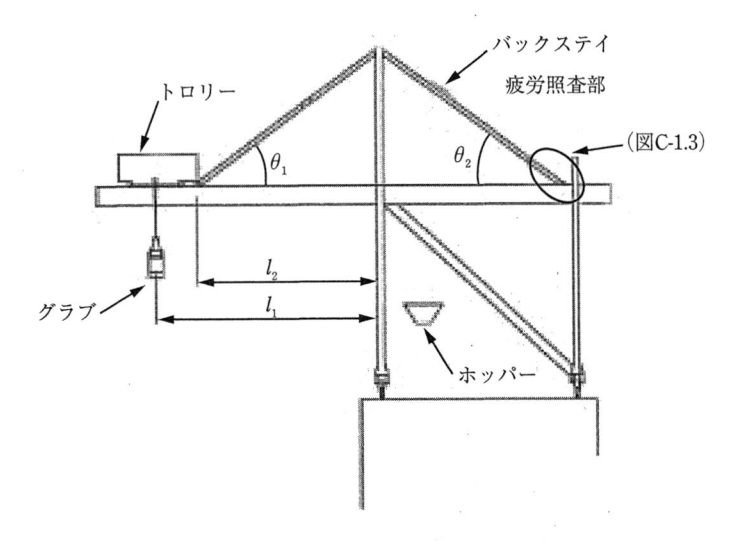

図C-1.2　橋型クラブトロリー式アンローダ

設計例

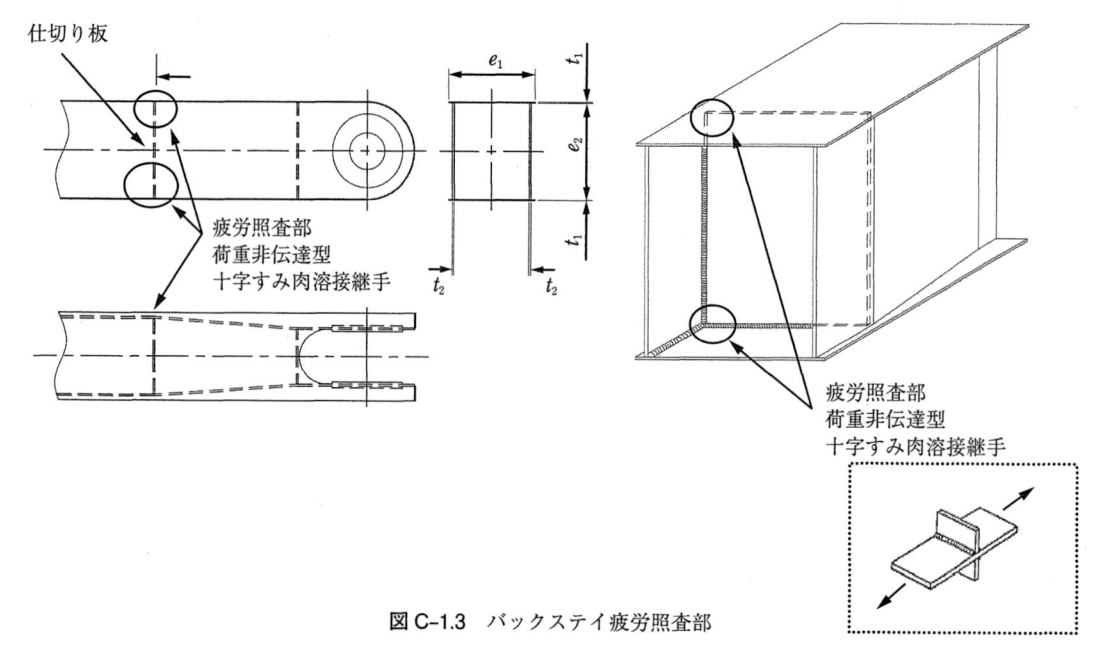

図 C-1.3　バックステイ疲労照査部

である．

- 設計寿命——30 年
- 計画繰返し数——単位期間を 1 年として，同期間中の計画繰返し数は 1.5×10^5 回とする．したがって，設計寿命 30 年間の総繰返し数は 4.5×10^6 回となる．
- 構造設計基準—— JIS B 8821 2004：「クレーン鋼構造部分の計算基準」

3. 一 般 図

「2. 設計条件」の構造形式を参照のこと．

4. 荷　重

図 C-1.2 に示すアンローダは，船のハッチからグラブで荷をつかみ，トロリーで陸上のホッパーまで移動して荷揚げ作業を行う．荷重単位は，ホッパー上の位置から荷をつかむ位置 l_1 まで移動し，グラブで荷をつかみ，ホッパーに荷を降ろすまでの 1 サイクルとする．グラブで 1 回につかむ荷の量 W_0 と，ハッチ上で荷をつかむ位置 l_1 とが 1 回ごとに変化するために，バックステイにもそのたびごとに異なった応力が作用することになる．

本設計例では，想定した荷重条件により得られた応力範囲をもとにした評価を行う．このとき，実際の荷役状況を考慮し，定格 100％での荷役を 10％，定格 70％での荷役を 60％，定格 50％での荷役を 30％とした．このような条件で求めた応力範囲頻度分布を後出の図 C-1.6 に示す．

5. 疲労照査の手順

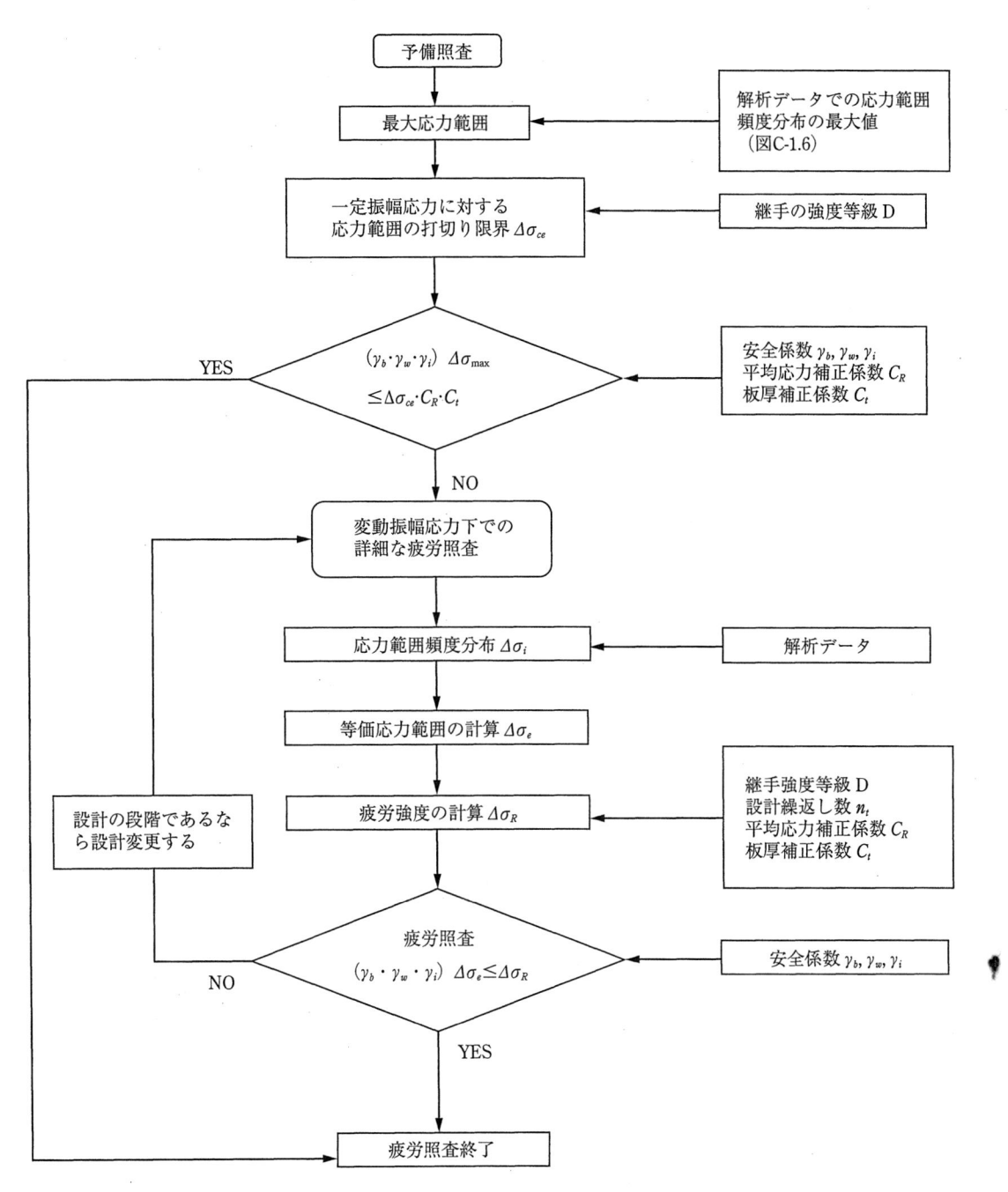

```
          予備照査
             ↓
         最大応力範囲 ←── 解析データでの応力範囲
             ↓              頻度分布の最大値
                            (図C-1.6)
     一定振幅応力に対する
     応力範囲の打切り限界 $\Delta\sigma_{ce}$ ←── 継手の強度等級 D
             ↓
    ┌─────────────┐
    │ $(\gamma_b \cdot \gamma_w \cdot \gamma_i)\Delta\sigma_{max}$ │ ←── 安全係数 $\gamma_b, \gamma_w, \gamma_i$
YES │ $\leq \Delta\sigma_{ce} \cdot C_R \cdot C_t$ │    平均応力補正係数 $C_R$
←───│                 │      板厚補正係数 $C_t$
    └─────────────┘
             ↓ NO
     変動振幅応力下での
     詳細な疲労照査
             ↓
     応力範囲頻度分布 $\Delta\sigma_i$ ←── 解析データ
             ↓
     等価応力範囲の計算 $\Delta\sigma_e$
             ↓
     疲労強度の計算 $\Delta\sigma_R$ ←── 継手強度等級 D
             ↓                     設計繰返し数 $n_t$
                                   平均応力補正係数 $C_R$
                                   板厚補正係数 $C_t$
     ┌────────────┐
     │   疲労照査      │ ←── 安全係数 $\gamma_b, \gamma_w, \gamma_i$
  NO │ $(\gamma_b \cdot \gamma_w \cdot \gamma_i)\Delta\sigma_e \leq \Delta\sigma_R$ │
     └────────────┘
             ↓ YES
         疲労照査終了

 設計の段階であるなら
 設計変更する
```

図 C-1.4 疲労照査フローチャート

6. 疲労照査

6.1 疲労照査位置および強度等級

本設計例で疲労照査する位置は，バックステイの1か所の部位である（図C-1.3）．図C-1.3に示すようにボックス断面をした同部位には，仕切り板が内部にあり，止端仕上げをした荷重非伝達型十字すみ肉溶接継手がある．疲労照査には同溶接継手について行う．指針・表3.4より継手の強度等級はDである．

6.2 応力の算定

JIS B 8821を参考にして，計算で照査部の最大応力範囲 $\Delta\sigma_{max}$ を求める．構造上バックステイには完全片振り引張応力，すなわち応力0から各条件での最大応力の間のみの繰返し応力が作用するため，最大応力範囲は，

$$\Delta\sigma_{max} = [K\{W_t + \psi(W_G + W_O)\}]\frac{l_1}{l_2}\frac{1}{\sin\theta_1}\left(\frac{\cos\theta_1}{\cos\theta_2}\right)\Big/A_B$$
$$= 87.2 \text{ N/mm}^2$$

と求められる．ここで，W_t はトロリー重量，W_G はグラブ重量，W_O はつかんだ荷の重量，A_B は断面積（$A_B = 2(t_1 e_1 + t_2 e_2)$），$K$ は作業係数，Ψ は衝撃係数，l_1, l_2, θ_1, θ_2 は図C-1.5に示す各種寸法である．

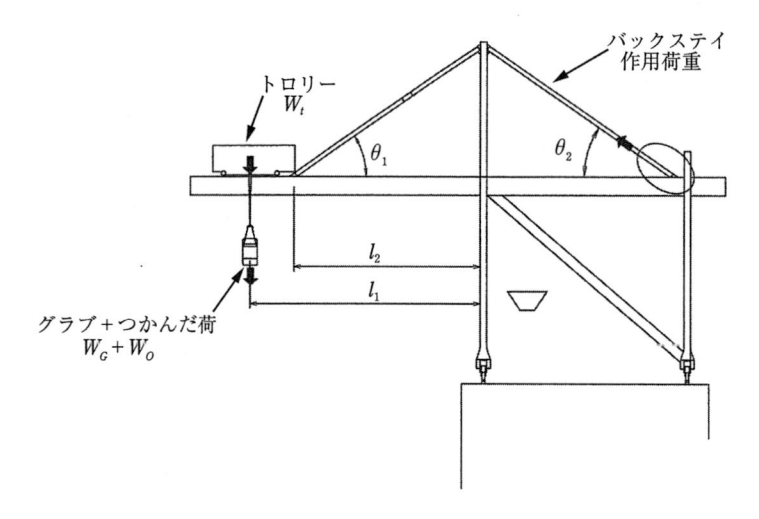

W_t	9.7×10^5 (N)
W_G	1.96×10^5 (N)
W_O	2.15×10^5 (N)
l_1	40 000 (mm)
l_2	32 000 (mm)
θ_1	35°
θ_2	40°
t_1	19 (mm)
t_2	16 (mm)
e_1	700 (mm)
e_2	800 (mm)

図C-1.5 応力範囲算出のための荷重条件

ここで，JIS B 8831より，

　　作業係数：$K = 1.2$ …… 常態として，定格荷重の80％以上の荷重の荷を吊るクレーン
　　　　　　　　　　　　　　荷重を受ける回数：2.0×10^6 以上

　　衝撃係数：$\Psi = 1.6$ …… $\Psi = 1 + 0.6 \times V_h = 1 + 0.6 \times 2.42 = 2.45$
　　　　　　　　　　　　ただし，$1 + 0.6 \times V_h > 1.60$ の場合は，$\Psi = 1.60$

6.3 疲労照査

6.3.1 簡便な疲労照査

以上のことから,

$$(\gamma_b \cdot \gamma_w \cdot \gamma_i) \cdot \Delta\sigma_{max} > \Delta\sigma_{ce} \cdot C_R \cdot C_t$$
$$105.5 \text{ N/mm}^2 > 84 \text{ N/mm}^2$$

となり，疲労設計荷重による詳細な疲労照査が必要であることがわかる．以上の結果をまとめて**表C-1.1**に示す．

表 C-1.1 簡便な疲労照査

疲労照査位置	図 C-1.3 の十字すみ肉溶接継手（止端仕上げ，荷重非伝達）
設計計算応力補正係数 a	—
応力 σ (σ_{max}, σ_{min})	—
最大応力範囲 $\Delta\sigma_{max}$	87.2
応力範囲の打切り限界 （一定振幅応力）$\Delta\sigma_{ce}$	84
平均応力補正係数 C_R	1.0
板厚補正係数 C_t	1.0
安全係数 $\gamma_b, \gamma_w, \gamma_i$	1.1, 1.0, 1.1
詳細な疲労照査の要否 $(\gamma_b \cdot \gamma_w \cdot \gamma_i) \Delta\sigma_{max} \leq \Delta\sigma_{ce} \cdot C_R \cdot C_t$	要

（注）応力の単位：N/mm²

6.3.2 変動振幅応力下での詳細な疲労照査

a. 疲労強度

1) 継手の等級分類

指針・3.2.3 項に従い継手の等級分類を決定する．

十字すみ肉溶接（荷重非伝達）止端仕上げ：等級 D

　2×10^6 回設計疲労強度　$\Delta\sigma_f = 100 \text{ N/mm}^2$

　　一定振幅応力における打切り限界　$\Delta\sigma_{ce} = 84 \text{ N/mm}^2$

　　変動振幅応力における打切り限界　$\Delta\sigma_{ve} = 39 \text{ N/mm}^2$

2) 平均応力の影響（指針・3.2.4 項）

クレーンの稼働中，バックステイには引張応力が作用する．平均応力は正の領域であるので，平均応力による疲労設計強度の補正は考慮しない．

3) 板厚の影響（指針・3.2.5 項）

継手の等級分類が指針・**表 3.4(d)** の 2. に該当するが，評価する断面の板厚は 25 mm 以下であるため，板厚による疲労設計強度の補正は行わない．

b. 荷重および応力頻度分布

1) 疲労設計荷重（指針・2.1 節）

アンローダの稼働を想定した解析データを利用する．

設計例

2) 荷重単位（指針・2.2節）

荷役1サイクルにおける荷重を1つの荷重単位とする．

3) 動的効果（指針・2.5節）

解析データには動的効果も含まれている．

4) 設計寿命（指針・2.6節）

設計寿命は$L=30$年間とする．

5) 単位期間（指針・2.7節）

単位期間は$U=1$年間とする．

6) 応力範囲頻度分布（指針・3.1.2項）

応力範囲の頻度分布は，グラブのつかみ量のばらつき，トロリー横行範囲のばらつき等を含んだ，稼働時の応力の解析データによる結果（図C-1.6）を用いる．

7) 設計繰返し数（指針・3.1.3項）

$$n_i = \Sigma n_i \times T = 4.5 \times 10^6$$

Σn_i（単位期間内の応力の総繰返し数）$=1.5\times 10^5$（クレーン稼働繰返し数による）

$T=L/U=30$

8) 応力範囲頻度

表 C-1.2　1年間の繰返し荷重

定格荷重	100%	70%	50%
回数（頻度）	1.5×10^4（10%）	9.0×10^4（60%）	4.5×10^4（30%）
応力範囲（N/mm²）	87.2	60.6	42.9

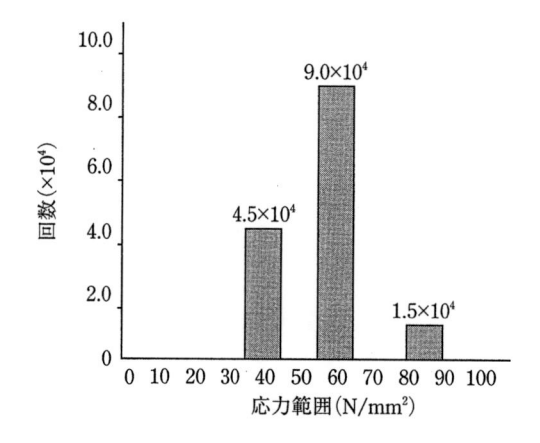

図 C-1.6　1年間の応力範囲頻度分布

9) 等価応力範囲

指針・3.1.4項に従い，着目部に作用する等価応力範囲を求める．作用するのは直応力であるので$m=3$となる．

$$\Delta\sigma_e = \sqrt[m]{\Sigma \Delta\sigma_i^m \times n_i / \Sigma n_i} = 60.7 \text{ N/mm}^2$$

c. 疲労照査

1) 安全係数（指針・3.3.1項）

　a）冗長度係数

バックステイは重要部であり，その損傷破壊はクレーンの崩壊につながる危険もあるので，

$$\gamma_b = 1.1$$

b）重要度係数

一般的なクレーンである（JIS B 8821 より）ので，

$$\gamma_w = 1.0$$

　c）検査係数

ボックスの内部のため定期的な検査ができないので，

$$\gamma_t = 1.1$$

2）疲労照査

指針・第 3 章に従い疲労照査を行う．

$$\Sigma \sigma_R = \sigma_f \times \sqrt[3]{(2 \times 10^6/n_t)} = 76.3 \text{ N/mm}^2$$

$$\Delta \sigma_R/(\gamma_b \cdot \gamma_w \cdot \gamma_i) = 63.1 \text{ N/mm}^2$$

$$\Delta \sigma_e/(60.7 \text{ N/mm}^2) < 63.1 \text{ N/mm}^2$$

d. 結　　果

アンローダのバックステイ，十字すみ肉溶接部の疲労照査を行った結果，30 年の設計寿命に対して許容応力を満足する結果を得た．

以上の結果をまとめて**表 C-1.3，C-1.4** に示す．

表 C-1.3　等価応力範囲

疲労照査位置	図 C-1.3 の十字すみ肉溶接継手 （止端仕上げ，荷重非伝達）
設計計算補正係数　a	—
応力　（σ_{max}, σ_{min}）	—
応力範囲と繰返し数　$\Delta \sigma_i$, n_i	図 C-1.6，6.3.2 b.7）
応力範囲の打切り限界　$\Delta \sigma_{ce}$ （変動応力）	39
等価応力範囲　$\Delta \sigma_e$	60.7

（注）　応力の単位：N/mm^2

表 C-1.4　詳細な疲労照査

疲労照査位置		図 C-1.3 の十字すみ肉溶接継手 （止端仕上げ，荷重非伝達）
疲労強度等級		D
2×10^6 回基本疲労強度　$\Delta \sigma_f$		100
設計繰返し数　n_t		4.5×10^6
平均応力補正係数　C_R		1.0
板厚補正係数　C_t		1.0（補正不要）
安全係数	γ_b	1.1
	γ_w	1.0
	γ_t	1.1
設計応力範囲　$\Delta \sigma_d = \Delta \sigma_e$		60.7
疲労強度　$\Delta \sigma_R$		76.3
疲労照査 $(\gamma_b \cdot \gamma_w \cdot \gamma_i) \cdot \Delta \sigma_d \leq \Delta \sigma_R$		OK

（注）　応力の単位：N/mm^2

設計例

■設計例C-2　天井クレーン走行桁

1. はじめに

　工場建屋内の天井クレーンは，一般に JIS B 8821（クレーン鋼構造部分の計算基準：2004）に従い疲労設計が行われている．一方，これを支持する走行桁（ランウェイガーダー）は，建築建屋の一部として，日本建築学会・鋼構造計算基準により設計されている．本基準には，繰返し応力を受ける部材および接合部（第7章）に対しては，許容応力度の低減を求めているが，実際には疲労設計を行うことが一般的ではないため，各種の疲労損傷が生じていることが報告されている[1]．
　製鉄所内の天井クレーン走行桁を対象に，本指針を適用した場合の疲労安全性の照査を行う．

2. 設計条件

　具体的な設計対象は，図C-2.1に示すプレートガーダー形式の分塊工場均熱ヤードの天井クレーン走行桁とする．実際の疲労損傷は，鉄道に比較し数倍大きい車輪荷重が直接走行する圧縮フランジ近傍に多く発生している．しかし，これらの損傷の多くは溶接および構造ディテールの不適切さに起因しているものであることから，ここでは取り扱わないものとし，垂直補剛材下端のまわし溶接部および，下フランジと垂直補剛材の溶接部（まわし溶接付き荷重非伝達型リブ十字溶接継手）

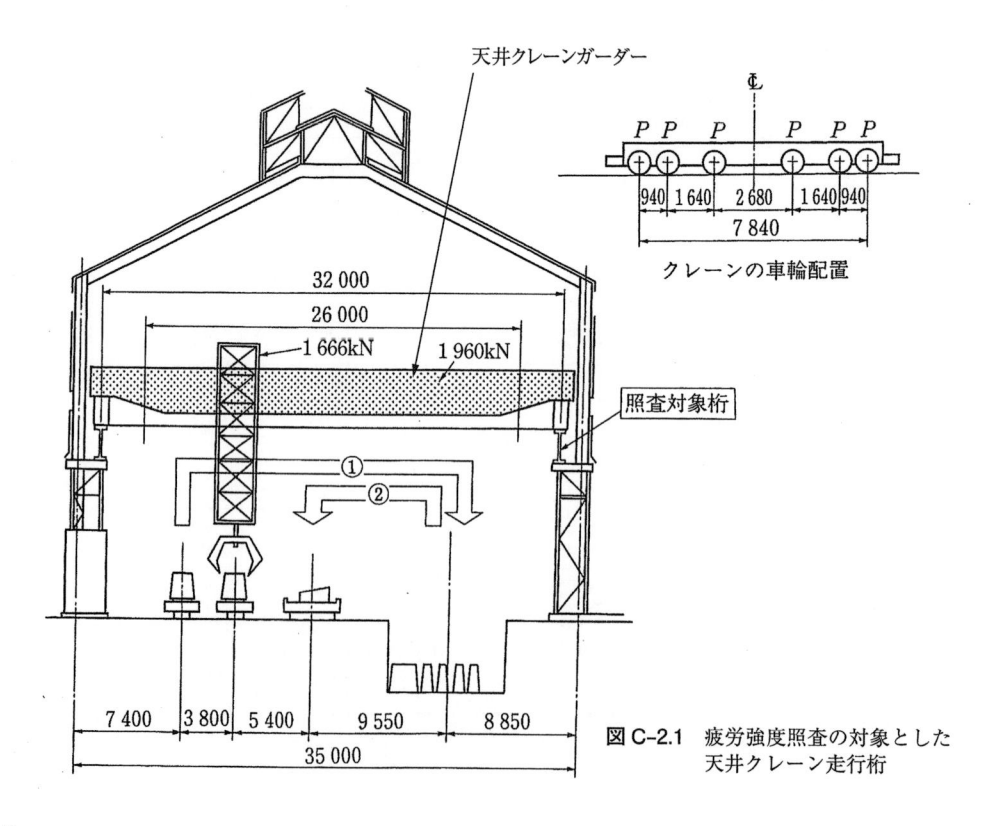

図C-2.1　疲労強度照査の対象とした天井クレーン走行桁

を疲労強度照査の対象部位とする.

- 構造形式——単径間プレートガーダー.横荷重に抵抗するためトラス形式の補助桁（バックガーダー）を有する.
- 設計荷重天井クレーンから与えられる輪荷重.
- 設計寿命——初期耐用年数 40 年.
- 設計繰返し回数——天井クレーンの稼働回数により与えられる.
- 構造設計基準——日本建築学会・鋼構造設計基準.

3. 一 般 図

検討対象とした天井クレーン走行桁の形状・寸法を図 C-2.2 に示す.

4. 荷 重

疲労設計を行わない場合の走行桁の断面は，①建築限界上の幾何学的形状，寸法の制約と，②天井クレーンの定格最大吊り荷重を着目走行桁にクレーンの接近限界に最も近い位置に積載し，日本建築学会・鋼構造設計基準に定められた許容応力以下となるよう決定される.

本設計例で取り扱う分塊工場均熱ヤードの天井クレーン走行桁の設計に用いる天井クレーンのボギー台車車輪配置を，図 C-2.1 に示す.輪荷重は，

$$P = \frac{1\,960}{12} + \frac{(1\,666 + 235.2) \times 29}{32 \times 6}$$
$$= 450 \text{ kN/輪}$$

着目走行桁に作用する荷重は天井クレーン重量（自重）とクレーンの吊り荷重（鋼塊）である.

天井クレーンの吊り荷重としての鋼塊には，1 チャージ（計 2 352 kN）当たりの鋼塊本数により，表 C-2.1 に示すような種類があると仮定する.

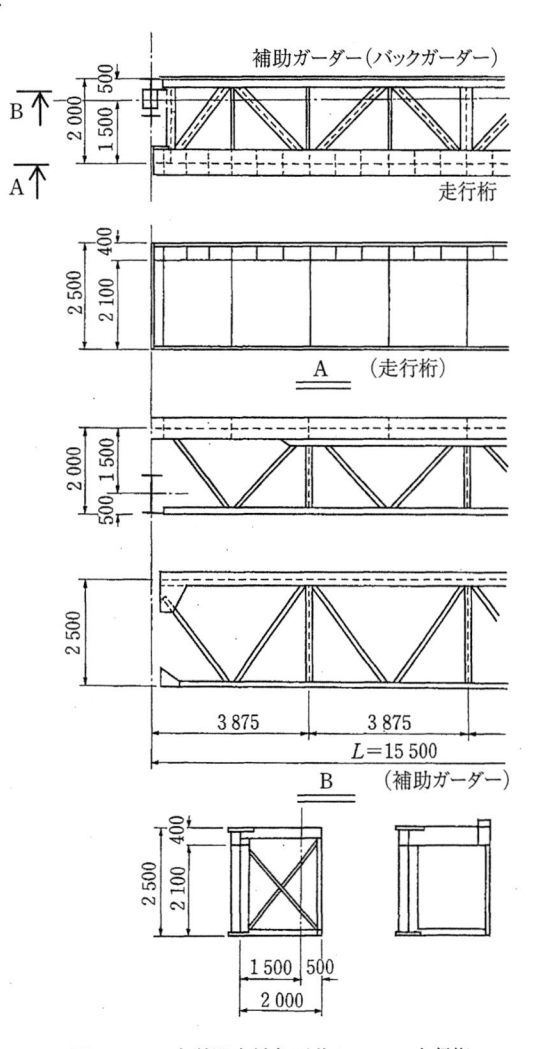

図 C-2.2 疲労照査対象天井クレーン走行桁

表 C-2.1 疲労設計荷重（吊り荷重）の種類

1日当たりの吊上げ回数（平均）	鋼塊 1 本の重量 (kN)
36.0	87.2
49.5	106.8
7.2	138.2
24.3	181.3
4.5	213.6
17.2	235.2

設計例

5. 疲労照査の手順

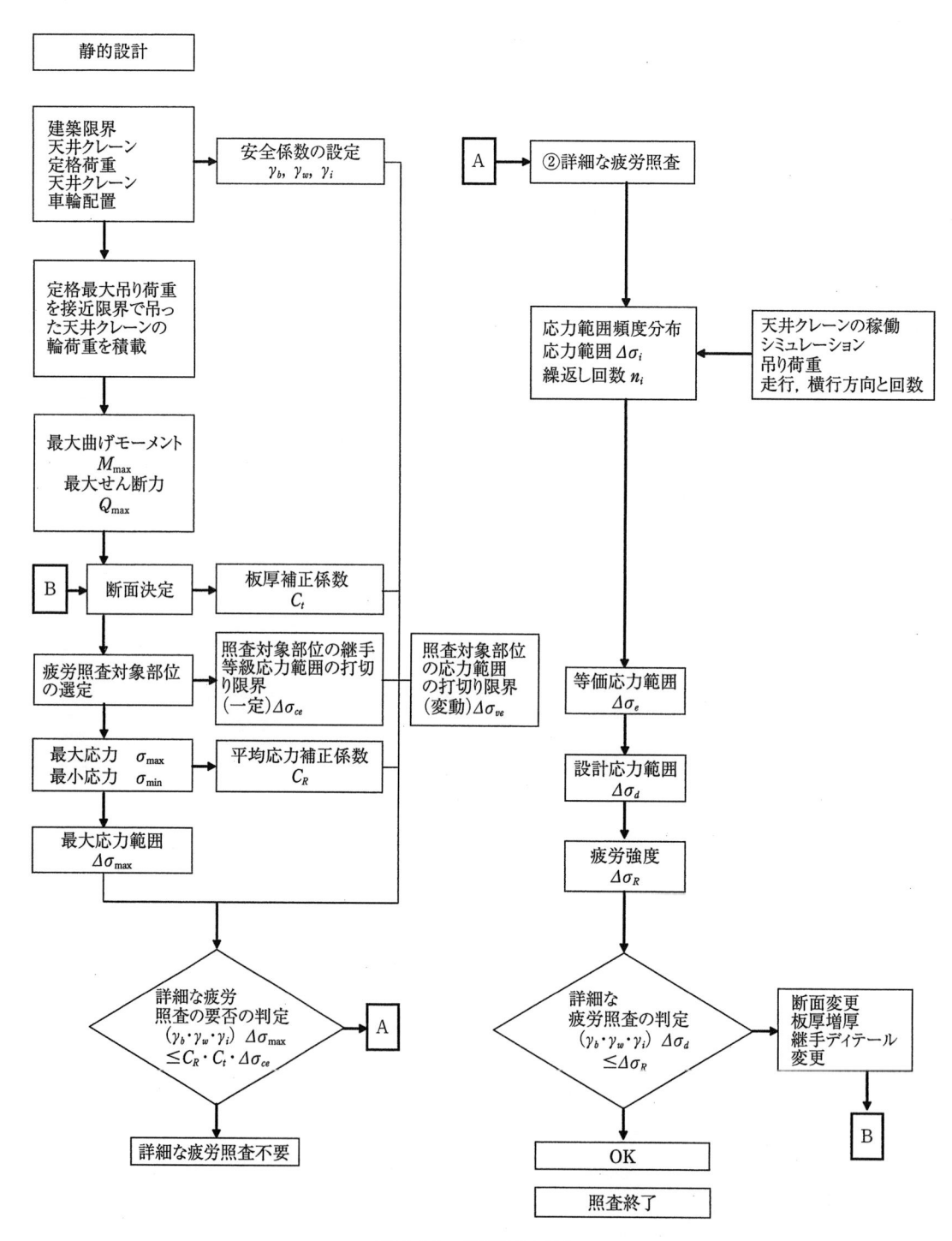

```
[静的設計]
   │
   ▼
┌─────────────┐
│ 建築限界    │
│ 天井クレーン │ ──→ [安全係数の設定 $\gamma_b, \gamma_w, \gamma_i$] ──────────┐     [A] → ② 詳細な疲労照査
│ 定格荷重    │                                                      │                │
│ 天井クレーン │                                                      │                ▼
│ 車輪配置    │                                                      │     ┌──────────────────┐      ┌─────────────┐
└─────────────┘                                                      │     │ 応力範囲頻度分布 │      │ 天井クレーンの稼働 │
   │                                                                 │     │ 応力範囲 $\Delta\sigma_i$ │ ←─ │ シミュレーション │
   ▼                                                                 │     │ 繰返し回数 $n_i$  │      │ 吊り荷重          │
[定格最大吊り荷重を接近限界で吊った天井クレーンの輪荷重を積載]              │     └──────────────────┘      │ 走行, 横行方向と回数│
   │                                                                 │                │             └─────────────┘
   ▼                                                                 │                ▼
[最大曲げモーメント $M_{max}$ / 最大せん断力 $Q_{max}$]                    │     [等価応力範囲 $\Delta\sigma_e$]
   │                                                                 │                │
[B] ▼                                                                 │                ▼
[断面決定] ──→ [板厚補正係数 $C_t$] ─────────────────┐                  │     [設計応力範囲 $\Delta\sigma_d$]
   │                                                │                 │                │
   ▼                                                │                 │                ▼
[疲労照査対象部位の選定] ←─ [照査対象部位の継手等級応力範囲の打切り限界（一定）$\Delta\sigma_{ce}$] ─ [照査対象部位の応力範囲の打切り限界（変動）$\Delta\sigma_{ve}$]
   │                                                                                   │
   ▼                                                                                   ▼
[最大応力 $\sigma_{max}$ / 最小応力 $\sigma_{min}$] ──→ [平均応力補正係数 $C_R$]        [疲労強度 $\Delta\sigma_R$]
   │                                                                                   │
   ▼                                                                                   ▼
[最大応力範囲 $\Delta\sigma_{max}$]                                        ◇ 詳細な疲労照査の判定
   │                                                                       $(\gamma_b \cdot \gamma_w \cdot \gamma_i)\Delta\sigma_d \leq \Delta\sigma_R$
   ▼                                                                           │            │
◇ 詳細な疲労照査の要否の判定                                                   OK            → [断面変更／板厚増厚／継手ディテール変更] → [B]
 $(\gamma_b \cdot \gamma_w \cdot \gamma_i)\Delta\sigma_{max} \leq C_R \cdot C_t \cdot \Delta\sigma_{ce}$ → [A]
   │
   ▼
[詳細な疲労照査不要]                                                       [照査終了]
```

図 C-2.3 疲労照査の流れ

6. 疲労照査

6.1 構造部材名

天井クレーン走行桁の構造構成と，疲労き裂の発生の可能性がある部位を図 C-2.4 に示す．

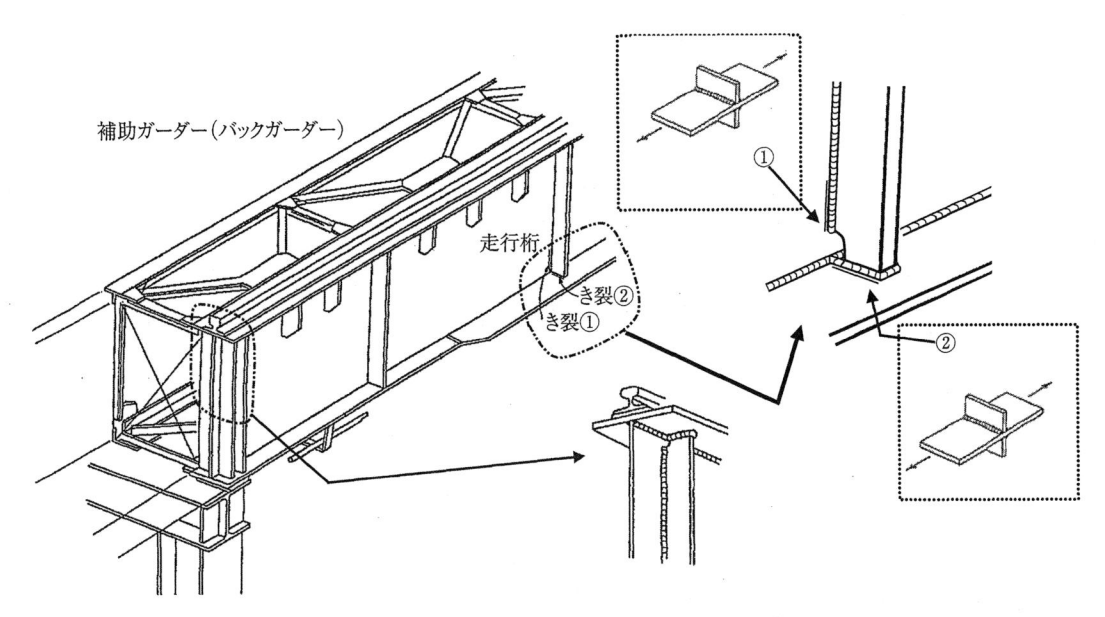

図 C-2.4 疲労き裂が発生する可能性のある部位

6.1.1 疲労照査および強度等級

本設計例で検討対象とした疲労強度照査位置，その疲労強度等級，継手の種類を表 C-2.2 に示す．

表 C-2.2 継手の強度等級

照査位置	強度等級	継手の種類
①	E(80 N/mm^2)	荷重非伝達型十字溶接継手 非仕上げのすみ肉継手
②	E(80 N/mm^2)	荷重非伝達型十字溶接継手 非仕上げのすみ肉継手

6.1.2 断面力および応力範囲の算定

天井クレーン走行桁は，水平力を分担する補助ガーダー（バックガーダー）と呼ばれる桁構造と一体構造化されるため，実際には偏心荷重を受ける箱桁的な挙動を示す．そのため，主桁に相当する走行桁の応力が単純支持梁として計算される設計応力値より 10%から 20%程度低く，逆に補助ガーダーには設計計算上考慮しない応力，変形が発生し，図 C-2.4 に示すような疲労損傷が発生することが報告されている．このような走行桁の立体挙動を考慮して主桁応力を算定する簡易計算法も最近提案されているが，ここでは単純支持梁として断面力を算定した．

また，動的効果として上記断面力に吊上げ時（地切り時）ならびに走行，横行時などの影響を考慮し，設計衝撃係数 0.25 を用いる．

荷重単位を，図 C-2.5 に示すクレーン稼働シミュレーションを参考に以下の 3 種類の稼働単位に分類し，着目走行桁支間中央断面における曲げ応力波形を作成し，レンジペア法にて応力頻度分

設計例

布を求める.

    Case1   挿入作業：鋼塊台車からピットへ鋼塊の移動   平均 69.4 回/日
    Case2   抽出作業：ピットからバギー車への鋼塊の移動   平均 69.4 回/日
    Case3   通　　過：空荷での通過   平均 17.3 回/日

求められた応力頻度分布は後出の図 C-2.7 に示す.

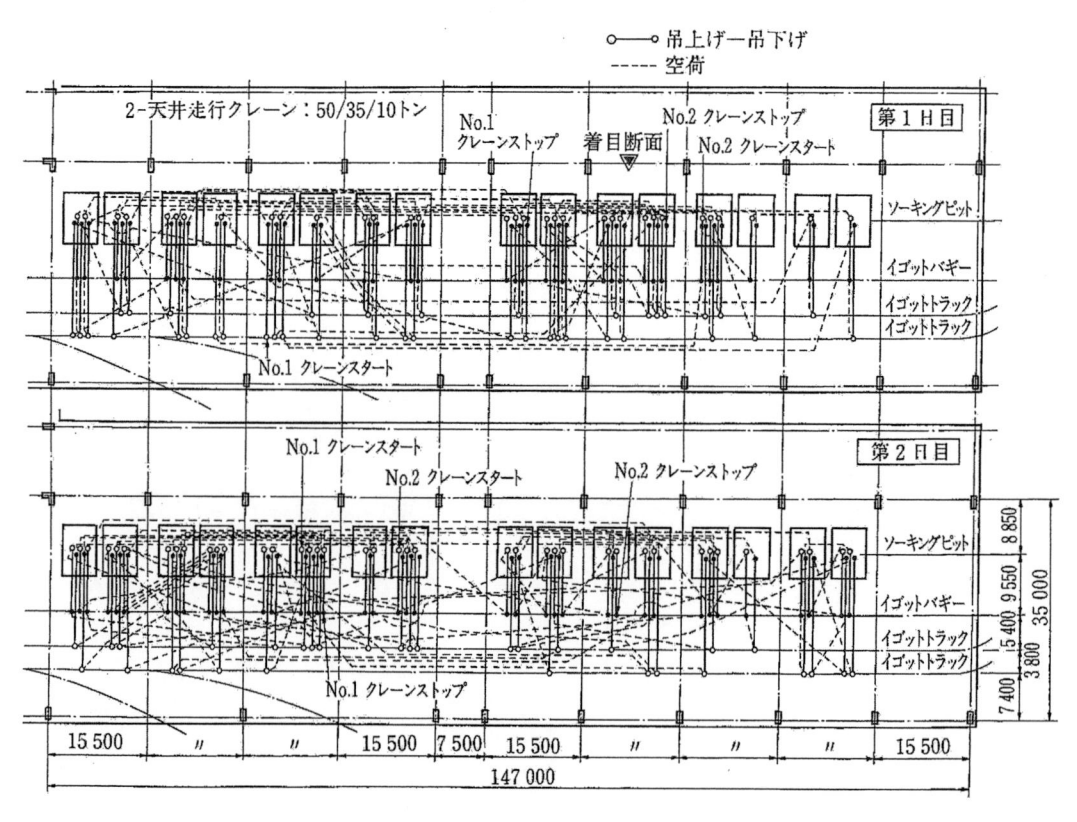

図 C-2.5　クレーン稼働シミュレーション例

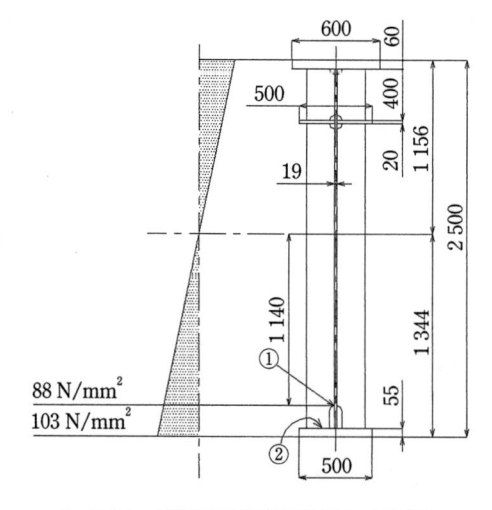

図 C-2.6　疲労強度照査対象桁の寸法諸元

6.1.3 疲労照査
(1) 簡便な疲労照査

表 C-2.3 簡便な疲労照査（照査位置①）

照査する応力		直応力	せん断応力	組合せ（主応力）
断面係数 Z	Z_y	1.74×10^8 mm^3	—	—
	Z_z	1.00×10^8 mm^3	—	—
応力	最大	$\sigma_{max} = 88$ N/mm^2	$\tau_{max} = 28$ N/mm^2	$\sigma_{Pmax} = 96$ N/mm^2
	最小	$\sigma_{min} = 3$ N/mm^2	$\tau_{min} = 2$ N/mm^2	$\sigma_{Pmin} = 4$ N/mm^2
最大応力範囲		$\Delta\sigma_{max} = 85$ N/mm^2	$\Delta\tau_{max} = 26$ N/mm^2	$\Delta\sigma_{Pmax} = 92$ N/mm^2
応力範囲の打切り限界（一定振幅応力）		$\Delta\sigma_{ce} = 62$ N/mm^2	$\Delta\tau_{ce} = 67$ N/mm^2	$\Delta\sigma_{Pce} = 62$ N/mm^2
平均応力補正係数 C_R		—	—	1.0
板厚補正係数 C_t		—	—	1.0
安全係数 $\gamma_b, \gamma_w, \gamma_i$		—	—	$1.0 \times 1.1 \times 1.1$
疲労照査		—	—	$\gamma_b \cdot \gamma_w \cdot \gamma_i \cdot \Delta\sigma_{Pmax}$ $= 111$ N/mm^2 > 62 N/mm^2 $= \Delta\sigma_{Pce} \cdot C_R \cdot C_t$
詳細な疲労照査の要否判定		—	—	要

表 C-2.4 簡便な疲労照査（照査位置②）

照査する応力		直応力
断面係数 Z	Z_y	1.74×10^8 mm^3
	Z_z	1.00×10^8 mm^3
応力	最大	$\sigma_{max} = 103$ N/mm^2
	最小	$\sigma_{min} = 3$ N/mm^2
最大応力範囲		$\Delta\sigma_{max} = 100$ N/mm^2
応力範囲の打切り限界（一定振幅応力）		$\Delta\sigma_{ce} = 62$ N/mm^2
平均応力補正係数 C_R		1.0
板厚補正係数 C_t		1.0
安全係数 $\gamma_b, \gamma_w, \gamma_i$		$1.0 \times 1.1 \times 1.1$
疲労照査		$\gamma_b \cdot \gamma_w \cdot \gamma_i \cdot \Delta\sigma_{max} = 121$ N/mm^2 > 62 N/mm$^2 = \Delta\sigma_{ce} \cdot C_R \cdot C_t$
詳細な疲労照査の要否判定		要

設計例

(2) 変動振幅応力下での詳細な疲労照査

a. 等価応力範囲

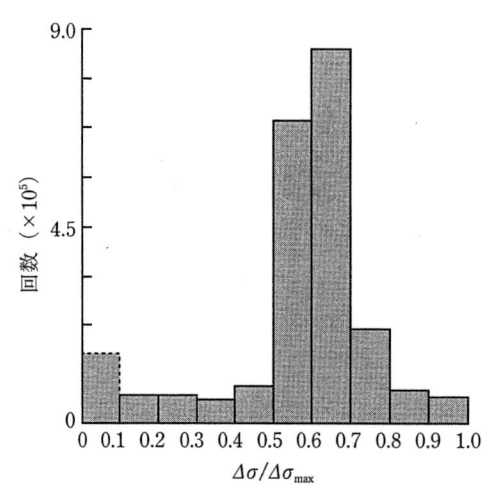

表 C-2.5 等価応力範囲算出

回数（40年間）n_i	$\Delta\sigma/\Delta\sigma_{max}$
153 900	0.05
62 700	0.15
62 700	0.25
57 000	0.35
79 800	0.45
68 4000	0.55
843 600	0.65
205 200	0.75
68 400	0.85
51 300	0.95
合計 2.27×10^6	

	$\Delta\sigma_{max}$
①	92 N/mm²
②	100 N/mm²

（注）①と②は正比例の応力変動を示す関係にあるので，最大応力範囲との比を用いた応力範囲頻度分布は①，②とも同一となる．

図 C-2.7 応力範囲頻度分布（40年間）

等価応力範囲算出式　　$\Delta\sigma_e = \sqrt[3]{\sum\{(\Delta\sigma/\Delta\sigma_{max})\Delta\sigma_{max}\}^3 n_i / \sum n_i}$

表 C-2.6 等価応力範囲の計算（照査位置①）

照査する応力		直応力	せん断応力	組合せ（主応力）
設計計算応力補正係数 a		1.0	1.0	1.0
応力	最大	$\sigma_{max} = 88$ N/mm²	$\tau_{max} = 28$ N/mm²	$\sigma_{Pmax} = 96$ N/mm²
	最小	$\sigma_{min} = 3$ N/mm²	$\tau_{min} = 2$ N/mm²	$\sigma_{Pmin} = 4$ N/mm²
応力範囲 繰返し数 n_i		—	—	$\Delta\sigma_{Pi} = 92$ N/mm² 2.27×10^6
応力範囲の打切り限界 変動応力		—	—	$\Delta\sigma_{Pve} = 29$ N/mm²
等価応力範囲		—	—	$\Delta\sigma_{Pe} = 57$ N/mm²

表 C-2.7 等価応力範囲の計算（照査位置②）

照査する応力		直応力
設計計算応力補正係数 a		1.0
応力	最大	$\sigma_{max} = 103$ N/mm²
	最小	$\sigma_{min} = 3$ N/mm²
応力範囲 繰返し数 n_i		$\Delta\sigma_i = 100$ N/mm² 2.27×10^6
応力範囲の打切り限界 変動応力		$\Delta\sigma_{ve} = 29$ N/mm²
等価応力範囲		$\Delta\sigma_e = 61$ N/mm²

b. 疲労照査

表 C-2.8　詳細な疲労照査（照査位置①）

照査する応力	組合せ（主応力）
疲労強度等級	E
2×10^6 回基本疲労強度	$\Delta\sigma_{Pf}=80\,\mathrm{N/mm^2}$
設計繰返し回数 n_t	2.27×10^6
平均応力補正係数 C_R	1.0
板厚補正係数 C_t	1.0
安全係数 $\gamma_b,\ \gamma_w,\ \gamma_i$	$1.0\times1.1\times1.1$
設計応力範囲	$a=1.0$ $\Delta\sigma_{Pd}=57\,\mathrm{N/mm^2}$
疲労強度	$\Delta\sigma_{PR}=77\,\mathrm{N/mm^2}$
疲労照査	$\gamma_b\cdot\gamma_w\cdot\gamma_i\cdot\Delta\sigma_{Pd}$ $=69\,\mathrm{N/mm^2}$ $\leq 77\,\mathrm{N/mm^2}=\Delta\sigma_{PR}$
判定	OK

表 C-2.9　詳細な疲労照査（照査位置②）

照査する応力	直応力
疲労強度等級	E
2×10^6 回基本疲労強度	$\Delta\sigma_f=80\,\mathrm{N/mm^2}$
設計繰返し回数 n_t	2.27×10^6
平均応力補正係数 C_R	1.0
板厚補正係数 C_t	1.0
安全係数 $\gamma_b,\ \gamma_w,\ \gamma_i$	$1.0\times1.1\times1.1$
設計応力範囲	$a=1.0$ $\Delta\sigma_d=61\,\mathrm{N/mm^2}$
疲労強度	$\Delta\sigma_R=77\,\mathrm{N/mm^2}$
疲労照査	$\gamma_b\cdot\gamma_w\cdot\gamma_i\cdot\Delta\sigma_d=74\,\mathrm{N/mm^2}$ $\leq 77\,\mathrm{N/mm^2}=\Delta\sigma_R$
判定	OK

1) 安全係数

γ_b（冗長度係数）：単純支持桁の引張側の部位であり，その破断は桁全体の耐荷力を著しく低下させるため 1.0 とする．

γ_w（重要度係数）：社会的な影響はないが，疲労損傷を生じた場合には生産活動に著しい被害を与えるため 1.1 とする．

γ_i（検査係数）：点検が困難な箇所があることから 1.1 とする．

2) 平均応力の影響

クレーン走行桁は単純桁であり，ここでは引張側を照査対象とすることから，平均応力は正の領域となる．そのため，疲労設計強度の補正は行わない．

3) 板厚の影響

引張フランジの板厚が 55 mm（>25 mm）であるが，付加板厚が 12 mm（≦12 mm）のため，

設計疲労強度の補正は行わない．

十字継手の存在するウェブは，板厚が 19 mm（＜25 mm）であることから，設計疲労強度の補正は行わない．

4) 組合せ応力の補正

組合せ応力の場合には，主応力方向と溶接の角度を用いて応力の大きさを補正するが，ここではまわし溶接があるため，この補正を行っていない．

以上の疲労照査から，本天井クレーン走行桁は期待耐用年数 40 年に対し安全であると結論される．

参考文献

1) 日本鋼構造協会：クレーンガーダーの疲労損傷に関する調査報告，JSSC，Vol.12，No.128，1976．

■設計例C-3　クラブトロリー式天井クレーンガーダー

1. はじめに

　クラブトロリー式天井クレーンのガーダーは，さまざまな荷重を吊ったトロリーがその上を横行するため，応力変動および繰返しの影響が大きい．また，ガーダーを構成する板材は，スパンの全長を確保できない場合に板継ぎ溶接をしていることがあり，その部分の疲労破壊に対する安全性を確保する必要がある．

2. 設計条件

　　構　造　形　式：クラブトロリー式天井クレーンの全体構造を図 C-3.1 に示す．ガーダーは l_1 の位置で板継ぎ溶接をしており，その部分の溶接継手について疲労照査を行う．

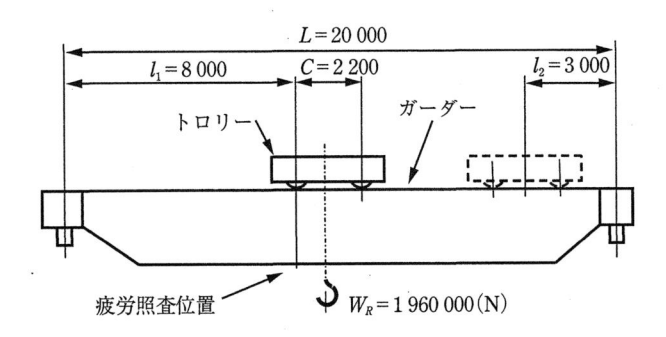

図 C-3.1　クラブトロリー式天井クレーン

　　定　格　荷　重：$W_R = 19.6 \times 10^5$（N）
　　最大（吊上）荷重：$W_L = 2.00 \times 10^5$（N）
　　吊　具　自　重：$w = 3.92 \times 10^3$（N）
　　トロリー自重：$Q = 5.88 \times 10^4$（N）
　　片　桁　自　重：$G = 9.80 \times 10^4$（N）
　　ス　パ　ン：$L = 20\,000$（mm）
　　トロリーホイルベース：$C = 2\,200$（mm）
　　継　手　位　置：$l_1 = 8\,000$（mm）[疲労照査位置]
　　荷おろし位置：$l_2 = 3\,000$（mm）
　　巻上定格速度：$V_h = 0.133$（m/s）
　　走行定格速度：$V_m = 1.667$（m/s）
　　設　計　寿　命：20年
　　構造設計基準：JIS B 8821：2004「クレーン鋼構造部分の計算基準」
　　　　　　　　　JIS B 8831：2004「クレーン—荷重及び荷重の組合せに関する設計原則」

3. 一 般 図

「2. 設計条件」の構造形式を参照のこと．

4. 荷　　重

図 C-3.1 に示す天井クレーンは，荷を吊ってトロリーおよびクレーンを移動させ，任意の位置まで荷重を運搬する作業を行う．トロリーで 1 回に吊る荷の重量と位置が変化するため，ガーダーにもそのたびに異なった応力が作用する．本計算例では，荷重の取扱い比率を表 C-3.1 に示すような種類があると仮定する．

表 C-3.1　取扱い荷重の種類

No.	取扱い荷重 $W_i(N)$	取扱い比率	1日の取扱い回数 n_d(回/日)	年間工場操業日数 d(日/年)	年間取扱い回数 n_i(回/年)
1	2.00×10^5	0.15	60		1.68×10^4
2	1.51×10^5	0.2	80		2.24×10^4
3	1.02×10^5	0.25	100	280	2.80×10^4
4	5.29×10^4	0.2	80		2.24×10^4
5	1.37×10^4	0.2	80		2.24×10^4
合　　計		1	400	—	1.12×10^5

時間当たりの取扱い回数：$n_h = 20$（回/h）
工場操業時間：$t_w = 20$（h/日）
1 日の取扱い回数：$n_d = 400$（回/日）$[= n_h \times t_w]$
年間操業日数：$d = 280$（日/年）
設　計　寿　命：$T = 20$（年）
設計繰返し数：$n_t = 2.24 \times 10^6$ $[= n_d \times d \times T]$

5. 疲労照査の手順

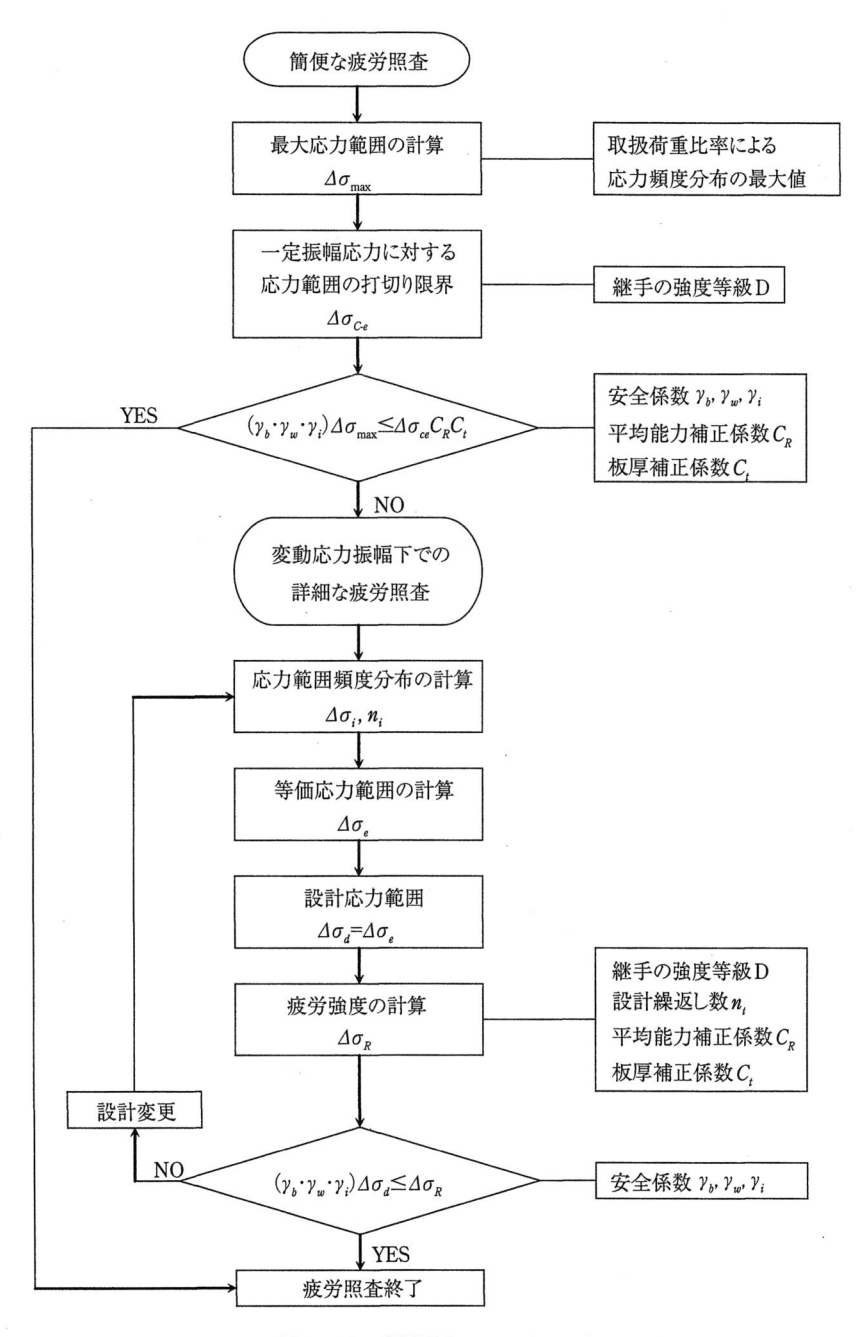

図 C-3.2 疲労照査フローチャート

```
           ┌──────────────────┐
           │  簡便な疲労照査  │
           └────────┬─────────┘
                    ▼
        ┌──────────────────────┐      ┌──────────────────────┐
        │  最大応力範囲の計算  │─────│ 取扱荷重比率による   │
        │     Δσ_max           │      │ 応力頻度分布の最大値 │
        └──────────┬───────────┘      └──────────────────────┘
                   ▼
        ┌──────────────────────┐      ┌──────────────────┐
        │ 一定振幅応力に対する │─────│ 継手の強度等級 D │
        │ 応力範囲の打切り限界 │      └──────────────────┘
        │       Δσ_Ce          │
        └──────────┬───────────┘
                   ▼
                  ╱╲                    ┌──────────────────────────┐
      YES       ╱    ╲                  │ 安全係数 γ_b, γ_w, γ_i   │
  ◄──────────(γ_b·γ_w·γ_i)Δσ_max ─────│ 平均能力補正係数 C_R     │
              ╲ ≤Δσ_ce·C_R·C_t ╱       │ 板厚補正係数 C_t         │
                ╲            ╱          └──────────────────────────┘
                  ╲  NO    ╱
                   ▼
        ┌──────────────────────┐
        │ 変動応力振幅下での   │
        │   詳細な疲労照査     │
        └──────────┬───────────┘
                   ▼
        ┌──────────────────────┐
   ┌───►│ 応力範囲頻度分布の計算│
   │    │     Δσ_i, n_i         │
   │    └──────────┬───────────┘
   │               ▼
   │    ┌──────────────────────┐
   │    │  等価応力範囲の計算  │
   │    │        Δσ_e          │
   │    └──────────┬───────────┘
   │               ▼
   │    ┌──────────────────────┐
   │    │    設計応力範囲      │
   │    │     Δσ_d = Δσ_e      │
   │    └──────────┬───────────┘
   │               ▼
   │    ┌──────────────────────┐      ┌──────────────────────┐
   │    │   疲労強度の計算     │─────│ 継手の強度等級 D     │
   │    │        Δσ_R          │      │ 設計繰返し数 n_t     │
   │    └──────────┬───────────┘      │ 平均能力補正係数 C_R │
   │               │                   │ 板厚補正係数 C_t     │
   │               │                   └──────────────────────┘
   │  ┌──────────┐ │
   │  │ 設計変更 │ │
   │  └────▲─────┘ │
   │       │NO    ╱╲                   ┌──────────────────────┐
   │       └────(γ_b·γ_w·γ_i)Δσ_d ────│ 安全係数 γ_b,γ_w,γ_i │
   │              ╲ ≤Δσ_R  ╱           └──────────────────────┘
   │                ╲    ╱
   │                 ╲ ╱
   │                YES
   │                 ▼
   │      ┌──────────────────┐
   └──────│   疲労照査終了   │
          └──────────────────┘
```

設計例

6. 疲労照査

6.1 ガーダー継手部

6.1.1 疲労照査位置および強度等級

本計算例で疲労照査する位置はガーダーの板継ぎ溶接部とし，その疲労強度等級および継手の種類を表 C-3.2 に示す．

表 C-3.2　継手の強度等級

照査位置	強度等級	継手の種類
ガーダーの板継ぎ溶接部	D（100）	非仕上げの横突合せ溶接継手（両面）

（注）　応力の単位：N/mm^2

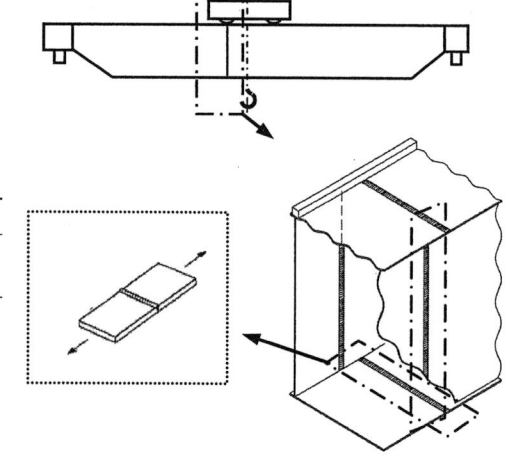

図 C-3.3　ガーダーの板継ぎ溶接部

6.1.2 断面力の算定

本計算例では，ガーダー板継ぎ位置でトロリーが各種荷重を吊った際と，無負荷でトロリーが荷おろし位置にいた場合の曲げモーメントを求め，断面力および応力範囲を算定する．

(1) 曲げモーメント

動荷重による曲げモーメント M_1

$$M_1 = \frac{W_L \times l_1}{2 \times L} \times \left(L - l_1 - \frac{c}{2}\right)$$

静荷重による曲げモーメント M_2

$$M_2 = \frac{Q \times l_1}{2 \times L} \times \left(L - l_1 - \frac{c}{2}\right) + \frac{G \times l_1}{2}\left(1 - \frac{l_1}{L}\right)$$

水平荷重による曲げモーメント M_3

$$M_3 = \beta \times (M_1 + M_2)$$

ここで，JIS B 8831 より

走行慣性力を求める係数　$\beta = 0.062\sqrt{V_m}$　（V_m：走行定格速度（m/s））

表 C-3.3 取扱い荷重別の曲げモーメント

No.	取扱い荷重 W_i (N)	取扱い比率	1日の取扱い回数 n_d (回/日)	年間工場操業日数 d (日/年)	年間取扱い回数 n_i (回/年)	曲げモーメント (N·mm)		
						M_1	M_2	M_3
1	2.00×10^5	0.15	30		1.68×10^4	4.36×10^8	3.63×10^8	6.39×10^7
2	1.51×10^5	0.2	40		2.24×10^4	3.29×10^8	3.63×10^8	5.54×10^7
3	1.02×10^5	0.25	50	280	2.80×10^4	2.22×10^8	3.63×10^8	4.68×10^7
4	5.29×10^4	0.2	40		2.24×10^4	1.15×10^8	3.63×10^8	3.82×10^7
5	1.37×10^4	0.2	40		2.24×10^4	2.99×10^7	3.63×10^8	3.14×10^7
合　　計		1	200	—	1.12×10^5	—	—	—

(2) 最小曲げモーメント

空荷でトロリーが荷おろし位置にある場合，疲労照査位置の曲げモーメントを最小曲げモーメント $M_{\min}$ とすると，

$$M_{\min} = \frac{(Q+w) \times l_2 \times l_1}{2L} + \frac{G \times l_1}{2}\left(1 - \frac{l_1}{L}\right)$$

$$= \frac{(5.88 \times 10^4 + 3.92 \times 10^3) \times 3\,000 \times 8\,000}{2 \times 20\,000} + \frac{9.8 \times 10^4 \times 8\,000}{2} \times \left(1 - \frac{8\,000}{20\,000}\right)$$

$$= 2.73 \times 10^8 \quad (\text{N/mm}^2)$$

(3) ガーダーの断面性能

X 軸の断面 2 次モーメント　$I_x = 5.74 \times 10^9$　(mm^4)

X 軸の断面係数（引張側）　$Z_{xt} = 8.71 \times 10^6$　(mm^3)

X 軸の断面係数（圧縮側）　$Z_{xc} = 1.03 \times 10^7$　(mm^3)

Y 軸の断面 2 次モーメント　$I_y = 2.19 \times 10^9$　(mm^4)

Y 軸の断面係数　　　　　　$Z_y = 5.68 \times 10^6$　(mm^3)

(4) ガーダーの応力

動荷重による応力 σ_1，静荷重による応力 σ_2，水平荷重による応力 σ_3

$$\sigma_1 = \frac{M_1}{Z_{xt}}, \qquad \sigma_2 = \frac{M_2}{Z_{xt}}, \qquad \sigma_3 = \frac{M_3}{Z_{xt}}$$

合成応力 σ_i

$$\sigma_i = K(\psi \times \sigma_1 + \sigma_2 + \sigma_3)$$

ここで，JIS B 8831 より

作業係数　$K = 1.2$ ——常態として定格荷重の 63% 以上 80% 未満の荷重の荷を吊るクレーン
荷重を受ける回数：2.0×10^6 以上

衝撃係数　$\Psi = 1.10$ —— $\Psi = 1 + 0.6V_h = 1 + 0.6 \times 0.133 = 1.08$（ただし，$1 + 0.6V_h < 1.10$ の場合は，$\Psi = 1.10$）

最小応力 $\sigma_{\min}$

$$\sigma_{\min} = \frac{K \times M_{\min}}{Z_{xt}} = \frac{1.2 \times 2.73 \times 10^8}{8.71 \times 10^6} = 37.6 \quad (\text{N/mm}^2)$$

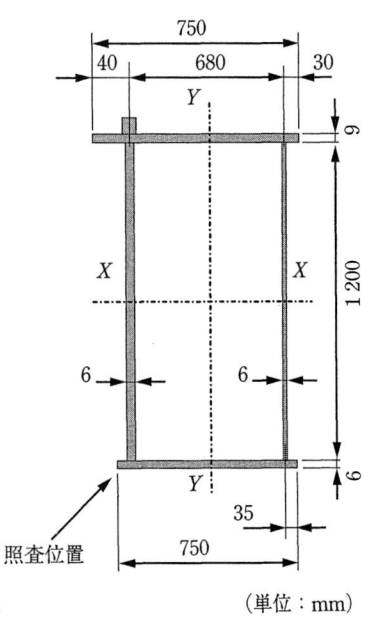

図 C-3.4　ガーダー断面
（単位：mm）

設計例

表 C-3.4　取扱い荷重別の応力範囲

No.	取扱い荷重 W_i (N)	年間取扱い回数 n_i (回/年)	曲げ応力 (N/mm²)			合成応力 (N/mm²)	応力範囲 (N/mm²)	等価応力範囲の3乗
			σ_1	σ_2	σ_3	σ_i	$\Delta\sigma_i = \sigma_i - \sigma_{\min}$	$\Delta\sigma_i^m (n_i/\Sigma n_i)$
1	2.00×10^5	1.68×10^4	50.1	41.7	11.3	1.30×10^2	92.4	1.18×10^5
2	1.51×10^5	2.24×10^4	37.8	41.7	9.8	1.12×10^2	74.4	8.24×10^4
3	1.02×10^5	2.80×10^4	25.5	41.7	8.2	9.35×10	55.9	4.37×10^4
4	5.29×10^4	2.24×10^4	13.2	41.7	6.7	7.55×10	37.9	1.09×10^4
5	1.37×10^4	2.24×10^4	3.40	41.7	5.5	6.11×10	23.5	2.60×10^3
合計		1.12×10^5						2.58×10^5

6.1.3　疲労照査

(1)　簡便な疲労照査

表 C-3.5　簡便な疲労照査

応力 σ	$\sigma_{\max}$	1.30×10^2	(N/mm²)
	$\sigma_{\min}$	3.76×10	(N/mm²)
最大応力範囲	$\Delta\sigma_{\max}$	92.4	(N/mm²)
応力範囲の打切り限界（一定振幅応力）	$\Delta\sigma_{ce}$	84	(N/mm²)
平均応力補正係数	C_R	1.0	
板厚補正係数	C_t	1.0（板厚 25 mm 以下）	
安全係数	$\gamma_b, \gamma_w, \gamma_i$	$1.1 \times 1.1 \times 1.0$	
$(\gamma_b \cdot \gamma_w \cdot \gamma_i) \Delta\sigma_{\max}$		111.8	(N/mm²)
$\Delta\sigma_{ce} C_R C_t$		>84	(N/mm²)
詳細な疲労照査の要否判定		要	

以上より，詳細な疲労照査が必要となる．

(2)　変動振幅応力下での詳細な疲労照査

a.　等価応力範囲

表 C-3.6　詳細な疲労照査（等価応力範囲の計算）

設計計算補正係数	a	1.0	
応力 σ	$\sigma_{\max}$	1.30×10^2	(N/mm²)
	$\sigma_{\min}$	3.76×10	(N/mm²)
応力範囲と繰返し数	$\Delta\sigma_i$ n_i	表 C-3.4	
応力範囲の打切り限界（変動振幅応力）	$\Delta\sigma_{ve}$	39	(N/mm²)
等価応力範囲	$\Delta\sigma_e$	63.7	(N/mm²)

$$\Delta\sigma_e = \sqrt[3]{\frac{\Sigma \Delta\sigma_i^3 \cdot n_i}{\Sigma n_i}} = \sqrt[3]{2.58 \times 10^5} = 63.7 \quad (\text{N/mm}^2)$$

b. 疲労照査

表 C-3.7　詳細な疲労照査

疲労強度等級		D
2×10^6 回基本疲労強度	$\Delta\sigma_f$	100
設計繰返し数	n_t	2.24×10^6
平均応力補正係数	C_R	1.0
板厚補正係数	C_t	1.0 (板厚 25 mm 以下)
安全係数	$\gamma_b,\ \gamma_w,\ \gamma_i$	$1.1\times1.1\times1.0$
設計応力範囲	$\Delta\sigma_d = a\,\Delta\sigma_e$	63.7 (N/mm^2)
疲労強度	$\Delta\sigma_R$	96.3 (N/mm^2)
疲労照査 ($\gamma_b\cdot\gamma_w\cdot\gamma_i$) $\Delta\sigma_d \leq \Delta\sigma_R$		77.1 (N/mm^2) $\leq$ 96.3 (N/mm^2) OK

$$\Delta\sigma_R = \Delta\sigma_f \cdot \left(\frac{2.0\times10^6}{n_t}\right)^{1/3}\cdot C_R \cdot C_t = 100\times\left(\frac{2.0\times10^6}{2.24\times10^6}\right)\times1.0\times1.0 = 96.3\ \ (\text{N/mm}^2)$$

以上の疲労照査から，本天井クレーンの板継ぎ溶接部は設計寿命 20 年に対し安全である．

設計例 D　船舶（ばら積み貨物船）

1. はじめに

通常，船舶関係では以下の2つの疲労設計基準が用いられることが多い．タンカーとばら積み貨物船については IACS（International Association of Classification Societies）の共通構造規則 [1],[2]（CSR: Common Structural Rules），その他の船舶については船級協会規則である．これが，船級に入級するための必要条件となっている．これらの船舶の疲労設計基準は，海洋構造物の疲労設計規則として実績のある UK-HSE の規則 [3] に準じ，船舶の荷重状態や運行状態の特徴を考慮に入れたものとなっている．

船体構造の応力性状の大きな特徴は，積み付け状態の変化により静的な平均応力が引張応力状態と圧縮応力状態とに大きく変化することである．引張平均応力状態で過大な引張応力を受けることにより，溶接部の引張残留応力はほとんど開放される．これにより，その後の圧縮平均応力状態における応力変動による疲労の累積が小さくなる．JSSC 指針では，溶接部に生じる高い引張残留応力の影響を考慮して，応力比 R が -1（完全両ぶり）以上では疲労強度に対する平均応力の影響はない（疲労強度一定），そして完全片振り圧縮では疲労強度を 30% アップとしている．上記のように，船舶では引張残留応力の解放が見込まれるため，JSSC 指針に則った方法で疲労照査を行うと，過度に安全側の評価となることも考えられる．溶接構造物では平均応力の影響をあまり受けないとする取扱いと，大きく異なる点である．

この設計例では，参照応力の評価までを JSSC 指針に従った方法で行い，累積疲労損傷度疲労被害度の算定を船舶の疲労規則 [2] に従って行った．

2. 設計条件

(1) 照査対象, 範囲

疲労照査対象は，表 D.1 に示す載貨重量が 18 万トンクラスのケープサイズと呼ばれる，二重船側ばら積み貨物船のビルジホッパータンク斜板と内底板の交差部（ビルジナックル部）である．評価対象貨物倉はヘビーバラスト状態で貨物倉にバラスト水を張るバラストホールドとし，船体運動に伴う貨物の慣性力による変動荷重が最も大きくなる倉内中央位置を疲労照査範囲とする．

表 D.1　対象船舶の主要寸法　　(m)

L (長さ)	B (幅)	D (深さ)	d (満載喫水)
275	45	24	18

設計例

(2) 構造概要

疲労照査対象箇所を図 D.1 に示す．ばら積み貨物船に設けられた貨物倉内の船側部に設けられたビルジホッパータンクの斜板と内底板が交差する溶接継手部で，対象位置は，肋板，側桁板および横桁に支持されている，内底板とビルジホッパー斜板の溶接継手部である．

疲労照査位置を図 D.2 に示す．内底板とビルジホッパータンクの斜板が側桁板上で 45° の傾斜角で交差する位置で，肋板により支持されている位置である．

この疲労照査位置における支配的荷重要因は，貨物およびバラスト水の慣性力による変動圧力で，疲労亀裂は通常，内底板とビルジホッパー斜板の溶接線に沿って発生する．

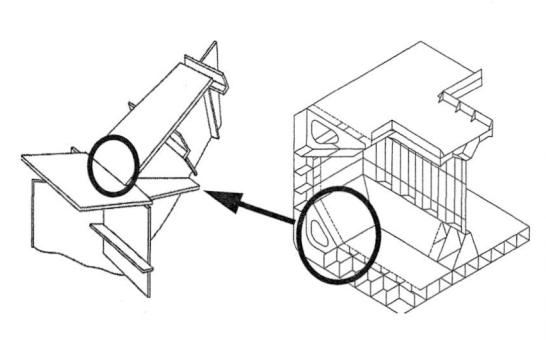

図 D.1　疲労照査箇所の構造

(3) 設計荷重

ばら積み貨物船の代表的な就航路を図 D.3 に示すが，このような海域のいずれを航行しても安全性が確保できるように，最も厳しい海象条件となる北大西洋航路の海域における波浪荷重を設計荷重として設定している．

(4) 設計寿命

設計寿命は 25 年とする．この間における変動応力の繰返し数は，平均的な波の周期，船舶と波との出会い周期，港湾等の静穏海域や検査修理による入渠期間を考慮して算出される．

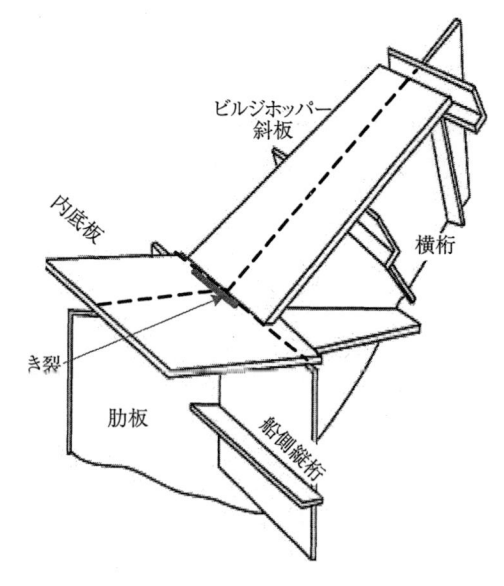

図 D.2　疲労照査位置

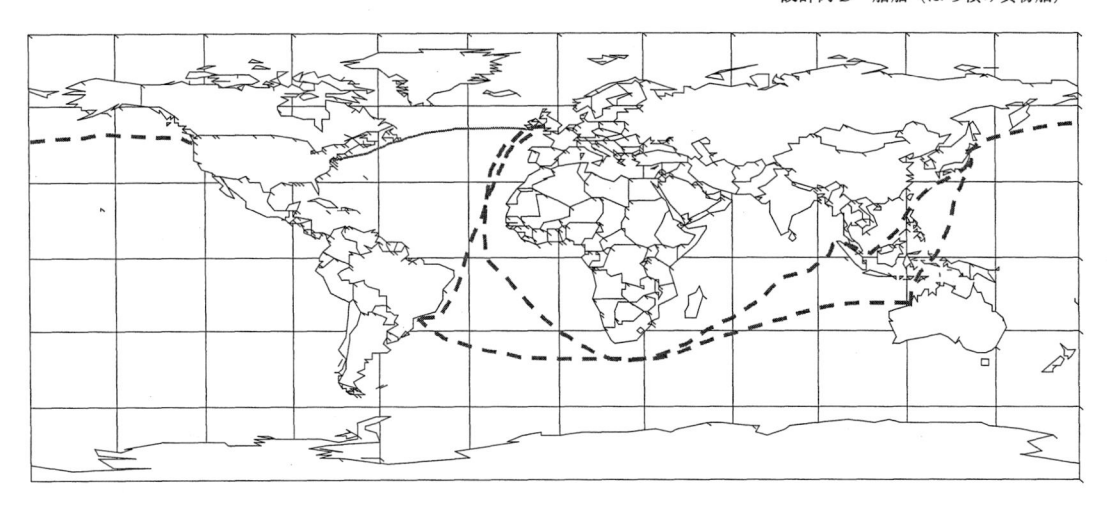

図 D.3 設計海象（北大西洋航路）

3. 荷　　重

(1) 荷重単位

船舶は波浪変動に誘起される荷重を受ける．波浪変動は波高（有義波高）と波周期（平均波周期）の大きさにより変化するので，両者の組合せで特徴づけられる海域ごとに荷重を評価し，その海象における荷重に対する応力応答を評価する．

図 D.3 に示した北大西洋航路の設計海象は，波高（有義波高）と波周期（平均波周期）の組合せで特徴づけられる多くの海域に分類され，それぞれの海象の発現頻度が設定されている．したがって，設計寿命の長期間にわたる変動応力の頻度分布は，各海象での荷重に対する応力応答に，海象の発現頻度を考慮した重み付き期待値を用いることにより算出することができる．

船体構造における応力変動の長期分布の形状は想定する海域によって異なったものになるが，北大西洋航路の設計海象ではほぼ指数分布に近い形状になることが知られており，設計上は指数分布と設定する．したがって，設計寿命内の応力範囲の最大期待値を推定することができれば，応力変動範囲の長期頻度分布を近似的に求めることができる．

(2) 代表荷重単位

波高（有義波高）と波周期（平均波周期）の組合せで定義される海象（荷重単位）ごとに応力応答を評価することは，膨大な解析工数が必要となるため現実的ではない．したがって，代表的な船舶の構造形式に対して，設計寿命内の変動応力範囲の最大期待値を決定するような代表荷重を設計波として用いる方法がとられる．

疲労照査対象箇所の疲労照査を行うための設計波（代表荷重単位）は以下のようである．また，各設計波での船体横断面に作用する波浪外圧の模式図を図 D.4 ～ D.9 に示す．

① 向波状態で波浪中縦曲げモーメントが最大となる規則波
② 追波状態で波浪中縦曲げモーメントが最大となる規則波
③ 船体横揺れが最大となる規則波
④ 喫水線位置における波浪変動圧力が最大となる規則波

設計例

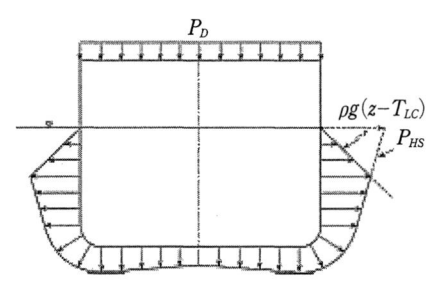

図D.4　追波/向波の規則波（山波）

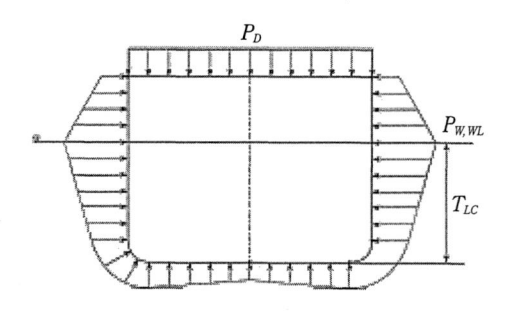

図D.5　追波/向波の規則波（谷波）

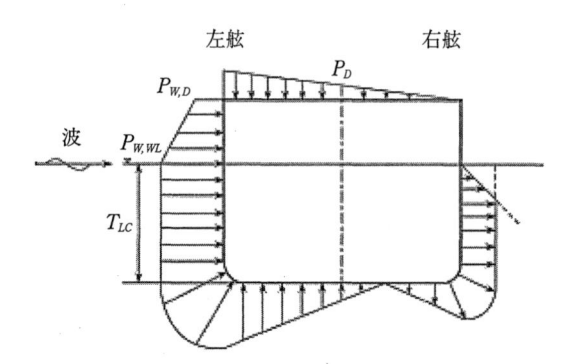

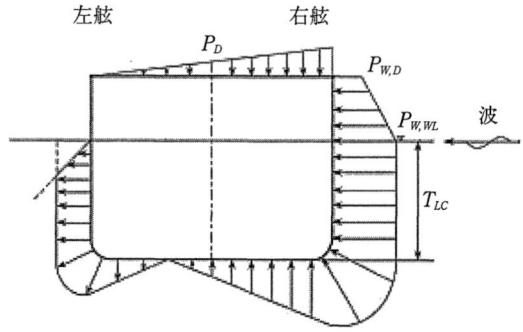

図D.6　船体横揺れが最大となる規則波（山波）

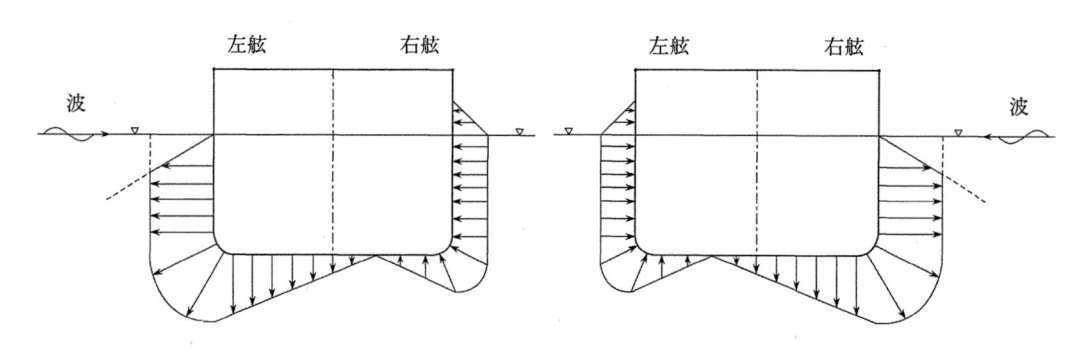

図D.7　船体横揺れが最大となる規則波（谷波）

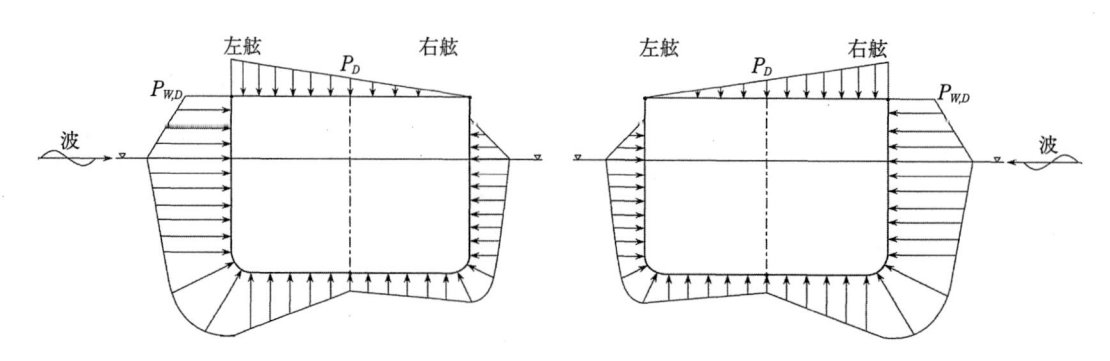

図D.8　喫水線位置での波浪変動圧が最大となる規則波（山波）

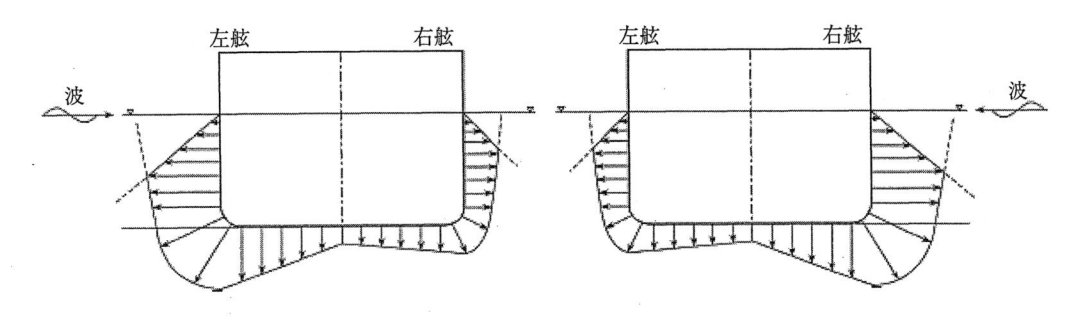

図 D.9　喫水線位置での波浪変動圧が最大となる規則波（谷波）

　ビルジナックル部の疲労照査を行う場合，前記③と④の設計波は波が右舷側からくる場合と左舷側からくる場合を考える必要がある．変動応力範囲を求めるので，各波について波の山の状態と波の谷の状態を考慮する必要がある．また，ビルジナックル部の荷重状態は船舶に積載する貨物の状態によって変化するので，代表的な積み付け状態として，均等積み満載状態，隔倉積み満載状態，ノーマルバラスト状態およびヘビーバラスト状態の4状態を考慮する．したがって，総計 (4+2)×2×4＝48 ケースの構造解析が必要となる．

(3) 最大荷重単位

　先に説明したように，海洋波浪変動に起因する応力変動範囲の長期分布は指数分布で近似できるので，最大応力応答の期待値を求めることにより，長期の変動分布を決定することができる．異なる積み付け状態ごとに，代表荷重単位となる設計波で応力応答を評価し，その中の最大値を与える設計波が最大荷重単位となる．この設計波による応力範囲を用いて，変動応力範囲の長期分布を決定する．

　構造解析等により応力を評価する場合，設計波による荷重をモデルに負荷するが，設計波として 10^{-4} の超過確率に対応する波高での荷重を設計荷重として負荷することが一般的である．10^{-4} の超過確率に対応する波高は，大略，1日当たりの最大波高に相当するものである．

4. 疲労照査の手順

　疲労照査の流れを図 D.10 に示す．
① 対象船舶，対象貨物倉，部材位置を決めた後，荷重計算に必要なパラメータを準備する．
② 上記パラメータに基づき，特定の積み付け状態における荷重を計算する．
③ FE 解析から評価位置におけるホットスポット応力を計算し，平均応力および応力範囲を求める．
④ 上記②および③の手順を，各設計波について行う．
⑤ ホットスポット応力の最大範囲と平均応力を求める．
⑥ 影響因子を考慮して応力を修正する．
⑦ 変動応力範囲の長期分布を求め，設計 S–N 線図に基づき，累積疲労被害度を計算する．
⑧ 上記②～⑦の手順を，各積み付け状態に対して行う．
⑨ 各積み付け状態の頻度割合を考慮して，設計寿命における疲労被害度を算定する．

設計例

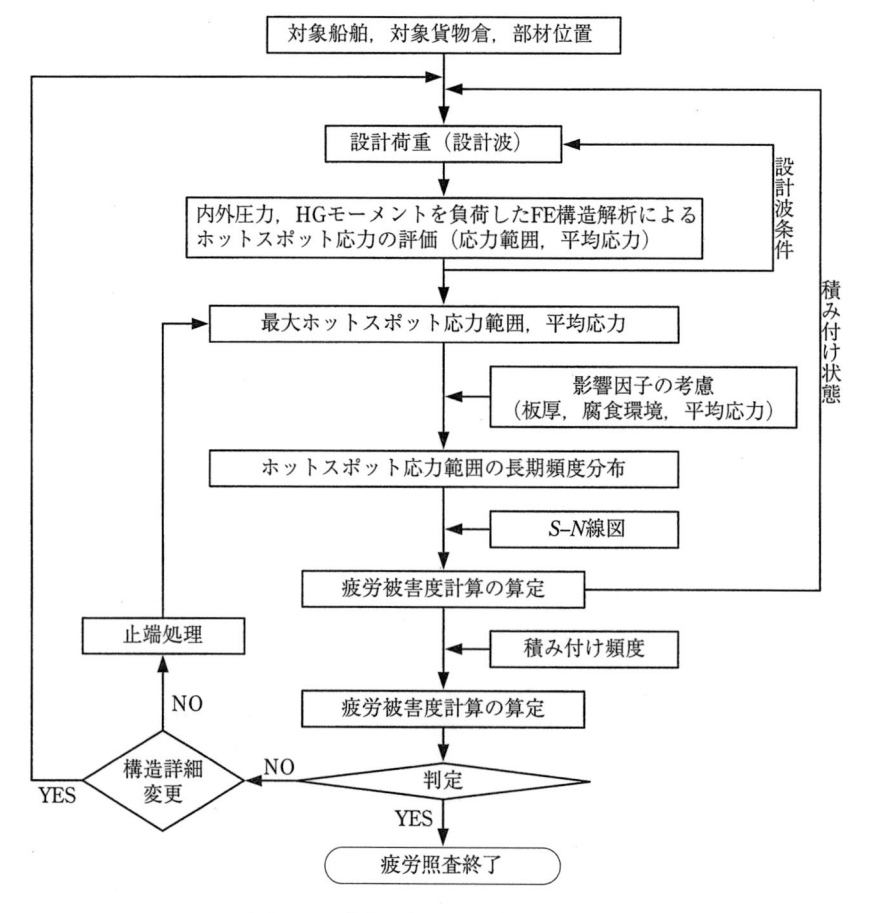

図D.10 疲労照査の流れ（大骨の場合）

⑩ 疲労被害度が基準値を満足していなければ，詳細構造の変更を行う，あるいは，止端処理を行うなどの対策を施す．
⑪ 上記対策の効果を考慮して，再度疲労被害度の計算を行う．
⑫ 疲労被害度が基準値を満足していることを確認して，疲労照査を終了する．

5. 疲労照査

(1) FE構造解析による応力の評価

疲労照査対象箇所は，図D.1およびD.2に示すように，非常に複雑な構造である上に，面外圧力分布，船体梁の曲げ，貨物重量による貨物倉の曲げ等の荷重が作用するため，公称応力の評価が困難である．そこで，通常は，図D.11に示すように，評価貨物倉を挟む3貨物倉の範囲を比較的粗いメッシュでFEモデル化し，さらに評価対象位置周辺を板厚程度の寸法の細かいメッシュでFEモデル化した構造モデルに荷重を負荷してホットスポット応力を求める．細かいメッシュおよび比較的粗いメッシュのFE解析の結果求められる評価対象位置の応力の比率が，構造不連続に起因する応力集中係数を表す．

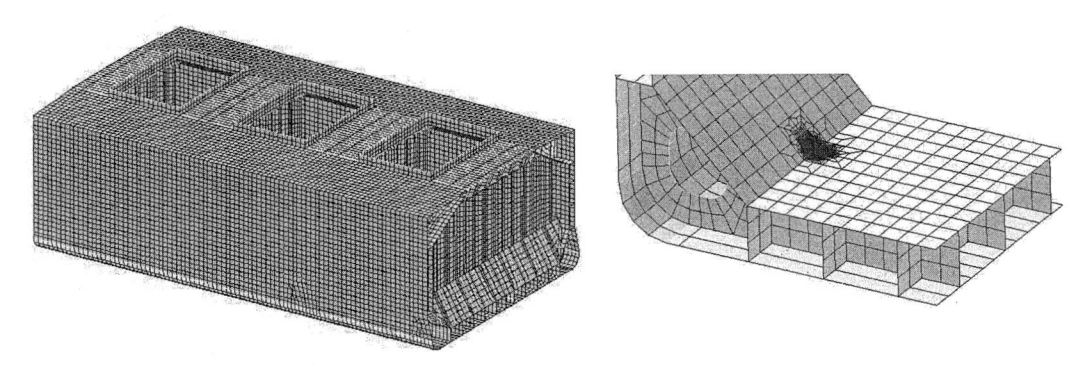

図 D.11　応力評価のための FE モデル

船体構造は海洋環境という厳しい腐食環境にさらされることから，設計時に応力を評価する場合，腐食衰耗による板厚減を見込んだ板厚寸法を用いる．元厚からの腐食控除量は代表的な腐食環境ごとに定められており，疲労照査対象箇所においては，片面 2.75 mm を適用する．

(2) ホットスポット応力の定義

ホットスポット応力は，JSSC 設計指針の記述に従い，ホットスポット位置から $0.4\,t$ および $1.0\,t$ 離れた位置における表面応力を，ホットスポット位置まで直線外挿して求める．

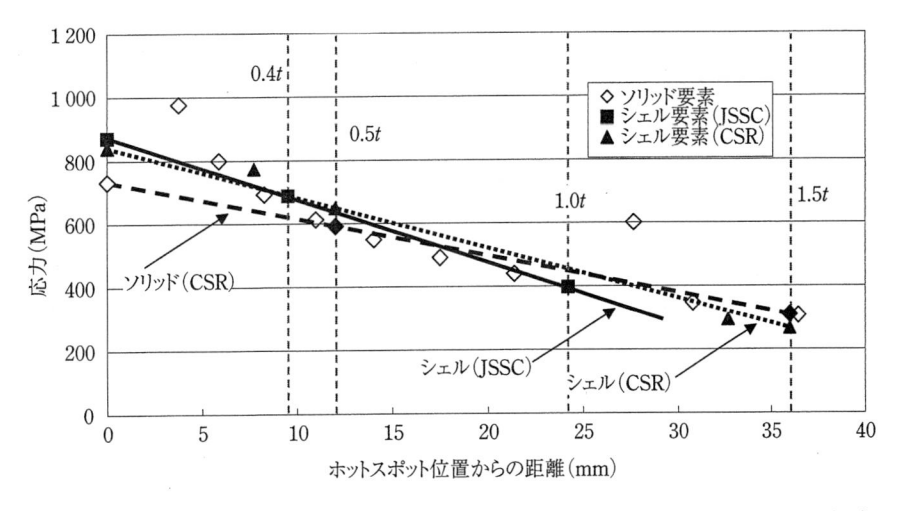

図 D.12　ホットスポット応力(向波状態で波浪中縦曲げモーメントが最大となる山波設計波)

先述の船体構造規則[1),2)] では，$0.5\,t$ および $1.5\,t$ 離れた位置における表面応力を用いることとしている．これらの参照位置の違いがホットスポット応力の値に与える影響を図 D.12 に示す．同図には，シェル要素とソリッド要素を用いて船舶で一般に使われる CSR[2)] の手順により解析した結果も示している．ソリッド解析により評価された $0.5\,t$ および $1.5\,t$ 離れた位置における応力を外挿（図中の破線）して求めたホットスポット応力が 728.8 MPa であるのに対し，シェル解析により評価された $0.4\,t$ および $1.0\,t$ 離れた位置における応力を外挿（図中の実線）して求めたホットスポット応力は 871.2 MPa，$0.5\,t$ および $1.5\,t$ 離れた位置における応力を外挿（図中の点線）して求めたホットスポット応力は 822.9 MPa となった．

ちなみに，疲労照査対象箇所の構造不連続に起因する応力集中係数はおよそ3.86で，局所的に応力集中の厳しい箇所といえる．

JSSC疲労設計指針では，$0.4\,t$および$1.0\,t$離れた位置における表面応力を，ホットスポット位置まで直線外挿してホットスポット応力を求め，強度等級E(80)のS–N線図を用いて疲労評価するが，船体構造規則では，$0.5\,t$および$1.5\,t$離れた位置における表面応力を，ホットスポット位置まで直線外挿してホットスポット応力を求め，ほぼIIWのFAT90に相当するS–N線図を用いて疲労評価する．適用線図の違いを考慮すると，両者はほぼ同程度の疲労評価を行うと考えられる．

ここでは，シェル解析の$0.4\,t$と$1.0\,t$点で求めた応力を参照応力としてホットスポット応力を求めている．

(3) 応力範囲の評価結果

各積み付け状態に対して，各設計波の山波および谷波による荷重を負荷したFE構造解析から求められるホットスポット応力の差により，ホットスポット応力範囲が算出される．

各設計波によるホットスポット応力範囲を**表D.2**に示す．各積み付け状態とも，縦波中の船体上下方向加速度による貨物あるいはバラスト水の慣性力が，支配的な荷重要因となっていることがわかる．なお，表中の応力範囲の値は変動応力長期分布の10^{-4}超過確率に対応する値を示している．したがって，変動応力範囲の長期分布（指数分布）は次のように与えられる．

$$F(\Delta\sigma) = 1 - \exp\left\{-\left(\frac{\Delta\sigma}{\Delta\sigma_w}\right)(\ln 10^4)\right\}$$

$\Delta\sigma_w$：10^{-4}超過確率に対応する変動応力範囲

表D.2 各設計波によるホットスポット応力範囲

積み付け状態	応力 (N/mm²)	設計波					
		縦波		横波（横揺れ最大）		横波（変動圧最大）	
		向波	追波	波上側	波下側	波上側	波下側
均等積み満載状態	平均応力	31.4	22.9	23.7	−20.7	34.6	37.2
	応力範囲	58.3	276.9	125.5	148.8	105.9	18.4
隔倉積み満載状態	平均応力	−364.1	−372.4	−372	−416	−361.1	−358.3
	応力範囲	42.9	277.3	205.1	268.6	103.8	58.4
ノーマルバラスト状態	平均応力	−123.1	−125.9	−126.1	−150.2	−122.7	−120.2
	応力範囲	141.4	176.1	93.8	147.9	35.2	44.1
ヘビーバラスト状態	平均応力	386.1	367	415.1	357.3	423.5	402.7
	応力範囲	243.6	194.3	121.6	58.1	64.5	14.5

(4) 疲労強度等級

JSSC疲労設計指針では，溶接まま継手のホットスポット応力を参照応力として疲労照査を行う場合，強度等級E（200万回疲労強度80 N/mm²）が用いられる．一方，船舶の疲労規則[1),2)]では，UK–HSEが規定する線図[3)]を用いることが一般的である．疲労照査箇所の評価は，FE解析により直接ホットスポット応力を求めて行うので，参照される設計S–N線図は，継手形状による応力集中の影響を含まない板継手に対する線図として，D線図を用いる．この設計線図は，ほぼIIW[4)]のFAT90に相当し，JSSC疲労設計指針におけるD等級とE等級の中間に位置する．

ここでは，UK-HSE の疲労設計曲線を用いている．

(5) 累積疲労損傷比による疲労照査

変動荷重を受ける船舶のような構造物の疲労照査を行う場合，マイナーの線形累積被害則の適用により，疲労損傷比を求める．この際，船舶では疲労限以下の応力範囲に対して，ハイバッハの方法を適用することが行われる．

また，積み付け状態により応力状態が大きく異なることから，表 D.3 に示す各積み付け状態の頻度の割合を考慮して，累積疲労損傷比は次のように計算する．

$$D = \sum_{j=1}^{4} D_j = \sum_{j=1}^{4} \left\{ a_j \cdot \sum_i \left(\frac{n_{ij}}{N_{ij}} \right) \right\}$$

N_{ij}：j 番目の積み付け状態における i 番目の応力範囲 $\Delta\sigma_{ij}$ に対する疲労寿命

n_{ij}：j 番目の積み付け状態における i 番目の応力範囲 $\Delta\sigma_{ij}$ の設計寿命中の繰返し数

a_j：j 番目の積み付け状態の頻度割合

表 D.3 設計寿命中における各積み付け状態の割合

均等積み満載状態	隔倉積み満載状態	ノーマルバラスト状態	ヘビーバラスト状態
0.25	0.25	0.2	0.3

表 D.2 のように求められた応力を，腐食環境影響，板厚影響，平均応力影響を考慮して修正し，疲労被害度を求めた結果を表 D.4 に示す．

腐食環境影響の考慮については，船舶に適用される防食塗膜が健全に維持されている期間（20年間）の累積疲労損傷比を通常の S–N 線図により評価し，防食塗膜の健全性が損なわれている期間（5年間）の累積疲労損傷比を，疲労寿命が半分になると想定した腐食環境下での S–N 線図により評価[2]している．

この結果では，基準値を超えているので，疲労強度改善処置としてグラインダーによる溶接止端処理を施した場合の結果も併せて表 D.4 に示している．グラインダー処理により疲労強度が 13% 向上するとしている[2]．

船舶の荷重状態の特徴が他の構造物と大きく異なることから，表 D.4 の累積疲労損傷比は疲労設計指針の手順ではなく，船舶の疲労強度規則に従って算定した．他の構造物と大きく異なる船舶の荷重状態の特徴とは，積み付けの変更により静的な平均応力状態が，引張状態から圧縮状態まで大きく変化することである．

表 D.4 疲労照査の結果のまとめ

積み付け状態	評価応力		修正応力範囲	累積疲労損傷比	
	応力範囲	平均応力		止端処理前	止端処理後
均等積み満載状態	276.9	22.9	105.7	0.009	0.004
隔倉積み満載状態	277.3	−372.4	105.9	0.009	0.004
ノーマルバラスト状態	176.1	−125.9	67.2	0.000	0.000
ヘビーバラスト状態	243.6	386.1	291.6	1.327	0.793
			合計	1.346	0.802

設計例

通常の構造物では，構造物が設置された後はその状態が変わることなく，変動荷重のみが負荷されることになる．溶接構造の継手部には材料の降伏応力に達するような残留応力が存在するため，静的な平均応力の影響はほとんど無視できるほど小さいと考えられる．

残留応力は，過大荷重を受けた後開放されることが知られている．静的な平均応力状態が変わらない場合は，このような残留応力の変化を考慮する必要はあまりないが，残留応力が解放された後に静的な平均応力状態が圧縮側あるいは小さい引張応力状態へと大きく変化する場合には，溶接まま継手の S–N 曲線に基づいて疲労損傷比を求めることは過大評価になることが，これまでの船舶の就航実績から知られている．本解析例では，ヘビーバラスト状態における引張側の最大応力が降伏点に達して残留応力がほとんど解放されてしまうので，平均応力が圧縮応力か 0 に近い値となるその他の積み付け状態では，修正応力範囲は算定された応力範囲の 1/2 以下となり，疲労被害度はほとんど 0 に近い値となっている．この結果，実際の就航実績と対応のとれた疲労強度評価が可能となる．

6. まとめ

船体構造の疲労照査を行う場合，船舶の積み付け状態，および，そのような積み付け状態で遭遇する波の状態により荷重状態が変化するので，最小限の可能な組合せの条件で照査箇所の応力状態を評価する必要がある．

応力を評価する場合，構造形式および負荷荷重形式が複雑で，公称応力の評価が困難なため，FE 解析によるホットスポット応力の評価を行い，対応する設計 S–N 曲線に基づき疲労被害度の計算を行う．

疲労被害度の計算を行う際，設計寿命にわたる応力変動の頻度分布に基づいて，マイナーの線形被害則により，累積疲労損傷比の計算を行う．

船体構造の設計では，降伏，座屈，最終強度といった強度基準により部材配置や部材寸法が決定された後，疲労強度の確認を行うことになる．そのため，評価した累積疲労被害度が基準値を満足しない場合，公称応力レベルを下げることが困難な場合が多い．したがって，照査箇所の詳細構造の変更によりホットスポット応力を下げるか，溶接止端処理により疲労強度を向上させるかのいずれかの対策を講じる必要がある．

参考文献

1) Nippon Kaiji Kyokai：Rules for the Survey and Construction of Steel Ships, Part CSR-T Common Structural Rules for Double Hull Oil Tankers, 2011.
2) Nippon Kaiji Kyokai：Rules for the Survey and Construction of Steel Ships, Part CSR-B Common Structural Rules for Bulk Carriers, 2011.
3) UK-HSE：Offshore Installations; Guidance on Design, Construction and Certification, United Kingdom, Health and Safety Executive.
4) International Institute of Welding：Recommendations for Fatigue Design of Welded Joints and Components, 2007.

設計例E　海洋構造物（大型浮体空港）

1. はじめに

(1) 照査対象

疲労照査の海洋構造物に対する適用事例として，メガフロート技術研究組合で検討された大型浮体（メガフロート）空港の試設計モデルをとりあげる．

(2) 照査要領

実機の疲労照査に際しては，航空機の離発着による繰返し数や波浪荷重による局部的な繰返し荷重などすべての荷重による繰返しを考慮した詳細な疲労照査が必要であるが，ここでは試設計モデルについて，超大型浮体（メガフロート）の最大の特徴である波浪中の弾性応答による応力の繰返しに対する疲労照査を行った．

(3) 照査範囲

本例では，航空機荷重が作用する滑走路部などを除く，一般部の最も重要な部材となる上甲板および底外板の溶接継手の疲労安全性を照査した．

2. 設計条件

構造形式：鋼製箱型（ポンツーンタイプ）構造
全　　長：4 770 m
全　　幅：1 714 m
深　　さ：6 m
曲げ剛性：8.48×10^7 kN-m²/m　（単位幅当たり）
喫　　水：約 1 m
水　　深：20 m
防 波 堤：なし
波浪条件：東京湾内の東京灯標における長期観測データに基づく

3. 一般図

大型浮体構造モデルの形状と一般配置図を図E.1に示す．基本の構造様式は，図E.2，E.3に示すように，スチフナで補強された上甲板，底外板と，それを支える縦横の隔壁からなる箱型構造である．

設計例

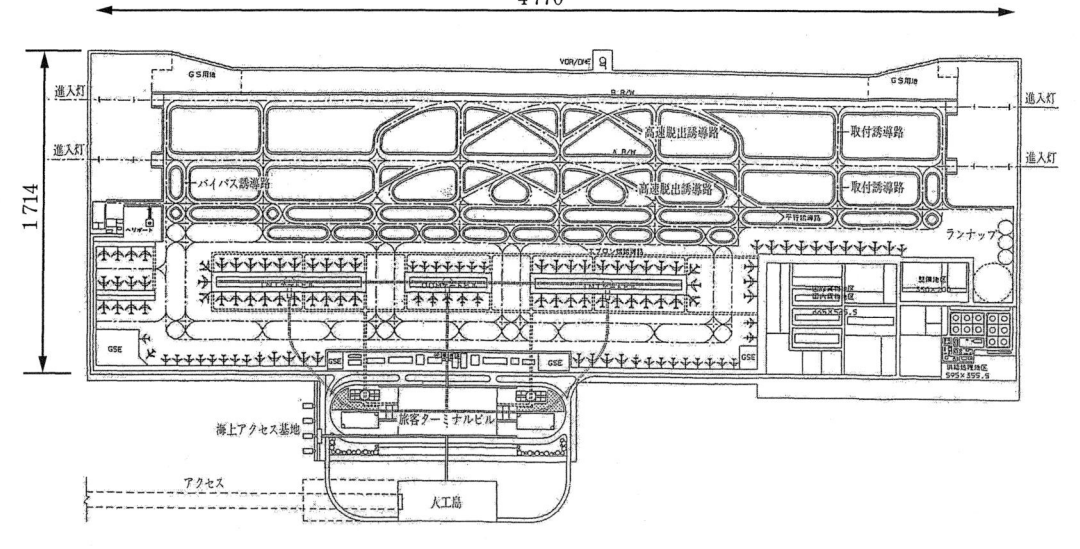

図 E.1 東京湾奥の大型浮体空港モデル[1]

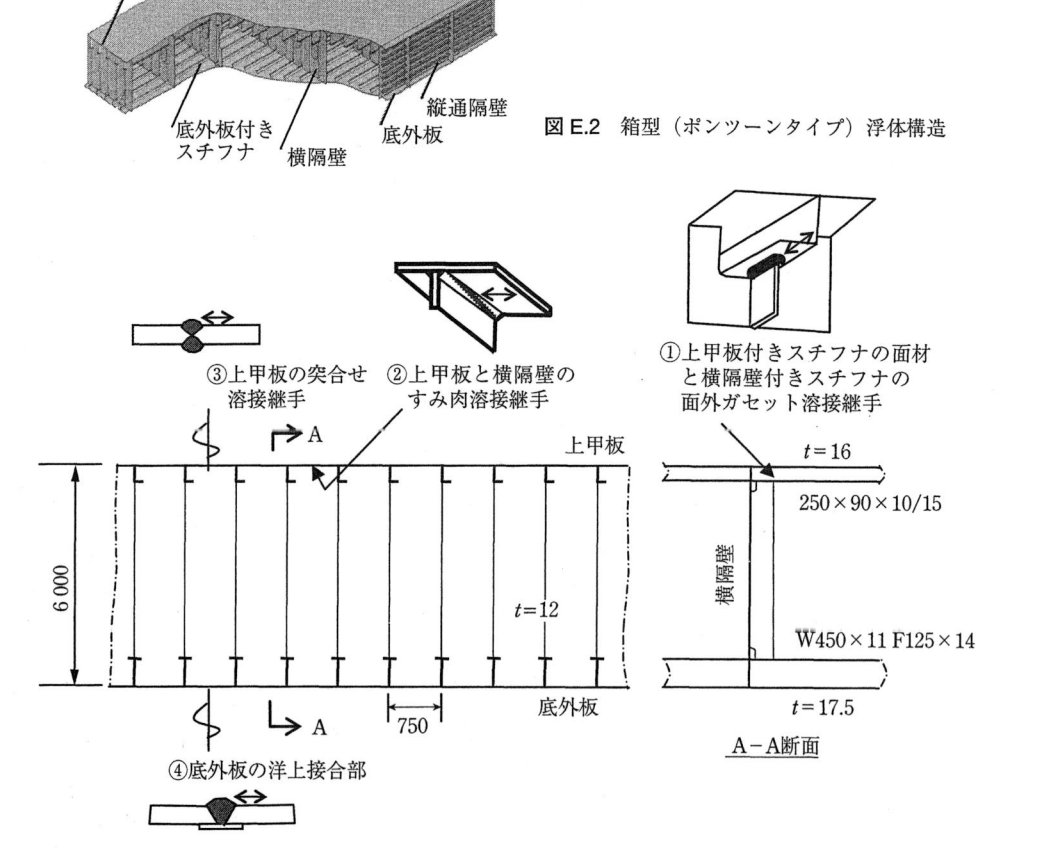

図 E.2 箱型（ポンツーンタイプ）浮体構造

① 上甲板付きスチフナの面材と横隔壁付きスチフナの面外ガセット溶接継手

② 上甲板と横隔壁のすみ肉溶接継手

③ 上甲板の突合せ溶接継手

④ 底外板の洋上接合部

A−A断面

$t = 16$
$250 \times 90 \times 10/15$
横隔壁
W450×11 F125×14
$t = 17.5$

上甲板 $t = 12$
底外板

図 E.3 代表断面構造と疲労照査対象部材

4. 荷　　重

(1) 荷重単位

超大型浮体における最も重要な荷重である，波浪によって浮体断面に生じる曲げモーメントの繰返しに対する疲労強度について検討する．検討対象箇所は上甲板と底板近傍の溶接継手であり，評価応力は浮体全体に作用する長さ方向および幅方向の曲げモーメントを断面係数で割った値として算定できる．

$$\sigma = \frac{M}{Z}$$

M：曲げモーメント

Z：断面係数

不規則に変動する波浪による応力とその繰返し数は，図 E.4 に示した確率論的手法により算定する．

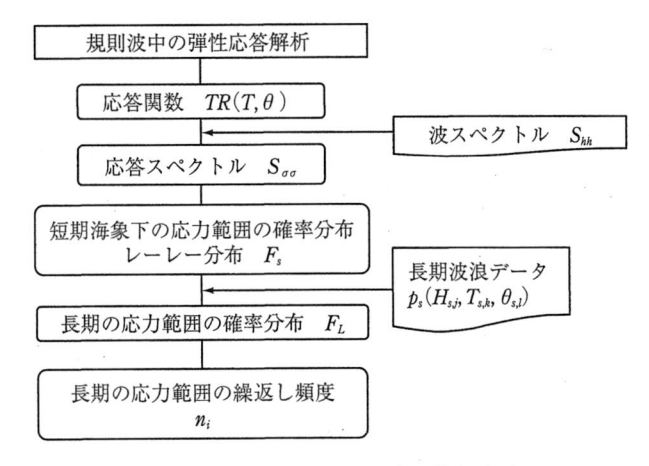

図 E.4 応力範囲の頻度分布の算定手順

・超大型浮体の規則波中の弾性応答解析により，応力の応答関数を算定する．
・応力の応答関数と波スペクトルより，短期の海象における応力の応答スペクトルが得られる．
・1つの短期海象（有義波高 H_s，有義波周期 T_s，波の主方向 θ_s）における応力範囲の頻度分布は，レーレー分布で近似することにより算定する．
・長期の波浪データに基づいて，個々の短期海象における応力範囲の超過確率（1－確率分布）を足し合わせることにより，長期の応力範囲の確率分布を算定する．

以上の手順により，浮体の設計寿命に相当する長期の応力範囲の頻度分布を算定する．

設計例

(2) 波浪中の応力の計算

規則波中の応力の応答関数は，弾性応答解析プログラムにより求めた．長さ方向および幅方向の曲げ応力の応答関数を**図 E.5**に示す．グラフの横軸は規則波の波周期で，縦軸は波振幅1m当たりの応力振幅（応答関数）を表している．

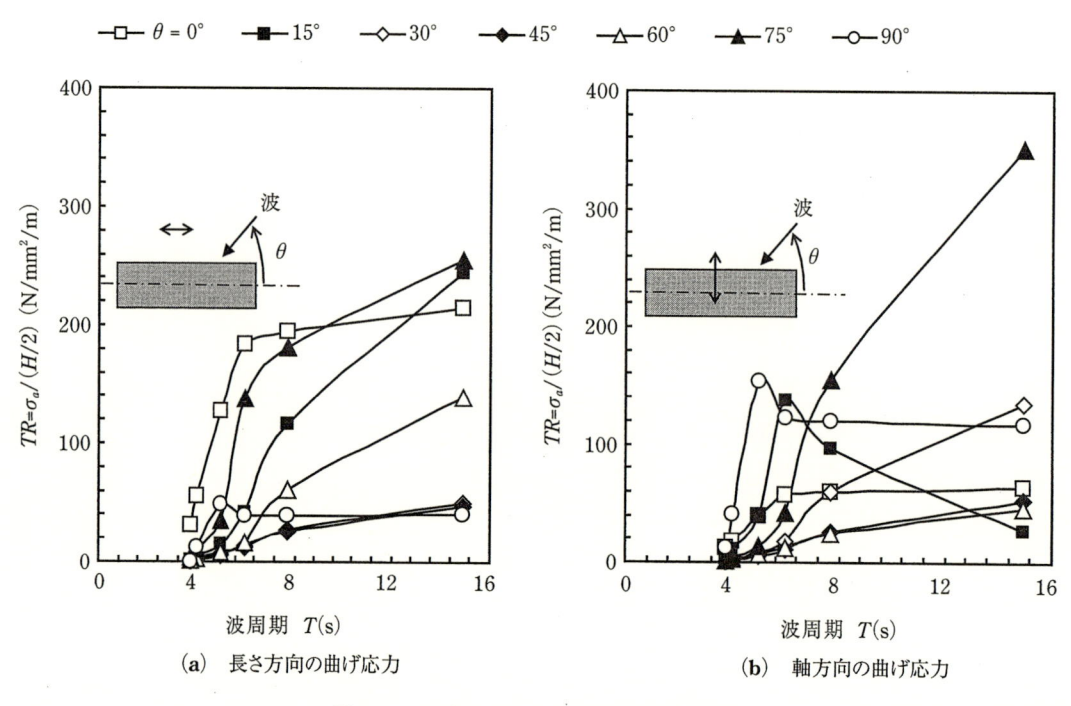

(a) 長さ方向の曲げ応力　　　(b) 軸方向の曲げ応力

図 E.5　上甲板における曲げ応力の応答関数

(3) 応力範囲の頻度分布

設計寿命を200年間とし，その間の総繰返し数を，船舶や海洋構造物では通常20年で10^8回とされていることを参考に10^9回として，**図 E.4**および**表 E.1**に示した確率論的手法に従って応力の頻度分布を求めた．短期の海象条件はJONSWAPスペクトルを，方向分布関数は$\cos^4\theta$を仮定した．設計寿命期間に遭遇する波浪条件は**表 E.2**, **E.3**に示した東京灯標で観測された波高出現頻度表（東京都港湾局資料）を用いた．**表 E.2**は1983～1995年の13年間の波高と波周期の結合頻度表であり，**表 E.3**は1991～1995年の6年間の波周期と16方位の波向きの結合頻度表である．これらのデータを波周期，波向きごとに波高の分布をワイブル近似し，スムージングを行うことにより計算に使用した．得られた応力範囲の頻度分布の例を**図 E.6**に示す．応力範囲は13.6 N/mm²ピッチで分割して，各応力範囲の頻度を算定した．

表 E.1　確率論的手法による波浪中の応力範囲の頻度解析[2]

波高	H
波周期	T
波向き	θ
応力の応答関数	$TR(T, \theta)$
波周波数	$f = 1/T$
有義波高	$H_s, H_{s,j}$　　j, k, l は波浪頻度表における区分を表す
有義波周期	$T_s, T_{s,k}$
波の主方向	$\theta_s, \theta_{s,l}$
波スペクトル[3]	$S_{hh}(f) = \alpha H_s^2 T_p^{-4} f^{-5} \exp[-1.25(T_p f)^{-4}] \gamma^{\exp[-(T_p f - 1)^2/2\sigma^2]}$ $\alpha = \dfrac{0.0624}{0.230 + 0.0336\gamma - 0.185(1.9+\gamma)^{-1}}[1.094 - 0.01915\ln(\gamma)]$ $\sigma = \sigma_1, \ f \leq f_p = 1/T_p$ $= \sigma_2, \ f > f_p$ T_p：ピーク周期（$= 1.05 T_s$） $\gamma = 2, \ \sigma_1 = 0.08, \ \sigma_2 = 0.10$
方向分布関数	$G(\theta) = \dfrac{8}{3\pi}\cos^4\theta \quad -\dfrac{\pi}{2} \leq \theta \leq \dfrac{\pi}{2}$ $ = 0 \quad\quad\quad\quad\ \ |\theta| > \dfrac{\pi}{2}$
応力の応答スペクトル	$S_{\sigma\sigma}(f, \theta \mid H_s, T_s, \theta_s) = |TR(f, \theta)|^2 \cdot S_{hh}(f) \cdot G(\theta - \theta_s)$
応力の標準偏差	$R_\sigma^2 = \int_0^\infty \int_{-\pi}^{\pi} S_{\sigma\sigma}(f, \theta \mid H_s, T_s, \theta_s)\, d\theta \cdot df$
短期海象の発現確率	$p_{s,j,k,l} = p_s(H_{s,j}, T_{s,k}, \theta_{s,l}) = \dfrac{m_{j,k,l}}{\sum\limits_{j,k,l} m_{j,k,l}}$ $m_{j,k,l}$：波浪頻度表における発現個数
短期海象における応力範囲の確率分布	レーレー分布 $F_s(\Delta\sigma \mid H_{s,j}, T_{s,k}, \theta_l) = 1 - \exp\left\{-\dfrac{1}{2}\left(\dfrac{\Delta\sigma}{2R_\sigma}\right)^2\right\}$
応力範囲の確率分布	$F_L(\Delta\sigma) = 1 - \sum\limits_{j,k,l} \{1 - F_s(\Delta\sigma)\} \cdot p_{s,j,k,l}$
応力範囲 $\Delta\sigma_i$ の繰返し頻度 n_i	$n_i = n_T \cdot \left\{F_L\left(\Delta\sigma_i + \dfrac{d\sigma}{2}\right) - F_L\left(\Delta\sigma_i - \dfrac{d\sigma}{2}\right)\right\}$ $d\sigma$：応力範囲の分割ピッチ幅

設計例

表E.2 東京灯標波高出現頻度表(1983年1月～1995年12月)

有義波高 $H_{s,j}$(cm)	波周期 $T_{s,k}$(s)								計
	～1	～2	～3	～4	～5	～6	～7	～8	
～24	1	1 516	21 976	5 643	80	3	2		29 221
25～49		384	33 122	5 730	73	1		1	39 311
50～74		1	3 160	2 983	64	1			6 209
75～99			39	1 271	165	1			1 476
100～124				146	256	1			403
125～149				10	111	4			125
150～174				1	31	10			42
175～199					6	9			15
200～224						3			3
225～249						1			1
250～274									0
275～299									0
300～324					1				1
325～349									0
350～374									0
計	1	1 901	58 297	15 784	787	34	2	1	76 807

表E.3 東京灯標波高別波向き出現頻度表(1991年1月～1995年12月)

有義波高 $H_{s,j}$(cm)	波向き $\theta_{s,l}$							
	SSE 0	SE 22.5	ESE 45.0	E 67.5	ENE 90.0	NE 112.5	NNE 135.0	N 157.5
～24	406	526	547	583	918	1 424	2 121	1 915
25～49	506	717	1 015	1 087	1 794	2 056	1 858	1 737
50～74	189	107	132	209	121	88	63	51
75～99	14	10	17	31	21	8	14	
100～124	6	6	1	1	1	1		1
125～149	2	2	2		1			
150～174			2					1
175～199								
200～224								
225～249								
計	1 123	1 368	1 716	1 911	2 856	3 577	4 056	3 705

有義波高 $H_{s,j}$(cm)	波向き $\theta_{s,l}$								計
	NNW 180.0	NW 202.5	WNW 225.0	W 247.5	WSW 270.0	SW 295.5	SSW 315.0	S 337.5	
～24	2 333	708	370	271	163	243	684	663	13 875
25～49	2 437	644	168	149	179	573	2 315	1 517	18 752
50～74	30	19	26	27	31	31	319	856	2 299
75～99	10	8	3	2	3	5	131	262	539
100～124				1			44	51	113
125～149							10	24	41
150～174							8	13	24
175～199							6	5	11
200～224							1		1
225～249									0
計	4 810	1 379	567	450	376	852	3 518	3 391	35 655

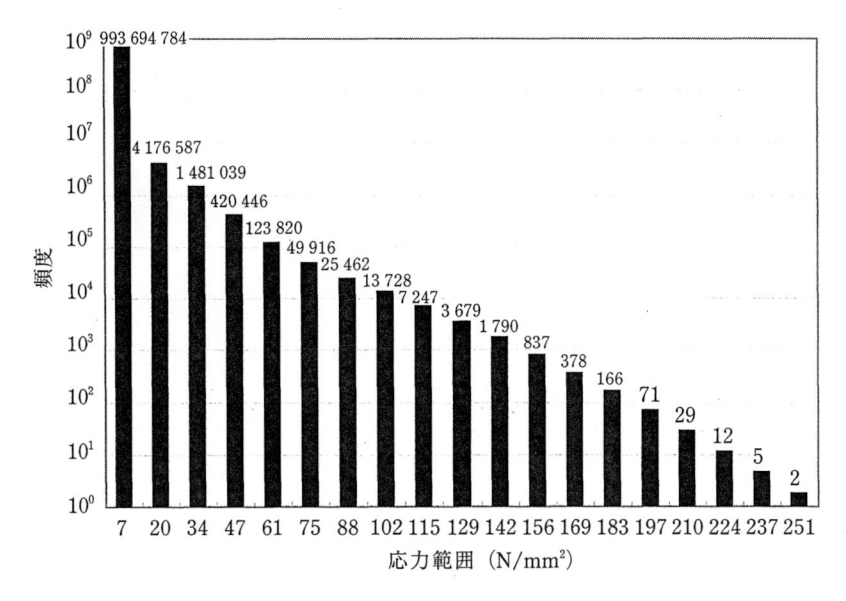

図 E.6 応力範囲の頻度分布の例（上甲板における長さ方向の曲げ応力範囲）

5. 疲労照査の手順

疲労照査の手順を図 E.7 に示す．応力範囲の頻度分布は表 E.1 に示した確率論的手法により，図 E.6 の例のように算定されたものを用いた．

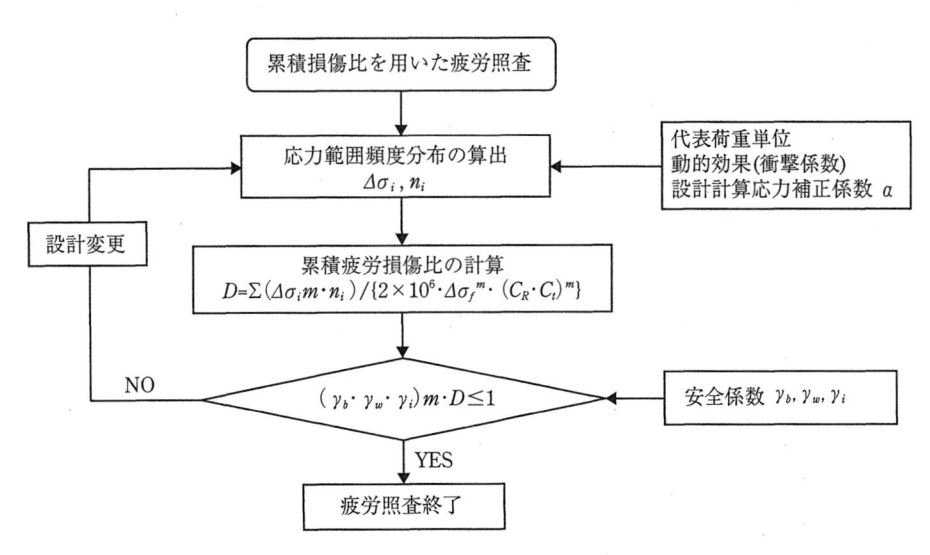

図 E.7 累積損傷比を用いた疲労照査手順

(1) 疲労損傷比の算出

応力の評価期間中の頻度分布より疲労損傷比を次式により算出する．

設計例

$$D = \frac{\Sigma(\Delta\sigma_i^m \cdot n_i)}{2\times 10^6 \cdot \Delta\sigma_f^m} \cdot C_R \cdot C_t$$

評価の対象となる溶接構造に応じて，強度等級 D, E, F, G の S–N 線図を用いた．ここで，C_R は平均応力の影響を考慮して疲労強度を求めるための係数で，本構造における平均応力は小さいので 1.0 とした．C_t は板厚の影響を考慮して疲労強度を求めるための係数で，板厚は 25 mm 以下なので 1.0 とした．

(2) 許容疲労損傷比

$$D \leq \frac{1}{\gamma_b \cdot \gamma_w \cdot \gamma_i}$$

安全係数 γ_b, γ_w, γ_i は 1.0 とした．

6. 疲労照査

(1) 解析対象箇所

下記の代表的な浮体構造の構造要素について疲労照査を行った（**図 E.3**）．
① 上甲板と横隔壁の接合部——上甲板付きスチフナの面材（フランジ）と横隔壁付きスチフナの面外ガセット溶接継手
② 上甲板と横隔壁の交差部——上甲板と横隔壁の隅肉溶接継手
③ 上甲板の突合せ溶接継手
④ 底板の洋上接合部——底外板における洋上接合を裏当て金付き片面溶接とした場合

上記のいずれの箇所においても適切な防食対策がなされているものとして，空気中と同じ S–N 線図を使用した．

(2) 疲労照査結果

「①上甲板付きスチフナの面材（フランジ）と横隔壁付きスチフナの面外ガセット溶接継手」の疲労照査における計算例を**表 E.4** に示す．**図 E.6** に示した応力範囲の頻度分布と強度等級 G の S–N 線図により，疲労損傷比を算定している．その他の部材についての疲労照査結果は，**表 E.5** に示すとおりとなった．

いずれの箇所においても，疲労損傷比は 1.0 以下の値となっており，200 年以上の疲労寿命を有しているといえる．

表 E.4 疲労損傷比の計算例（①上甲板付きスチフナと横隔壁付きスチフナの面外ガセット溶接継手）

疲労強度等級	G
2×10^6 回基本疲労強度 $\Delta\sigma_f$	50 N/mm²
m	3
変動振幅応力に対する応力範囲の打切り限界	15 N/mm²
設計総繰返し数	1.0×10^9 回
設計計算応力補正係数 a	1.0
平均応力の影響係数 C_R	1.0
板厚の影響係数 C_t	1.0
冗長度係数 γ_b	1.0
検査係数 γ_w	1.0
重要度係数 γ_i	1.0

応力範囲 $\Delta\sigma_i$ (N/mm²)	繰返し数 n_i 回	$\Delta\sigma_i$ に対する疲労寿命 N_i 回	疲労損傷比 D_i
6.8	993 694 784	∞	0.000
20.3	4 176 587	49 699 735	0.084
33.9	1 481 039	7 034 655	0.211
47.4	420 446	2 417 710	0.174
61.0	123 820	1 118 229	0.111
74.6	49 916	608 311	0.082
88.1	25 462	367 342	0.069
101.7	13 728	238 712	0.058
115.2	7 247	163 819	0.044
128.8	3 679	117 267	0.031
142.3	1 790	86 817	0.021
155.9	837	66 063	0.013
169.4	378	51 432	0.007
183.0	166	40 822	0.004
196.5	71	32 942	0.002
210.1	29	26 967	0.001
223.7	12	22 353	0.001
237.2	5	18 735	0.000
250.8	2	15 858	0.000
累積繰返し数	1.0×10^9	累積疲労損傷比	0.913

表 E.5 疲労損傷比の計算結果

検討対象箇所	強度等級	疲労損傷比 長さ方向	疲労損傷比 幅方向
①上甲板付きスチフナの面材（フランジ）と横隔壁付きスチフナの面外ガセット溶接継手	G	0.91	−
②上甲板と横隔壁の隅肉溶接継手	E	0.16	0.10
③上甲板の突合せ溶接継手	D	0.06	0.04
④底外板における洋上接合を裏当て金付き片面溶接とした場合	F	0.19	0.13

7. まとめ

　海洋構造物の疲労照査において最も重要な応力は，波浪中の繰返し応力である．波浪中の応力は波の変動に対応した不規則現象であり，疲労照査に必要は応力範囲の頻度分布は確率論的手法によって算定される．本適用事例では，メガフロート技術研究組合で検討された大型浮体（メガフロート）空港の試設計モデルを用いて，応力範囲の頻度分布の算定の概要を示した．さらに，そこで得られた応力範囲の頻度分布を用いることにより，本指針に示された疲労照査手順が適用可能なことを確認した．

参考文献

1) メガフロート技術研究組合：超大型浮体式海洋構造物（メガフロート），平成9年度研究成果報告書－概要－，pp.31-32, 1998.
2) 福田淳一：船体応答の統計予測，第1回耐航性に関するシンポジウムテキスト，日本造船学会，1969.
3) 永井紀彦，後藤智明，小舟浩治：ハイブリットパラメータ法による波浪推算モデル（第1報）－東京湾における検討－，港湾技術研究所報告，第29巻，第4号，1990.

設計例F　圧力容器（疲労き裂進展評価）

1. はじめに

一般産業用圧力機器に対する供用適性評価（Fitness-For-Service：FFS）[1)～3)]において，特に疲労き裂進展評価に関する部分をとりあげ，供用期間中検査でき裂状欠陥が発見された場合に運転継続，補修・取替えなどを判断するための材料の一つとなる定量的評価例を示す．

2. 評価条件

定期検査において，円筒型圧力容器内面の縦シーム溶接線のHAZ部に，溶接線に沿ってき裂状表面欠陥が検出された．検出された欠陥の疲労き裂進展に対する安全性を評価する．

(1) 圧力容器の仕様

　　設計規格：JIS B 8265（安全率4.0）
　　内　　径：3 000 mm
　　肉　　厚：40 mm
　　材　　料：SPV410（規定最小引張強さ 550 N/mm^2）
　　温　　度：常温
　　溶接後熱処理（PWHT）：製作段階で実施

(2) 使用条件

　　き裂進展要因：内圧変動
　　次回検査までに予想される圧力変動サイクル数：1 000サイクル（設計圧－大気圧）

3. 一般図

圧力容器の一般図を図F.1に示す．

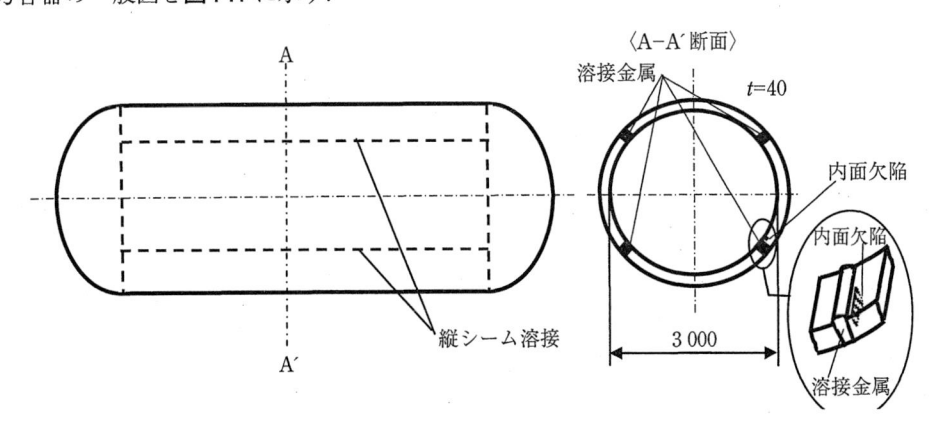

図F.1　一般図

設計例

4. 荷　　重

この圧力容器の内圧は，大気圧→設計圧→大気圧，という変動を繰り返す．このとき，縦シーム溶接線の HAZ 部に溶接線に沿って存在する内面き裂の疲労き裂進展は，内圧変動（設計圧―大気圧）によるフープ応力の変動幅 $\Delta\sigma_t$ によって生じる．本例の圧力容器では曲率が十分大きいため，フープ応力の板厚方向での変動は小さく，円筒壁内で一様に分布するものと仮定する．したがって，内圧変動（設計圧―大気圧）によるフープ応力の変動幅 $\Delta\sigma_t$ は，次式で評価できる．

$$\Delta\sigma_t = \frac{母材の規程最小引張強さ}{安全率} = \frac{550 \text{ N/mm}^2}{4} = 138 \text{ N/mm}^2$$

5. 評価の手順

疲労き裂が問題となる欠陥の健全性評価手順の一例を図 F.2 に示す．一般に，供用適性評価ではモデル化された欠陥が十分小さい場合は，評価不要欠陥としてき裂進展評価は実施しない．ここでは，評価不要欠陥ではないものとして，疲労き裂進展評価を実施する．

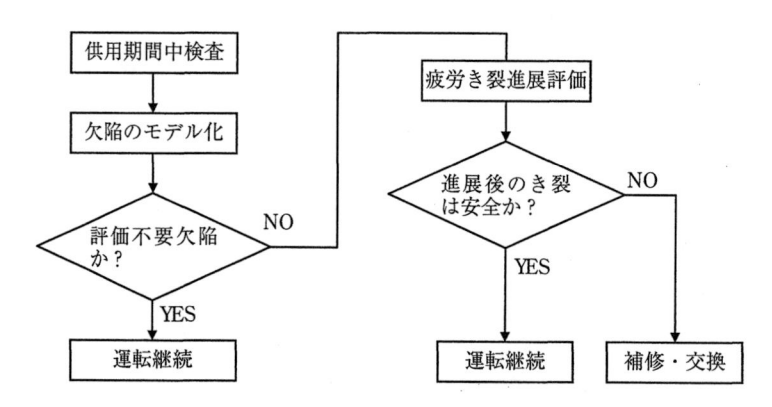

図 F.2　疲労き裂が問題となる欠陥の健全性評価手順

6. 疲労き裂進展評価

6.1　欠陥のモデル化

圧力容器外表面からの超音波探傷（UT）で，容器内面の縦シーム溶接線の HAZ 部に溶接線に沿って図 F.3 のような欠陥がみつかったものとする．

指針「5.3　き裂のモデル化」に従い，この

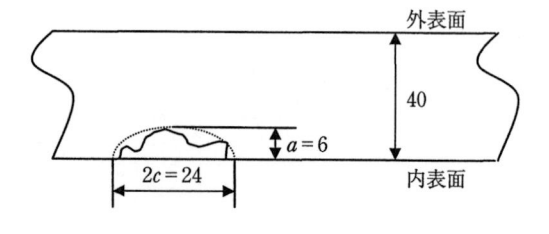

図 F.3　欠陥の検出結果とモデル化

欠陥を半楕円表面き裂に置き換える．

　　欠陥深さ：$a = 6\,\mathrm{mm}$

　　欠陥表面長さ：$l = 2c = 24\,\mathrm{mm}$

　　欠陥のアスペクト比：$a/c = 0.5$

6.2 欠陥のアスペクト比を一定として疲労き裂進展評価を行う方法

(1) 応力拡大係数の評価

引張応力 σ_t のみが作用するときの表面き裂の最深部の応力拡大係数 K は，付録Ⅱに記載されている半楕円表面き裂の応力拡大係数の計算式において，$\sigma_b = 0$，$\phi = \pi/2$ とすることにより，

$$K = \frac{F_0}{\Phi}\sigma_t\sqrt{\pi a}$$

$$\Phi = \begin{cases} \left\{1 + 1.464\left(\dfrac{a}{c}\right)^{1.65}\right\}^{1/2} & (a/c \leq 1) \\ \left\{1 + 1.464\left(\dfrac{c}{a}\right)^{1.65}\right\}^{1/2} & (1 < a/c \leq 2) \end{cases}$$

$$F_0 = \left\{M_1 + M_2\left(\frac{a}{t}\right)^2 + M_3\left(\frac{a}{t}\right)^4\right\} g \cdot f_\phi \cdot f_W$$

である．ここで，M_1，M_2，M_3，g，f_ϕ，f_W は a，c，t の関数である．いま，欠陥深さ a が板厚 t に比べて十分小さいときは，$(a/t)^2$，$(a/t)^4$ の各項をいずれも 0 とみなすことができるから，F_0 は次式で近似できる．

$$F_0 = \begin{cases} 1.13 - 0.09\left(\dfrac{a}{c}\right) & (a/c \leq 1) \\ \left(\dfrac{c}{a}\right)\left(1 + 0.04\dfrac{c}{a}\right) & (1 < a/c \leq 2) \end{cases}$$

(2) 疲労き裂進展解析

疲労き裂進展解析に必要となる疲労き裂進展速度は，指針「**5.4 疲労き裂進展速度表示式**」に記載されているが，ここでは保守的評価として次式のパリス則を用いる．

$$\frac{da}{dN} = C(\Delta K)^n$$

ここで，C，n は材料によって定まる定数であり，ΔK は応力拡大係数範囲である．このとき，き裂が初期深さ a_i から a_t まで進展するときの荷重繰返し数 N_t は，パリス則を積分することにより，

$$N_t = \int_{a_i}^{a_t} dN = \int_{a_i}^{a_t} \frac{da}{C(\Delta K)^n} = \int_{a_i}^{a_t} \frac{da}{C(F_0 \Delta \sigma_t \sqrt{\pi a}/\Phi)^n}$$

となる．本例では，き裂の進展に際してアスペクト比 a/c は一定と近似しているから，

$$N_t = \int_{a_i}^{a_t} \frac{1}{C(F_0 \Delta \sigma_t \sqrt{\pi}/\Phi)^n} \frac{da}{a^{n/2}} = \frac{a_t^{1-n/2} - a_i^{1-n/2}}{C(F_0 \Delta \sigma_t \sqrt{\pi}/\Phi)^n (1 - n/2)}$$

となる．したがって，

$$a_t = [a_i^{1-n/2} + N_t C(F_0 \Delta \sigma_t \sqrt{\pi}/\Phi)^n (1 - n/2)]^{2/(2-n)}$$

設計例

となる．ここで，アスペクト比 $a/c = 0.5$ より，

$$F_0 = 1.13 - 0.09\left(\frac{a}{c}\right) = 1.13 - 0.09(0.5) = 1.085$$

$$\Phi = \left\{1 + 1.464\left(\frac{a}{c}\right)^{1.65}\right\}^{1/2} = \{1 + 1.464(0.5)^{1.65}\}^{1/2} = 1.211$$

となるから，結局 a_t は次式のようになる．

$$a_t = [a_i^{1-n/2} + N_t C(0.896\Delta\sigma_t\sqrt{\pi})^n(1-n/2)]^{2/(2-n)}$$

da/dN, ΔK の単位がそれぞれ mm/cycle, N/mm$^{3/2}$ のとき，指針「**表 5.1 疲労き裂進展の材料特性**」より，最安全設計曲線の C, n は $C = 2.0 \times 10^{-12}$, $n = 2.75$ である．また，応力振幅 $\Delta\sigma_t$, 荷重繰返し数 N_t は，

$$\Delta\sigma_t = 138\,\text{N/mm}^2, \quad N_t = 1\,000\,\text{cycle}$$

である．これらの値を代入して計算すると，$a_t = 6.06$ mm となり，次回の定期検査までの欠陥の進展量は無視できることがわかる．

6.3 欠陥の深さ方向および長さ方向に対して独立に疲労き裂進展評価を行う方法

(1) 応力拡大係数の評価

引張応力のみが作用するときの表面き裂の最深部の応力拡大係数 K_A，表面点の応力拡大係数 K_B は，付録 II より次のようになる．

最深点 $\qquad K_A = \dfrac{F_{0A}}{\Phi}\sigma_t\sqrt{\pi a}$

$$F_{0A} = \begin{cases} \left[M_1 + M_2\left(\dfrac{a}{t}\right)^2 + M_3\left(\dfrac{a}{t}\right)^4\right] & (a/c \leq 1) \\ \left[M_1 + M_2\left(\dfrac{a}{t}\right)^2 + M_3\left(\dfrac{a}{t}\right)^4\right]\sqrt{\dfrac{c}{a}} & (1 < a/c \leq 2) \end{cases}$$

表面点 $\qquad K_B = \dfrac{F_{0B}}{\Phi}\sigma_t\sqrt{\pi a}$

$$F_{0B} = \begin{cases} \left[M_1 + M_2\left(\dfrac{a}{t}\right)^2 + M_3\left(\dfrac{a}{t}\right)^4\right] & (a/c \leq 1) \\ \left[M_1 + M_2\left(\dfrac{a}{t}\right)^2 + M_3\left(\dfrac{a}{t}\right)^4\right]\cdot\left[1 + 0.35\left(\dfrac{a}{t}\right)^2\right]\sqrt{\dfrac{a}{c}} & (1 < a/c \leq 2) \end{cases}$$

ただし，いずれの場合も M_1, M_2, M_3 は以下のとおりである．

$$M_1 = \begin{cases} 1.13 - 0.09\left(\dfrac{a}{c}\right) & (a/c \leq 1) \\ \sqrt{\dfrac{c}{a}}\left\{1 + 0.04\left(\dfrac{c}{a}\right)\right\} & (1 < a/c \leq 2) \end{cases}$$

$$M_2 = \begin{cases} \dfrac{0.89}{0.2 + \left(\dfrac{a}{c}\right)} - 0.54 & (a/c \leq 1) \\ 0.2\left(\dfrac{c}{a}\right)^4 & (1 < a/c \leq 2) \end{cases}$$

$$M_3 = \begin{cases} 0.5 - \dfrac{1}{0.65 + \left(\dfrac{a}{c}\right)} + 14\left(1 - \dfrac{a}{c}\right)^{24} & (a/c \leq 1) \\ -0.11\left(\dfrac{c}{a}\right)^4 & (1 < a/c \leq 2) \end{cases}$$

(2) 疲労き裂進展解析

き裂の最深点，表面点における疲労き裂進展速度は，6.2節と同様にパリス則を用いると，それぞれ，

$$\frac{da}{dN} = C(\Delta K_A)^n$$

$$\frac{dc}{dN} = C(\Delta K_B)^n$$

となる．ただし，

$$\Delta K_A = K_{A,\max} - K_{A,\min} = \Delta \sigma_t \frac{F_{0A}}{\Phi}\sqrt{\pi a}$$

$$\Delta K_B = K_{B,\max} - K_{B,\min} = \Delta \sigma_t \frac{F_{0B}}{\Phi}\sqrt{\pi c}$$

である．

いま，荷重繰返し数 $N=N_0$ から ΔN 回の繰返し負荷の間，da/dN，dc/dN が一定であると仮定すると，この間の深さ方向（最深点）のき裂進展量 Δa，長さ方向（表面点）のき裂進展量 $2(\Delta c)$ は，

$$\Delta a = \left(\frac{da}{dN}\right) \times \Delta N = C\Delta K_A^n \times \Delta N$$

$$2(\Delta c) = 2 \times \left(\frac{dc}{dN}\right) \times \Delta N = 2 \times C\Delta K_B^n \times \Delta N$$

となるから，ΔN の繰返し負荷後のき裂深さ $a_{N=N_0+\Delta N}$，き裂長さ $2c_{N=N_0+\Delta N}$ は，

$$a_{N=N_0+\Delta N} = a_{N=N_0} + \Delta a$$
$$2c_{N=N_0+\Delta N} = 2c_{N=N_0} + 2(\Delta c)$$

で計算できる．所定の荷重繰返し数 N_t までこれを繰り返す．

表F.1 に $\Delta N = 100$ cycle としたときの，計算結果を示す．$N = N_t = 1\,000$ cycle における半楕円表面き裂の深さ $a_{N=1\,000}$，長さ $2c_{N=1\,000}$ は，

$$a_{N=1\,000} = 6.056 \text{ mm}$$
$$2c_{N=1\,000} = 24.058 \text{ mm}$$

となり，アスペクト比は 0.503 である．なお，この評価結果は，アスペクト比一定として簡易評価したときの値とほぼ一致している．

表F.1　半楕円表面き裂の形状変化

荷重繰返し数 N (cycle)	き裂深さ a (mm)	き裂長さ $2c$ (mm)	応力拡大係数範囲		き裂進展速度		き裂進展量	
			最深点 ΔK_A (N/mm$^{3/2}$)	表面点 ΔK_B (N/mm$^{3/2}$)	最深点 da/dN (mm/cycle)	表面点 dc/dN (mm/cycle)	最深点 Δa (mm)	表面点 $2\Delta c$ (mm)
0	6.000	24.000	5.447×10^2	4.267×10^2	5.592×10^{-5}	2.864×10^{-5}	5.592×10^{-3}	5.729×10^{-3}
100	6.006	24.006	5.449×10^2	4.270×10^2	5.596×10^{-5}	2.869×10^{-5}	5.596×10^{-3}	5.739×10^{-3}
200	6.011	24.011	5.450×10^2	4.273×10^2	5.600×10^{-5}	2.874×10^{-5}	5.600×10^{-3}	5.749×10^{-3}
300	6.017	24.017	5.452×10^2	4.275×10^2	5.604×10^{-5}	2.879×10^{-5}	5.604×10^{-3}	5.758×10^{-3}
400	6.022	24.023	5.453×10^2	4.278×10^2	5.608×10^{-5}	2.884×10^{-5}	5.608×10^{-3}	5.768×10^{-3}
500	6.028	24.029	5.455×10^2	4.281×10^2	5.612×10^{-5}	2.889×10^{-5}	5.612×10^{-3}	5.778×10^{-3}
600	6.034	24.035	5.456×10^2	4.283×10^2	5.616×10^{-5}	2.894×10^{-5}	5.616×10^{-3}	5.788×10^{-3}
700	6.039	24.040	5.458×10^2	4.286×10^2	5.621×10^{-5}	2.899×10^{-5}	5.621×10^{-3}	5.798×10^{-3}
800	6.045	24.046	5.459×10^2	4.289×10^2	5.625×10^{-5}	2.904×10^{-5}	5.625×10^{-3}	5.808×10^{-3}
900	6.050	24.052	5.460×10^2	4.291×10^2	5.629×10^{-5}	2.909×10^{-5}	5.629×10^{-3}	5.818×10^{-3}
1 000	6.056	24.058	—	—	—	—	—	—

7. まとめ

本設計例では，き裂進展の評価法として，①欠陥のアスペクト比を一定として疲労き裂進展評価する方法と，②欠陥の深さ方向および長さ方向に対して独立に疲労き裂進展評価を行う方法を示したが，他に③欠陥の形状変化予測式を用いて疲労き裂進展評価を行う方法[4]もある．また，本例の解析結果では疲労き裂の進展量が無視できるため，直ちに継続使用が可能という結論になったが，疲労き裂の進展量が無視できない場合は，適切な破壊評価基準[5]によって進展後の欠陥の安全性を評価する必要がある．

参考文献

1) 日本高圧力技術協会：HPIS Z101-1，圧力機器のき裂状欠陥評価方法—第1段階評価，2008.
2) 日本溶接協会：WES2805，溶接継手の脆性破壊発生及び疲労き裂進展に対する欠陥の評価方法，2007.
3) API（American Petroleum Institute）/ ASME（American Society of Mechanical Engineers）：API 579-1 / ASME FFS-1, Fitness-For-Service, 2nd ed., 2007.
4) ASME（American Society of Mechanical Engineers）：Boiler and Pressure Vessel Code, Sec. XI, Appendix A: Analysis of Flaws, 2001.
5) 例えば，Ainsworth, R. A., et al.：Assessment of the Integrity of Structures Containing Defects（R6 Revision3），Central Electricity Generating Board, 1991.

設計例 G　鉄道車両の台車枠

1. はじめに

　一般に鉄道車両用台車枠の疲労設計は，JIS E 4207「鉄道車両―台車―台車枠設計通則」[1]にある応力限界図を用い，実使用時の変動応力最大値が応力限界図の疲労に対する限界内に収まるよう行われる．溶接部の応力は，応力集中を含む溶接止端部を対象として長さ 5 mm 程度の単軸のひずみゲージにより測定される．溶接非仕上げ部については，止端部を半径 3 mm 程度で仕上げた後ひずみゲージを貼り付ける．そのため，溶接部の疲労に対する許容応力は，非仕上げで 70 N/mm^2，仕上げで 110 N/mm^2 の区別だけで溶接継手に関わらず一定である．

　応力限界図による評価法は，実台車枠の損傷発生の有無を良好に判定できるが，応力限界図の疲労に対する限界を超過する既存の台車枠のような場合，すなわち寿命評価を必要とする場合等は，S–N 曲線が示されていないため累積損傷比を用いた疲労照査ができない．このような場合，JIS E 4207 の付属書には，本設計指針の疲労設計線図を用いて溶接継手構造ごとに公称応力に基づき評価する方法が紹介されている．

　ここでは「鉄道車両の台車枠」の疲労照査事例として，既存の鉄道車両台車枠の側梁下面および側面の溶接非仕上げ部から損傷が発生した過去の例について，3.1.2 項の「応力範囲頻度分布を適切に推定できる場合には，その応力範囲頻度分布を用いてよい」に基づき，現車走行試験より得られた実測公称応力範囲頻度分布を用いて疲労安全性照査を試みた例を紹介する．

2. 対象とする溶接部と溶接継手の強度等級

　対象とする鉄道車両（気動車）用台車枠の側梁中央部の詳細を図 G.1 に示す．

　同一形式の異なる気動車用台車枠の側梁中央部付近下面および側面の溶接部において，損傷が発見された．対象とする溶接部は，図 G.2 に示すように，側梁下面の揺れまくらすり板受け溶接部 a および b，同じく側面の揺れまくら吊り受け溶接部 c である．溶接部 a が 314 万 km，b が 377 万 km，c が 171 万 km 走行した時点で損傷が発見された[2]．

　a は揺れまくらすり板受けの受部が側梁を横切って隅肉溶接された溶接部，b は同揺れまくらすり板受けの長手方向に配した補強板と側梁下面の溶接部，c は揺れまくら吊り受けと側梁側面の溶接部で，各溶接部はすべて非仕上げであった．溶接継手の強度等級は，a が本指針の表 3.4(d)「十字溶接継手」の 3「非仕上げの溶接継手」の E 等級，b と c が表 3.4(e)「ガセット溶接継手（付加板を溶接したものを含む）」の 3「ガセットをすみ肉溶接した継手」の G 等級に相当すると考えられる．

　一方，鉄道車両用台車枠において応力集中低減策として溶接部を仕上げる場合，溶接部 b および c では，何層か肉盛りした上で十分な脚長をとってグラインダーにより曲率半径 $\rho = 100$ mm（ちなみに溶接部 a では $\rho = 30$ mm）で滑らかに仕上げられることから，当該溶接部の強度等級はフィ

設計例

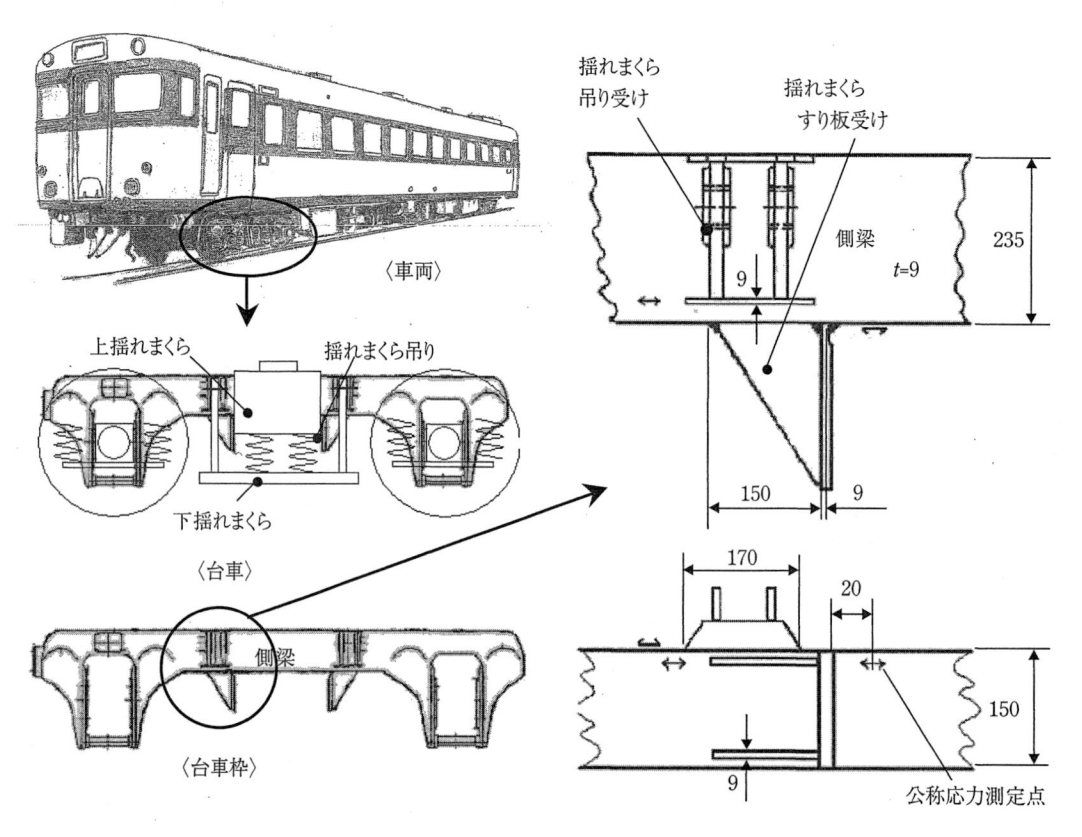

図 G.1 対象とする台車枠の側梁部詳細

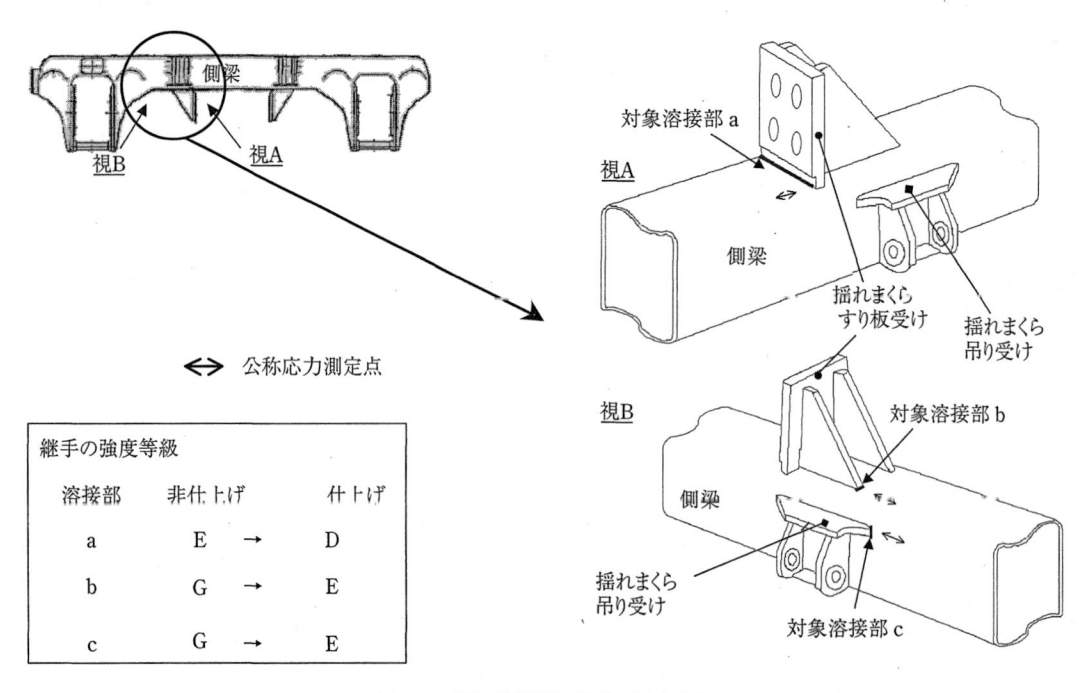

継手の強度等級		
溶接部	非仕上げ	仕上げ
a	E →	D
b	G →	E
c	G →	E

⟷ 公称応力測定点

図 G.2 対象溶接部と継手の強度等級

レット仕上げとみなし，非仕上げの2ランクアップとした．なお，一般に鉄道車両用台車枠の疲労設計に適用される JIS E 4207「鉄道車両―台車―台車枠設計通則」にある応力限界図の疲労に対する許容限度は，非仕上げで 70 N/mm², 仕上げで 110 N/mm² としている．

すなわち，損傷防止策として溶接部を仕上げる場合の強度等級は，a が本指針の表 3.4(d) の 2「止端仕上げした溶接継手」の D 等級，b および c が表 3.4(e) の 2「フィレット仕上げ」の E 等級になる．

3. 実測公称応力範囲頻度分布と疲労安全性照査

3.1 実測公称応力範囲頻度分布

対象とする溶接部近傍（き裂に対し垂直な方向で溶接止端からゲージ中心まで 20 mm 程度）の平滑母材部に添付したひずみゲージ（ゲージ長 5 mm で図 G.1 および図 G.2 中に矢印で示す）により測定した応力を，公称応力とみなす．

実測公称応力範囲頻度分布は，同一形式の気動車による走行試験において，対象とする溶接部の公称応力を上記の方法により測定し，レインフロー法により計数した[3]．走行試験は，試験区間長 480 km で，1 級線において実施されたものである．線路等級は年間の通過トン数によって 4 段階に区分されており，トン数の多い方から 1 級線，2 級線，以下 3, 4 級線となる．ちなみに 1 級線は幹線に相当する．当該車両は 4 級線においても使用されたため，4 級線走行時の頻度分布を推定する必要がある．4 級線走行時の頻度分布は，1 級線の頻度分布の応力範囲を 1.3 倍[4]にして推定した．

十分な安全を考慮して走行試験から推定した 4 級線走行時の実測公称応力範囲頻度分布（試験区

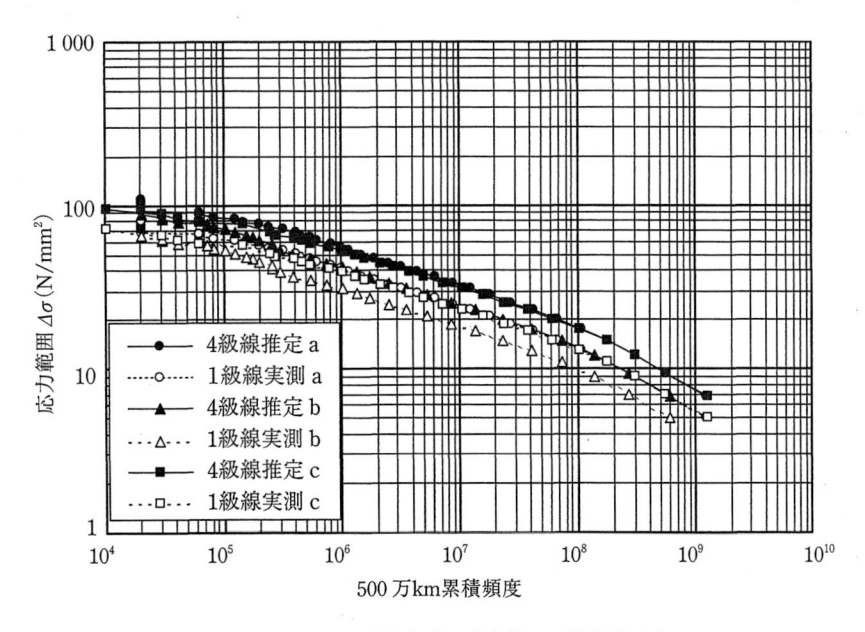

図 G.3　500 万 km 走行相当の応力範囲累積頻度分布

設計例

間長 480 km）をもとに，当該車両が廃車された走行距離が 480 万 km であることから，寿命走行距離を 500 万 km と想定し，500 万 km 走行相当の応力範囲累積頻度分布を計算した（**図 G.3**）．

3.2 疲労安全性照査

3.1 節で計算した応力範囲累積頻度分布を用い，対象とする a〜c の溶接部に該当する溶接継手の強度等級の疲労設計曲線によって，疲労安全性照査を行う．疲労安全性照査の流れを**図 G.4** に，照査結果を**表 G.1** に示す．

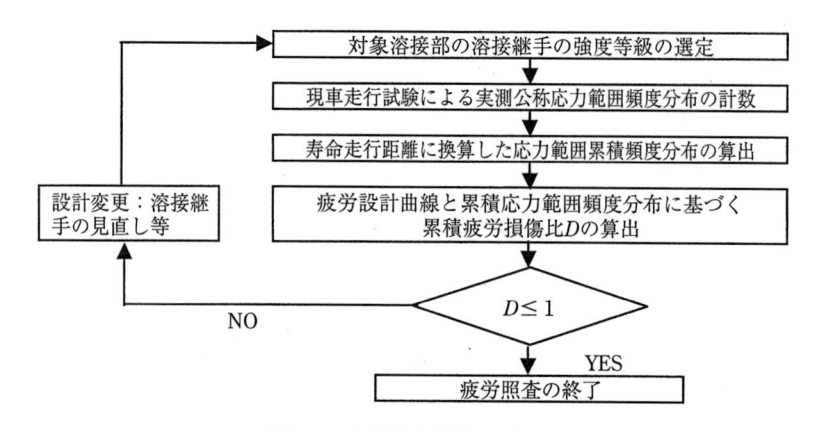

図 G.4 疲労安全性照査の流れ

表 G.1 疲労安全性照査結果

対象溶接部	非仕上げ		仕上げ	
	強度等級	累積損傷比 D	強度等級	累積損傷比 D
a	E	1.54	D	0.30
b	G	2.36	E	0.25
c	G	6.33	E	0.71

a. 溶接部 a

溶接部 a の走行試験で得た 500 万 km 走行相当の応力範囲累積頻度分布と打切り限界を考慮して等級 E の疲労設計線から算出した累積疲労損傷比 D は 1.54 で，損傷発見時の走行距離 314 万 km に近い走行距離で損傷する結果となった．また，損傷防止策として溶接止端仕上げを行った場合，溶接継手の強度等級は D となり，等級 D の疲労設計線と 500 万 km 走行相当の応力範囲累積頻度分布から算出した累積疲労損傷比 D は 0.3 となることから，廃車に至るまで損傷が発生しなかったであろうと推定される．

b. 溶接部 b, c

溶接部 b および c の走行試験で得た 500 万 km 走行相当の応力範囲累積頻度分布と打切り限界を考慮して等級 G の疲労設計線から算出した累積疲労損傷比 D は 2.36 および 6.33 で，損傷発見時の走行距離 377 万 km および 171 万 km に対し，かなり安全側の照査が行われている．また，損傷防止策として溶接止端仕上げを行った場合，溶接継手の強度等級は E となり，等級 E の疲労設計線と 500 万 km 走行相当の応力範囲累積頻度分布から算出した累積疲労損傷比 D は 0.25 および 0.71 となることから，a) の場合と同じく廃車に至るまで損傷が発生しなかったと推定される．

参考文献

1) JIS E 4207-2004：鉄道車両−台車−台車枠設計通則, 2004.
2) 長瀬隆夫：溶接台車枠の強度と保守, 研友社, 1993.
3) 織田安朝, 八木毅, 沖野友洋, 石塚弘道：鉄道車両用台車枠溶接部の実働応力ひん度分布に基づく寿命評価法の検討, 日本機械学会論文集（A編）, Vol.73, No.734, pp.1171–1176, 2007.
4) 織田安朝, 八木毅, 沖野友洋, 石塚弘道：走行条件が実働応力ひん度分布に及ぼす影響（鉄道車両用台車枠溶接部の実働応力ひん度分布に基づく寿命評価法の検討）, 日本機械学会論文集（A編）, Vol.74, No.742, pp.873–878, 2007.

設計例 H　補修・補強（道路橋）

1. はじめに

(1) 疲労寿命評価対象

　鋼床版デッキプレートと垂直補剛材のすみ肉溶接継手を対象として，補修・補強による効果を定量的に評価した事例を示す．この継手には，多数の疲労損傷が報告されている．疲労き裂は，デッキプレート側止端から生じるもの，溶接ビード上に観察されるもの，垂直補剛材側の止端から生じるものがある．ここでは，最も事例の多いデッキプレート側止端から生じる疲労き裂を対象とする．
　この継手の疲労損傷に対する補修・補強としては，板をあてる方法，垂直補剛材上端部を切り取って溶接継手を取り除く方法，垂直補剛材に半円孔をあける方法などがある．ここでは，半円孔をあけることによる補修・補強をとりあげ，その効果を評価する．

(2) 疲労寿命の評価方法

　本対象溶接部では，公称応力を定義，計算することが難しいため，ホットスポット応力による疲労寿命評価を行う．一般にホットスポット応力は，梁理論などの古典理論では求めることができないため，有限要素解析によって溶接継手部周辺の応力場を求め，それに基づいて計算する．
　鋼橋床版の疲労設計に用いるための疲労設計荷重は規定されていないが，本設計例では上部構造の疲労設計に用いられる T–20 荷重の 1 輪を代表荷重単位とする．1 輪とするのは，既往の研究および後述する解析結果などにより，着目箇所の影響線基線長が橋軸方向には 3 m 程度，橋軸直角方向には 1.5 m 程度と短く，影響範囲内には常に 1 つの車輪しか載荷されないと考えられるためである．ここでは設計例を示すことが目的であるため，このような仮定を用いるが，実際の適用にあたっては，別途，疲労設計荷重について十分に検討する必要がある．

2. 設計条件

　　構造形式：鋼床版箱桁
　　設計荷重：T–20 荷重（道路橋示方書）
　　構造概要：垂直補剛材上端と鋼床版デッキプレートのすみ肉溶接継手
　　計画交通量：ADTT 1 500 台/車線

設計例

3. 一般図

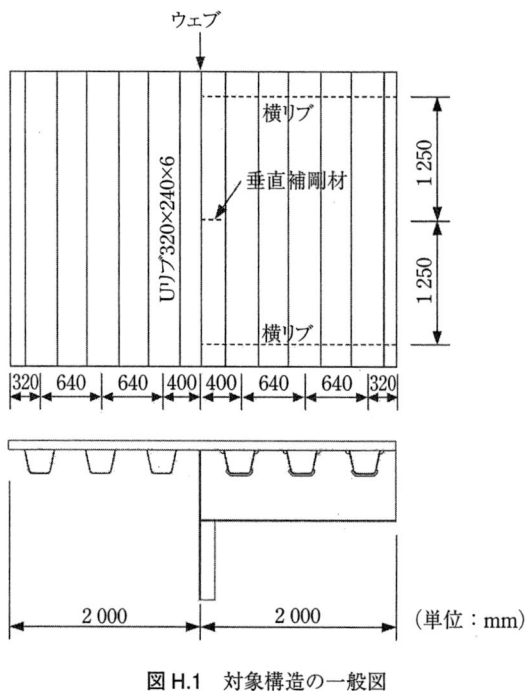

図H.1 対象構造の一般図

4. 荷　　重

(1) 荷重単位
トラック1台を荷重単位とする．

(2) 代表荷重単位
図H.2に示すT-20荷重（総重量200 kN）の後輪1輪（ダブルタイヤ，100 kN）を代表荷重単位とする．

(3) 衝撃の影響
衝撃係数i_fは次式によって求める．

$$i_f = \frac{10}{50+L} \quad ただし，i_f \leq 0.2$$

L：影響線の基線長（m）

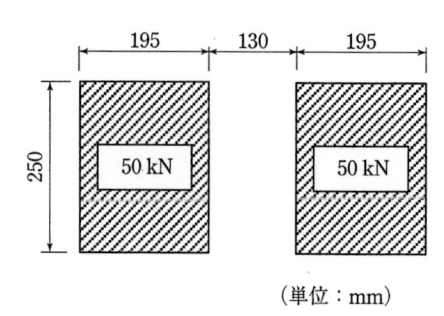

図H.2 代表荷重単位

後述するように，本解析対象位置の影響線基線長は短いことから，ここでは最大値の$i_f=0.2$を用いることとする．

(4) 設計計算応力補正係数
設計計算応力補正係数は1.0とする．

5. 疲労寿命評価の手順

本設計例における疲労寿命評価の流れを図 H.3 に示す．安全係数 γ_b, γ_i, γ_w はすべて 1.0 とする．

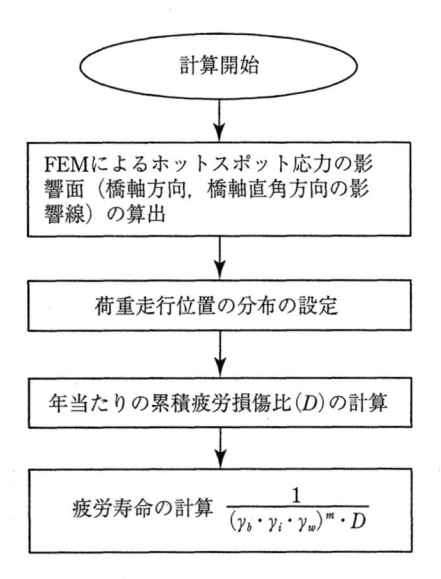

図 H.3 疲労寿命評価のフローチャート

6. 補修・補強前構造に対する疲労寿命評価

6.1 評価位置および疲労強度等級

(1) 評価位置

疲労寿命評価位置は，図 H.4 に示す垂直補剛材上端とデッキプレートとの溶接部の，デッキプレート側止端とする．

(2) 疲労強度

本指針に従い，E 等級にて評価を行う．

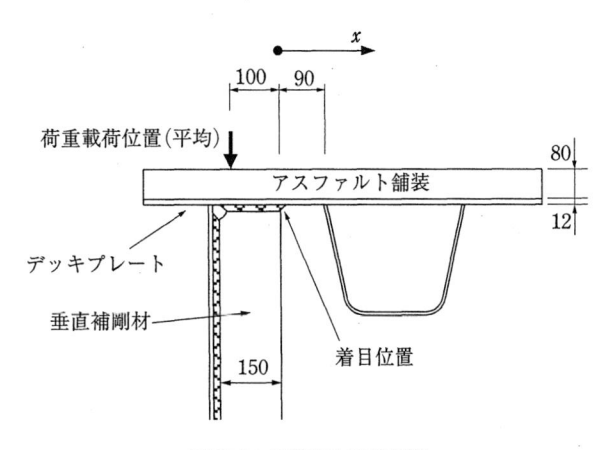

図 H.4 疲労寿命評価位置

6.2 応力範囲の算定

6.2.1 解析モデル

溶接継手部の解析モデルは，線形ソリッド要素にて構築し，溶接ビードもモデル化した．解析モデルの全体図を図H.5に示す．また，溶接部近傍の詳細図を図H.6に示す．これは溶接部を下側から見上げた図である．

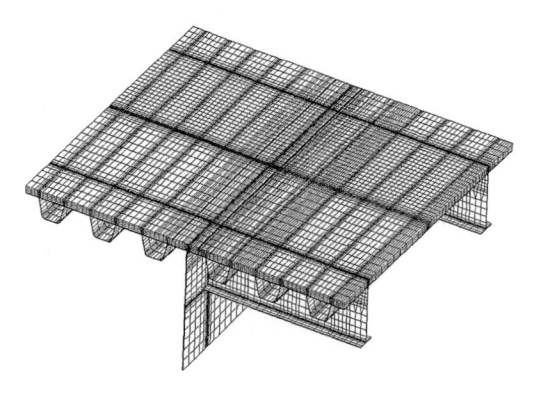

図H.5 解析モデルの全体図

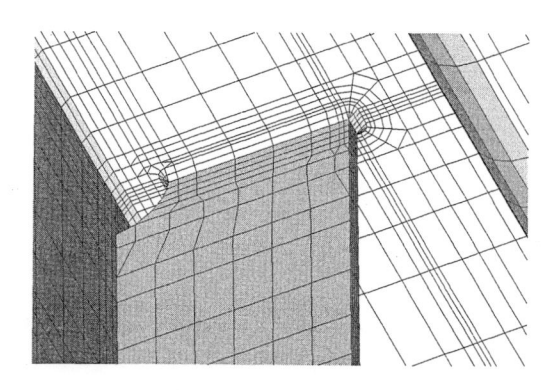

図H.6 溶接継手部近傍

解析モデルではアスファルトもモデル化している．アスファルトと鋼材の境界面において，両者は完全に一体で挙動するものと仮定し，節点は共有した．

解析は弾性解析とし，鋼材の弾性係数は200 kN/mm^2，ポアソン比は0.3とした．アスファルトの弾性係数は，夏季（3か月），春秋季（6か月），冬季（3か月）を想定し，それぞれ500，1 500，5 000 N/mm^{2}とした3ケースの解析を行った．溶接近傍での最小要素サイズは2.5 mmである．

6.2.2 境界条件

対象位置の影響線縦距は，橋軸方向，橋軸直角方向ともに比較的短いことから，橋軸方向には横リブで挟まれた1パネル分，橋軸直角方向には主桁で挟まれたパネルの半分のみをモデル化の対象とし，図H.7に示すように，それぞれの境界では対称条件を適用した．また，主桁下端の境界条件が対象箇所の応力に与える影響は小さいと考えられることから，主桁下端位置で固定条件を与えた．

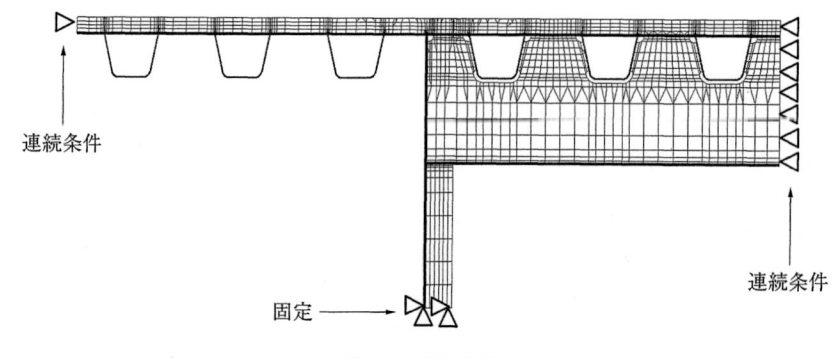

図H.7 境界条件

6.2.3 荷重載荷位置

載荷位置は橋軸方向および橋軸直角方向に変化させた．図 H.8 に橋軸方向の載荷位置を，図 H.9 に橋軸直角方向の載荷位置を示す．

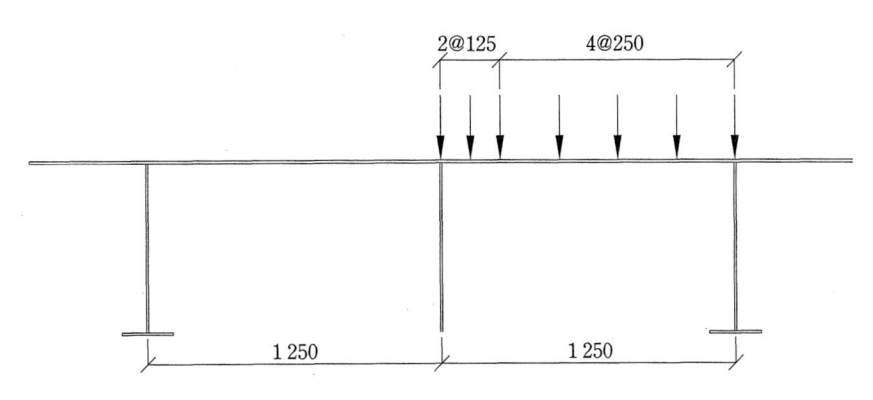

図 H.8 橋軸方向の載荷位置

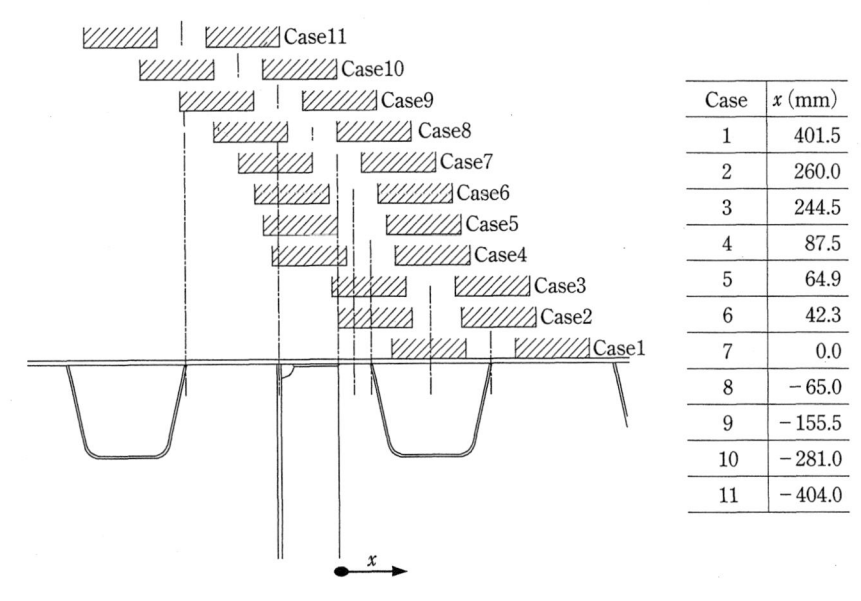

Case	x (mm)
1	401.5
2	260.0
3	244.5
4	87.5
5	64.9
6	42.3
7	0.0
8	-65.0
9	-155.5
10	-281.0
11	-404.0

図 H.9 橋軸直角方向の載荷位置

6.2.4 ホットスポット応力の算定法

ホットスポット応力は，本指針に従い，溶接止端から $0.4\,t$ および $1.0\,t$（t は板厚）離れた2点での板表面（デッキプレート下側表面）での応力から，溶接止端位置に線形外挿した値として求めた．

6.2.5 応力解析結果

解析結果の例として，夏季を想定したアスファルト剛性 $500\,\text{N/mm}^2$ を用いた場合の，ホットスポット応力の橋軸方向の影響線を図 H.10 に示す．図中の Case は図 H.9 に示す橋軸直角方向の載荷位置であり，比較的大きな応力が生じた Case1～3 についてのみ示した．ホットスポット応力は最大で $-337\,\text{N/mm}^2$ であり，非常に大きな値となっている．また，橋軸直角方向の位置によらず，

設計例

垂直補剛材位置から橋軸方向に1 500mmほど離れると，応力はほぼゼロになっており，影響線長が短いことが確認できる．

図H.11に，橋軸直角方向の載荷位置と，それぞれの位置で橋軸方向に荷重を動かして得られた絶対値最大のホットスポット応力との関係を示す．アスファルト剛性の違いにより，冬季の応力は夏季のそれと比較して30％程度に減少している．春秋季の応力は両者の中間程度である．

着目位置の応力は，輪重の載荷によって生じるデッキプレートの面外曲げの影響を大きく受けることから，面外曲げ応力成分が卓越することが予想される．そこで，デッキプレート上側表面においても6.2.4項に示す方法で応力を算出し，これとホットスポット応力から，次式によって膜応力と面外曲げ応力を分離した．

$$\sigma_m = \frac{\sigma_{HSS} + \sigma_u}{2}, \quad \sigma_b = \frac{\sigma_{HSS} - \sigma_u}{2}$$

σ_m：膜応力
σ_b：面外曲げ応力
σ_{HSS}：ホットスポット応力（デッキプレート下面）
σ_u：デッキプレート上側表面で6.2.4項に示す方法で求めた応力

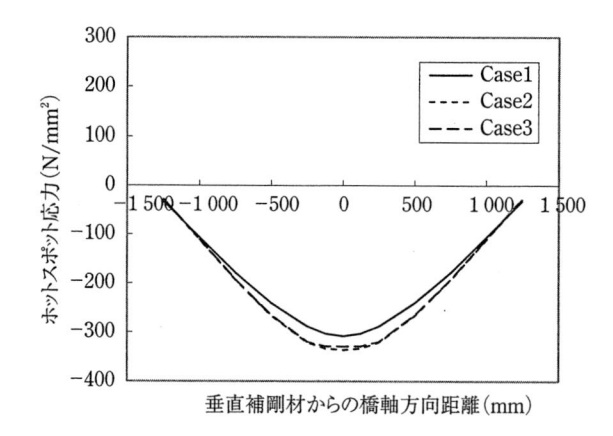

図H.10 ホットスポット応力の橋軸方向の影響線の例（夏季）

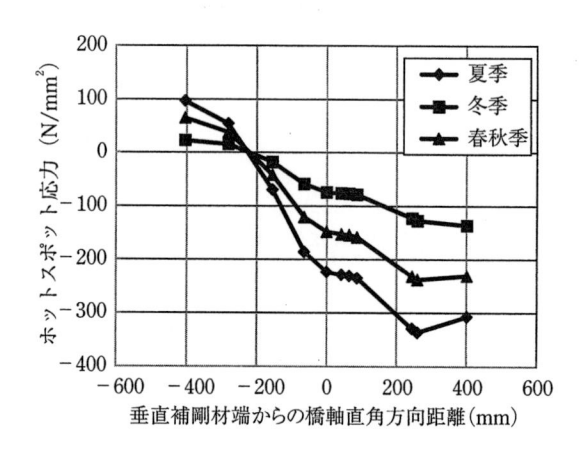

図H.11 ホットスポット応力の橋軸直角方向の影響線

なお，ここで用いたホットスポット応力の膜・面外応力成分への分離手法は一例であり，実際には板内の要素層数などに応じて適切な手法を選択する必要がある．

図H.12に各応力成分を示す．ほとんどの載荷位置で圧縮の膜応力が生じているが，その大きさは面外曲げ応力に比べて小さい．膜応力と面外曲げ応力の和（すなわちホットスポット応力）に占める膜応力の割合は，載荷位置によって多少異なるが，夏季，春秋季，冬季においてそれぞれ19％，21％，29％程度であり，対象位置では面外曲げ応力成分が支配的であるといえる．冬季において膜応力の割合が若干高くなるのは，アスファルト剛性の増加によって面外曲げ応力が大きく減少するのに対し，膜応力の変化が比較的小さいためである．

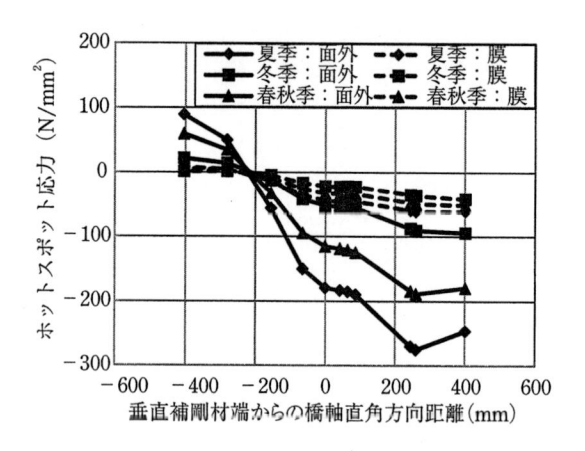

図H.12 膜応力と面外曲げ応力

6.2.6 荷重載荷位置

本設計例では，図H.4で示したように，輪荷重の走行位置の平均位置は，垂直補剛材端から主桁ウェブ側に100 mmの位置（$x = -100$ mm）にあるものと仮定した．一般に，輪荷重の走行位置のばらつきは正規分布に従うとされている．そこで，輪荷重走行位置の頻度分布として，平均値－100 mm，標準偏差120 mmの正規分布を仮定する．この頻度分布を図H.13に示す．

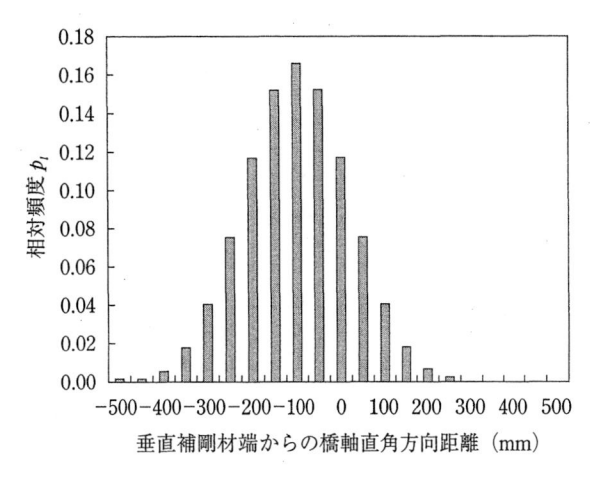

図H.13 走行位置の頻度分布

6.3 疲労寿命評価

応力範囲$\Delta\sigma$と疲労寿命Nの関係は次式で表される．

$$\Delta\sigma^3 \cdot N = C_0$$

C_0は継手の等級により定まる定数であり，ここではE等級に対する2×10^6回基本疲労強度（80N/mm²）を用いて求める．疲労強度に対する補正には，板厚の補正および平均応力の補正がある．ここで対象としている継手は面外ガセット継手にモデル化することができるが，面外ガセット継手は板厚補正の対象外であるため，板厚の補正は行わない．一方，平均応力の補正については，ホットスポット応力が圧縮であることから，最小応力，最大応力とも圧縮領域にあるものとみなし，補正係数C_Rとして1.3を用いる．なお，図H.11に示したように，橋軸直角方向の載荷位置が垂直補剛材端から-200 mmよりも左側になるとホットスポット応力が引張になる．しかし，その絶対値は比較的小さいこと，着目位置には圧縮の死荷重応力が生じていると想定されることなどから，ここではその影響は考慮せず，平均応力の補正係数として一律に1.3を用いることとした．以上より，

$$C_0 = (80\times1.3)^3 \times 2\times10^6 = 2.25\times10^{12}$$

とした．

次に，車両の走行位置のばらつきを考慮した累積疲労損傷比を次のようにして求める．対象とするレーンの日平均大型車交通量をADTT，橋軸直角方向の位置をi，その位置における相対頻度をp_iとすると，位置iを走行する1日当たりの大型車台数ADTT_iは，

$$\mathrm{ADTT}_i = \mathrm{ADTT} \cdot p_i$$

である．よって，位置iに荷重が載荷された際のホットスポット応力範囲を$\Delta\sigma_i$とすると，それによる疲労損傷比は，

$$D_i = \frac{\mathrm{ADTT}_i}{N_i} = \frac{\mathrm{ADTT} \cdot p_i}{C_0/\Delta\sigma_i^3} = \frac{\mathrm{ADTT}}{C_0}\Delta\sigma_i^3 p_i$$

となる．これをすべての載荷位置に対して足し合わせることにより，

$$D = \sum_i D_i = \frac{\mathrm{ADTT}}{C_0}\sum_i \Delta\sigma_i^3 p_i$$

によって1日当たりの累積疲労損傷比を求めることができる．

設計例

設計条件から ADTT は 1 500 台とした．走行位置の相対頻度 p_i は図 H.13 に示したとおりである．ホットスポット応力範囲 $\Delta\sigma_i$ は，輪重 100 kN に対して求められた 6.2.5 項での解析結果に衝撃の影響（i_f=0.2）を考慮した．さらに，膜応力 σ_m よりも面外曲げ応力 σ_b が支配的であることから，その影響を考慮し，次式により求めることとした．

$$\Delta\sigma_i = 1.2\{\Delta\sigma_m + (4/5)\Delta\sigma_b\}$$

以上の手法により計算した 1 日当たりの累積疲労損傷比を表 H.1 に示す．ただし，代表荷重単位を用いて応力を算出しているため，変動振幅応力の打切り限界は考慮していない．

表 H.1　1 日当たりの累積疲労損傷比

	$\sum_i \Delta\sigma_i^3 p_i$	ADTT	C_0	D（日）
夏季	6.053×10^6			0.00404
冬季	1.786×10^5	1 500	2.25×10^{12}	0.00012
春秋季	1.429×10^6			0.00095

1 年のうち，春夏秋冬の日数の割合をそれぞれ 1/4 ずつとすると，年当たりの累積疲労損傷比は，

$$365\times\left(\frac{0.00404}{4}+\frac{0.00012}{4}+2\times\frac{0.00095}{4}\right)=0.553$$

となり，寿命は 1/0.553 = 1.8 年となる．

7. 半円孔による補修・補強方法

対象となる垂直補剛材の上端に，図 H.14 に示すように半円孔を設ける．これにより，デッキプレートの面外曲げ変形に対する拘束を緩和し，疲労き裂の起点となる溶接止端部の応力集中を低減させる．ただし，半円孔の縁に沿って応力集中が生じることが想定されるため，半円孔の縁（母材）に対しても疲労寿命評価を行うこととする．

半円孔をあける手法にはガス切断を用いる方法，ドリルを用いる方法などがある．ここではドリルによる穿孔を想定し，孔壁の表面は滑らかに仕上がるものと仮定する．

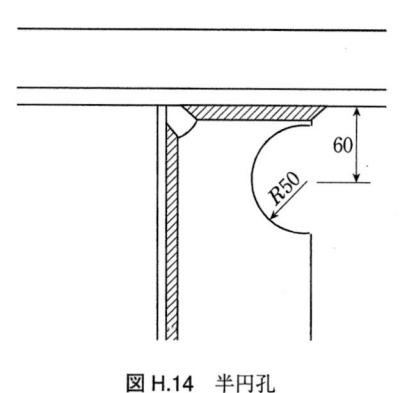

図 H.14　半円孔

8. 補修・補強後の構造に対する疲労寿命評価

8.1　評価位置および疲労強度等級

(1) 評価位置

疲労寿命評価位置は，補修・補強前の場合と同じく，図 H.15 に示す垂直補剛材上端とデッキプレートとの溶接部の，デッキプレート側止端とする．疲労寿命評価はホットスポット応力を用いて行う．これに加え，半円孔の縁の中で応力が最大となる点についても疲労寿命評価を行う．

(2) 疲労強度

溶接止端に対しては，ホットスポット応力を用いるため，本指針に従いE等級にて評価を行う．半円孔縁については，帯板の機械仕上げ相当の表面粗さを仮定し，A等級にて評価を行う．

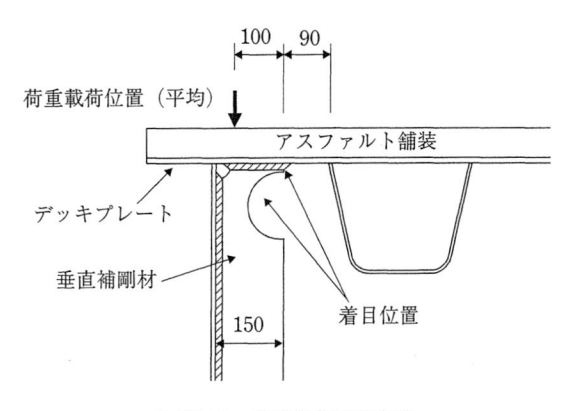

図 H.15　疲労寿命評価位置

8.2　応力範囲の算定

8.2.1　解析方法

解析モデルを図 H.16 に示す．垂直補剛材に半円孔を設けている．これ以外の解析条件やホットスポット応力の求め方などは，すべて補修・補強前構造に対するものと同一である．

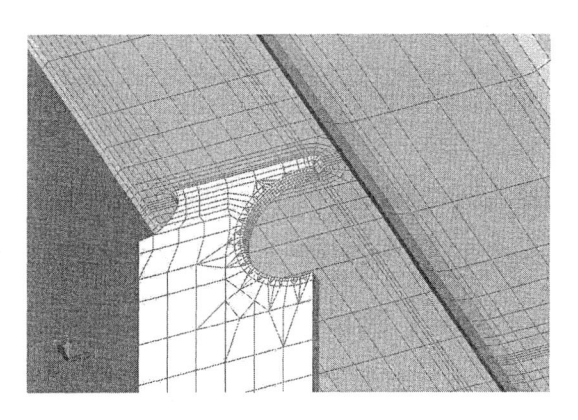

図 H.16　解析モデル（半円孔モデル）

8.2.2　応力解析結果

(1)　溶接止端部のホットスポット応力

解析結果の例として，夏季を想定したアスファルト剛性を用いた場合の，ホットスポット応力の橋軸方向の影響線を図 H.17 に示す．補修・補強前には $-300\,\mathrm{N/mm^2}$ を超える非常に大きなホットスポット応力が生じていたが，半円孔を設けた場合のホットスポット応力は最大でも $-156\,\mathrm{N/mm^2}$ となっており，補修・補強前と比較して大幅な応力の低減がみられる．

橋軸直角方向のホットスポット応力の影響線を図 H.18 に示す．補修・補強前構造に対する結果

設計例

と同様に，アスファルト剛性が大きくなるにつれて応力が減少しており，冬季には夏季の20%程度の応力となっている．また，図には示していないが，ホットスポット応力に占める膜応力成分の割合は，夏季，春秋季，冬季でおおむね22%，33%，50%となり，補修・補強前の値と比較すると大きな値となった．これは，半円孔によって面外曲げ応力が小さくなったのに対し，膜応力の大きさがあまり変化しなかったためである．

(2) 半円孔縁の応力

半円孔縁のうち，載荷位置を変化させたなかで最も大きな応力が発生する位置を抽出し，その位置における応力の，橋軸直角方向の影響線を求めた．図 H.19 に半円孔縁での応力の影響線を示す．なお，応力は孔の壁面における接線方向成分である．半円孔縁においては，最大で -279 N/mm^2 の応力が発生しており，溶接止端部でのホットスポット応力が減少した代わりに，この位置において比較的大きな応力が生じている．また，冬季と夏季の応力を比較すると，溶接止端部の応力が20%程度にまで減少していたのに対し，半円孔縁の応力はそれほどの低下はみられず，50%程度にとどまっている．

8.3 疲労寿命評価

(1) 溶接止端部

溶接止端部を対象とした疲労寿命評価は，補修・補強前のそれと同様に行った．すなわち，強度等級をE等級とし，それに平均応力の影響を考慮して定数 C_0 を求めた．また，ホットスポット応力の算出にあたっては，衝撃の影響と面外曲げ応力の取扱いを考慮に入れた．

半円孔を設けた場合の，溶接止端部での1日当たりの累積疲労損傷比の計算結果を表 H.2 に示す．

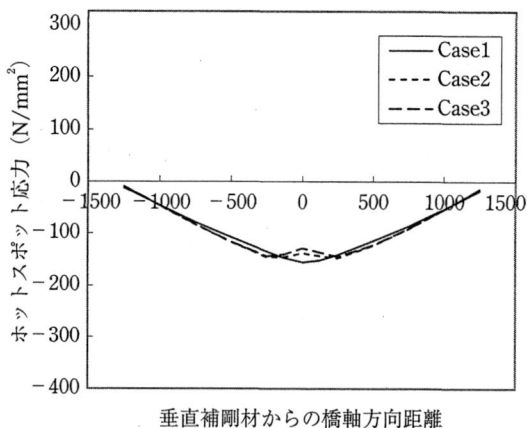

図 H.17 溶接継手部ホットスポット応力の橋軸方向の影響線の例（夏季）

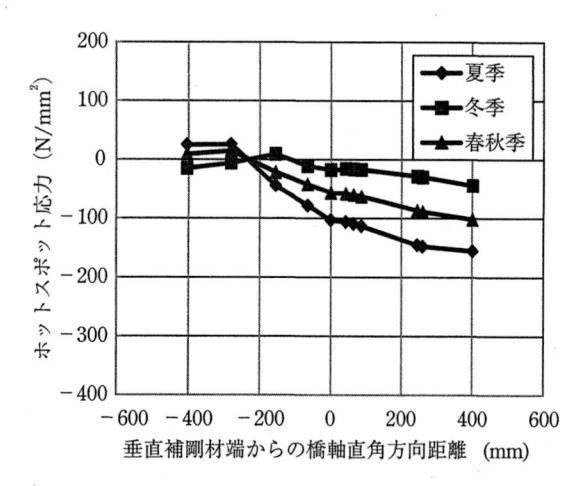

図 H.18 溶接継手部ホットスポット応力の橋軸直角方向の影響線

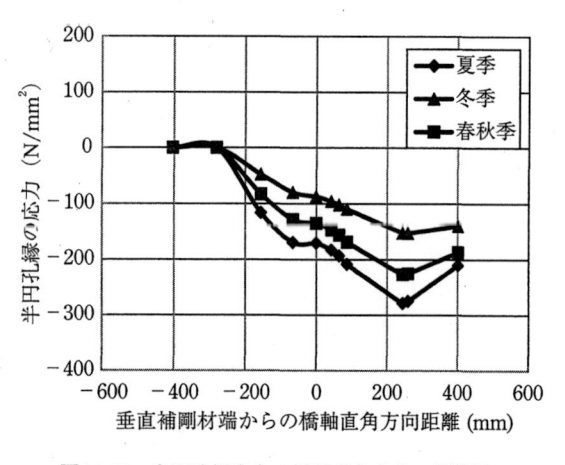

図 H.19 半円孔縁応力の橋軸直角方向の影響線

表 H.2　1日当たりの累積疲労損傷比（溶接止端）

	$\sum_i \Delta\sigma_i^3 p_i$	ADTT	C_0	D(日)
夏季	5.752×10^5			0.000383
冬季	2.655×10^3	1 500	2.25×10^{12}	0.000002
春秋季	8.016×10^4			0.000053

これより，年当たりの累積疲労損傷比は，

$$365 \times \left(\frac{0.000383}{4} + \frac{0.000002}{4} + 2 \times \frac{0.000053}{4} \right) = 0.0448$$

となった．

(2) 半円孔縁の応力

半円孔縁を対象とした疲労寿命評価は，溶接止端でのホットスポット応力範囲の代わりに，孔縁に生じる応力範囲そのものにより行った．応力範囲の算出にあたっては衝撃の影響を考慮し，面外曲げ応力の取扱いは行っていない．強度等級はA等級とし，平均応力の補正を行うことにより，C_0 として，

$$C_0 = (190 \times 1.3)^3 \times 2 \times 10^6 = 3.01 \times 10^{13}$$

を用いた．これ以外は，溶接止端部に対するものと同じ方法で累積疲労損傷比を計算した．

半円孔縁に対して計算した，1日当たりの累積疲労損傷比を表 H.3 に示す．

表 H.3　1日当たりの累積疲労損傷比（半円孔縁）

	$\sum_i \Delta\sigma_i^3 p_i$	ADTT	C_0	D(日)
夏季	6.461×10^6			0.000322
冬季	6.247×10^5	1 500	3.01×10^{13}	0.000032
春秋季	2.429×10^6			0.000121

これより，年当たりの累積疲労損傷比は，

$$365 \times \left(\frac{0.000322}{4} + \frac{0.000032}{4} + 2 \times \frac{0.000121}{4} \right) = 0.0543$$

となった．

表 H.2 および表 H.3 からわかるように，アスファルト剛性の小さな夏季だけを比較すると，半円孔縁よりも溶接止端での疲労損傷比の方が大きい．しかし，アスファルト剛性が大きくなる春秋季，冬季において，溶接止端での疲労損傷比が大幅に減少するのに対して，半円孔縁での減少はそれほど顕著でないため，1年間を通してみると，半円孔縁の方が溶接止端よりも疲労損傷比が大きくなる結果となった．

(3) 疲労寿命評価

半円孔縁の方が溶接止端よりも年当たりの累積疲労損傷比が大きいため，これより疲労寿命を計算すると $1/0.0543 = 18.4$ 年となる．補修・補強前の疲労寿命1.8年に対して10倍程度の寿命となっており，大きな疲労寿命の伸びが得られた．

設計例

9. ま と め

　鋼床版の垂直補剛材とデッキプレートのすみ肉溶接継手を対象として，半円孔を設けることによる補修・補強効果を求める事例を示した．垂直補剛材に半円孔を設けることにより，溶接継手に生じるホットスポット応力は緩和することができるが，半円孔の孔縁に比較的高い応力が発生する．しかし，それを考慮しても，当初構造の疲労寿命1.8年に対して，半円孔を設けた場合には18.4年となり，疲労寿命が長くなることが示された．

　ここで示したのは一つの例であり，実際の適用にあたっては，疲労設計荷重や衝撃係数の設定について検討が必要である．また，補修・補強前に累積されていた疲労損傷比についても考慮する必要がある．

鋼構造物の疲労設計指針・同解説―付・設計例―
[2012年改定版]

1993年4月25日　1版1刷　発行	定価はカバーに表示してあります.
2012年6月4日　2版1刷　発行	ISBN978-4-7655-1794-2 C3051
2014年3月5日　2版2刷　発行	

編　者　社団法人日本鋼構造協会

発行者　長　　滋　彦

発行所　技報堂出版株式会社
〒101-0051
東京都千代田区神田神保町1-2-5
電　話　営業　(03) (5217) 0885
　　　　編集　(03) (5217) 0881
F A X　　　　(03) (5217) 0886
振替口座　　00140-4-10
http://gihodobooks.jp/

日本書籍出版協会会員
自然科学書協会会員
工学書協会会員
土木・建築書協会会員
Printed in Japan

装幀　冨澤　崇
印刷・製本　三美印刷

ⓒ Japanese Society of Steel Construction, 2012

落丁・乱丁はお取替えいたします．
本書の無断複写は，著作権法上での例外を除き，禁じられています．